nuovo Progetto italiano 1

M. Gloria Tommasini

Corso multimediale
di lingua e civiltà italiana

livello elementare
A1-A2 QUADRO EUROPEO DI RIFERIMENTO

Guida per l'insegnante

EDILINGUA

Maria Gloria Tommasini è nata e vive in Umbria. Si è laureata in Lingue e Letterature Straniere Moderne e Contemporanee presso la facoltà di Lettere e Filosofia dell'Università di Perugia e in seguito si è specializzata nell'insegnamento dell'italiano L2 e LS presso l'Università per Stranieri di Perugia.
Ha vissuto alcuni anni in Germania, insegnando nei corsi di italiano LS della VHS e dell'Istituto Italiano di Cultura di Stoccarda.
Ha partecipato alla realizzazione del corso *Allegro*, come autrice delle tre guide per l'insegnante e coautrice di *Allegro 2*. Ha inoltre svolto attività di formazione rivolta agli insegnanti di italiano LS.
Per la casa editrice Edilingua ha contribuito alla revisione del primo volume di *Nuovo Progetto italiano*.
Al momento insegna presso l'Università per Stranieri di Perugia e il Centro Linguistico di Ateneo dell'Università di Ferrara.

© Copyright edizioni Edilingua
Sede legale
Via Cola di Rienzo 212 00192 Roma
Tel. +39 06 97.72.7307
Fax +39 06 94.44.3138
info@edilingua.it
www.edilingua.it

Grazie all'adozione dei nostri libri, Edilingua adotta a distanza dei bambini che vivono in Asia, in Africa e in Sud America. Perché insieme possiamo fare molto! Ulteriori informazioni sul nostro sito.

Deposito e Centro di distribuzione
Via Moroianni, 65 12133 Atene
Tel. +30 210 5733900
Fax +30 210 5758903

I edizione: marzo 2007
ISBN: 978-960-6632-29-7

Redazione: A. Bidetti, L. Piccolo, M. Dominici
Impaginazione, illustrazioni: S. Scurlis (Edilingua)

Eventuali suggerimenti, segnalazioni e commenti sull'opera da parte dei colleghi saranno particolarmente graditi (inviare a redazione@edilingua.it).

I diritti di traduzione, di memorizzazione elettronica, di riproduzione e di adattamento totale o parziale, con qualsiasi mezzo (compresi i microfilm e le copie fotostatiche), sono riservati per tutto il mondo.

L'editore è a disposizione degli aventi diritto non potuti reperire; porrà inoltre rimedio, in caso di cortese segnalazione, ad eventuali omissioni o inesattezze nella citazione delle fonti.

Indice

Introduzione	4
Unità introduttiva *Benvenuti!*	7
Unità 1 *Un nuovo inizio*	20
Unità 2 *Come passi il tempo libero?*	31
Unità 3 *Scrivere e telefonare*	44
Unità 4 *Al bar*	57
Unità 5 *Feste e viaggi*	69
Unità 6 *A cena fuori*	81
Unità 7 *Al cinema*	94
Unità 8 *Fare la spesa*	107
Unità 9 *In giro per i negozi*	121
Unità 10 *Che c'è stasera in TV?*	134
Unità 11 *Un concerto*	149
Trascrizioni dei brani audio	157
Chiavi delle attività del *Quaderno degli esercizi*	167

Premessa

La ***Guida per l'insegnante*** è rivolta a tutti/e gli/le insegnanti che utilizzano *Nuovo Progetto italiano 1* nei corsi di italiano LS/L2. La nuova edizione di *Progetto italiano 1* presenta, tra i numerosi aggiornamenti, situazioni comunicative arricchite di spontaneità e naturalezza che, nel corso delle unità, si alternano agli elementi grammaticali allo scopo di rinnovare continuamente l'interesse della classe e il ritmo della lezione, attraverso attività brevi e motivanti. Un'ulteriore novità di *Nuovo Progetto italiano 1* è rappresentata dalle pagine di cui è stata arricchita ciascuna unità del *Libro dello studente*: una pagina introduttiva (*Per cominciare...*) di attività preliminari, che ha lo scopo di creare negli studenti l'indispensabile motivazione iniziale attraverso varie tecniche di riflessione e coinvolgimento emotivo, di preascolto e ascolto, e una pagina finale (*Autovalutazione*) per dare agli studenti l'opportunità di una revisione autonoma degli elementi comunicativi e lessicali e grammaticali dell'unità stessa, così come di quella precedente. Dal punto di vista metodologico, *Nuovo Progetto italiano 1* è più comunicativo e induttivo: l'allievo, come protagonista del percorso di apprendimento/insegnamento, viene stimolato a "scoprire" la grammatica per poi metterla in pratica nelle varie attività comunicative.

La *Guida per l'insegnante* rispetta la struttura del *Libro dello studente*: 11 Unità, più l'Unità introduttiva e, all'interno di ciascuna di esse, le Sezioni contraddistinte da una lettera (A, B, C ...) a loro volta scandite da attività numerate progressivamente (1, 2, 3 ...).

All'inizio di ogni unità troviamo un utile riepilogo delle strutture comunicative, lessicali e grammaticali in apprendimento, e gli argomenti di civiltà trattati. Inoltre, viene presentata la lista di eventuali materiali extra per lo svolgimento della lezione, materiali messi a disposizione del docente e che consistono perlopiù in schede specifiche da fotocopiare e utilizzare per le differenti attività proposte.

Per ogni attività vengono forniti suggerimenti, consigli e preziose indicazioni, talvolta corrispondenti alle consegne del *Libro dello studente* ma sempre ampliate e maggiormente dettagliate, sui procedimenti da adottare per il loro svolgimento. Nei casi in cui le attività lo prevedano, sono presenti le soluzioni delle stesse. Le attività più propriamente ludiche, sempre diverse e motivanti, hanno comunque delle caratteristiche comuni e obbediscono ad una logica e ad una metodologia molto precise. Esse si articolano in:

- *attività di fissaggio*, realizzate con lo scopo di fornire agli studenti un modo efficace e divertente di reimpiego immediato delle strutture grammaticali appena apprese;
- *attività di estensione*, incentrate sul rinforzo di quanto appreso fino a quel momento tramite il ricorso a lavori di gruppo o a brevi giochi che coinvolgono tutta la classe, in modo da evitare così lo stress da errore che colpisce molti studenti alle prese con nuovi argomenti o strutture ritenute difficili;
- *attività ludiche* vere e proprie, nel corso e/o al termine di ogni unità, sono momenti in cui l'aspetto giocoso è più in evidenza, senza però perdere di vista l'oggetto dell'apprendimento, sia esso grammaticale, lessicale, sintattico o comunicativo.

Con l'intento di rendere più agevole la produzione orale richiesta dai vari *role-plays* presenti nel *Libro dello studente*, in questa *Guida per l'insegnante* i più significativi di essi sono preceduti da dialoghi guidati, facenti anch'essi parte dei materiali aggiuntivi, in cui gli studenti sono chiamati a svolgere delle conversazioni. Dal momento che si tratta di *role-plays* guidati con la funzione di preparare gli studenti a quelli più liberi incontrati nel *Libro dello studente*, il compito a cui è chiamato lo studente è la semplice sostituzione e lo scambio delle nuove strutture comunicative, incontrate nell'unità, che costituiscono l'*input* principale dell'attività.

Riguardo agli argomenti grammaticali, si offrono chiare e semplici spiegazioni che agevolano la loro presentazione, seguite spesso dalle attività di fissaggio sopra descritte. Nell'ultima scheda (Grammatica e Lessico) di ciascuna unità della *Guida per l'insegnante*, si riepilogano le strutture presentate nelle tabelle del *Libro dello studente*, in cui però sono state cancellate delle parti che i discenti devono completare allo scopo di poter controllare e fissare definitivamente quanto appreso nel corso dell'unità. Inoltre, al termine di ogni unità si ricorda al docente la possibilità di sfruttare le attività online presenti nel sito della nostra casa editrice (*www.edilingua.it*). Sempre dallo stesso sito è possibile scaricare ulteriori attività supplementari: si tratta di giochi e attività varie da svolgere in gruppo, a coppie o anche singolarmente, suddivise per unità e mirate a rinforzare la competenza lessicale o grammaticale degli studenti in modo ludico e distensivo. Per ogni unità sono previste quattro attività: un gioco soprattutto orientato verso il lessico, una *practice* orientata verso sintassi e semantica, un *memory* in cui abbiamo l'associazione di frasi e immagini, e un quiz relativo ai vari argomenti grammaticali, comunicativi e di civiltà. Mentre il gioco e la *practice* si diversificano, il *memory* e il quiz mantengono una struttura fissa e la stessa tipologia, cambiano soltanto i contenuti in ogni unità. Per ciascuna attività è presente una doppia spiegazione: una rivolta agli insegnanti per l'utilizzo in classe, una per lo studente nell'eventualità che volesse esercitarsi da solo.

La *Guida per l'insegnante* offre anche: la Trascrizione dei dialoghi o dei brani non riportati nel *Libro dello studente* o nel *Quaderno degli esercizi*, le Chiavi del *Quaderno degli esercizi* e le Soluzioni delle attività del *Libro dello studente* che vengono date man mano.

Nella speranza di aver contribuito a rendere ancora più efficace e piacevole l'utilizzo di *Nuovo Progetto italiano 1* nei corsi di lingua e cultura del Belpaese, l'autrice e la redazione augurano buon lavoro a tutti i colleghi e ringraziano anticipatamente per i contributi e le critiche.

Benvenuti!

Progetto italiano 1 — Unità **introduttiva**

Elementi comunicativi	- Presentazione di alcune parole italiane conosciute all'estero
	- Computazione delle parole
	- Presentarsi, presentare
	- Salutare
	- Nomi di nazionalità
	- Dire la nazionalità
	- Costruire frasi complete
	- Numeri cardinali (*1-10*)
	- Chiedere e dire il nome
	- Chiedere e dire l'età
	- Numeri cardinali (*11-30*)
Elementi grammaticali	- Alfabeto
	- Pronuncia (*c-g*)
	- Sostantivi e aggettivi
	- Accordo sostantivi e aggettivi
	- Pronomi personali soggetto
	- Indicativo presente di *essere*
	- Pronuncia (*s*)
	- Articolo determinativo
	- Pronuncia (*gn-gl-z*)
	- Indicativo presente di *avere*
	- Indicativo presente di *chiamarsi* (*io, tu, lui/lei*)
	- Pronuncia (*doppie consonanti*)
Materiale necessario	*Attività introduttiva*: alcuni fogli formato A4
	Sezione A, punto 6, attività ludica: alcune fotocopie della scheda numero 1 a pagina 15 e alcune forbici
	Sezione B, punto 4, attività ludica: alcune fotocopie della scheda numero 2 a pagina 16
	Sezione D, punto 3: le schede utilizzate durante l'attività ludica del punto B4
	Sezione E, punto 5, attività ludica: alcune fotocopie della scheda numero 3 a pagina 17
	Il Baratto: la lavagna, il gesso o i pennarelli e tanti oggetti diversi
	Lessico: alcune fotocopie della scheda numero 4 a pagina 18
	Grammatica: alcune fotocopie della scheda numero 5 a pagina 19

Attività introduttiva

- Se potete, fate disporre gli studenti in semicerchio in modo che tutti possano guardarsi in faccia.

- Consegnate ad ogni studente un foglio formato A4.

- Prendete un foglio formato A4 anche per voi, ripiegatelo e scriveteci il vostro nome con un pennarello, quindi disponetelo sulla cattedra.

- Chiedete agli studenti di scrivere il loro nome sul foglio e di esporlo davanti a sé.

- Cominciate ad imparare reciprocamente i nomi, ripetendoli ad alta voce e invitando gli studenti a fare altrettanto.

- Chiedete ad ogni studente di suggerirvi una parola italiana e scrivetela alla lavagna. Dato che non si può ripetere una parola già detta da un compagno, al termine avrete tante parole per quanti sono gli studenti nella classe.

- Cercate di raggruppare per categorie le parole dette dagli studenti, ad esempio *alimenti*, *bevande*, *personaggi*, *monumenti famosi*, *saluti* ecc. inserendole in piccoli cerchi ai margini della lavagna.

A *Parole e lettere*

1

- Scrivete a grandi lettere al centro della lavagna:

    ITALIA

- Chiedete ai corsisti qual è la prima immagine che associano all'Italia. Tracciate intorno alla parola *Italia** tante linee per quante persone avete in classe e annotate su ognuna l'associazione di uno studente, rappresentandola con uno schizzo o con una parola.

- Invitate gli studenti ad aprire il *Libro dello studente* a pagina 5. Lasciate un po' di tempo per osservare le immagini. Confrontate quindi le immagini con le parole precedentemente elencate e le associazioni fatte con il termine *Italia*.

*Lo sapevate?

I Greci chiamavano Esperia, ovvero Terra d'Occidente, la penisola italiana. La parola *Italia* all'inizio veniva usata per indicare l'attuale Calabria, luogo in cui vivevano genti del gruppo latino che avevano un vitello come simbolo religioso.
Il termine *Viteloi* o *Itali* si estese e al tempo di Augusto (63 a.C.-14 d.C.) indicava già la zona geografica che tuttora corrisponde al territorio italiano.

2

- Chiedete agli studenti di lavorare in coppia e abbinare le foto numerate alle parole presenti nella lista.

- Fate il riscontro in plenum.
    Soluzione: 1, cinema; 2, cappuccino; 3, moda; 4, musica; 5, opera; 6, arte; 7, espresso; 8, spaghetti

- Ci sono ancora altre parole italiane conosciute dagli studenti? Invitate la classe a suggerirvele e ad annotarle nell'apposito spazio, oppure ad inserirne alcune scelte tra quelle citate nel corso dell'*attività introduttiva*.

3

- Fate ascoltare un paio di volte la lettura dell'alfabeto.

- Sottolineate il fatto che le lettere *j, k, w, x, y* sono presenti solo in parole straniere come ad esempio *taxi, yogurt* ecc., che l'italiano ha preso a prestito da altre lingue.

- Leggete nuovamente l'alfabeto in coro.

- Computate il vostro nome.

- Chiedete ad uno studente di computare il suo nome e annotatelo alla lavagna. Procedete così fin quando tutti gli studenti avranno computato il loro nome.

4

- Invitate gli studenti a lavorare in coppia e pronunciare lettera per lettera le parole dell'*attività 2*.

5

- Fate ascoltare le parole dalla registrazione e chiedete agli studenti di ripeterle.

- Osservate in plenum il modo in cui vengono pronunciate le consonanti *c* e *g*:

    - seguite da *-a, -o, -u* si pronunciano rispettivamente [k] e [g] come in *casa, cosa, cucina* e *gatto, dialogo, gusto*;

    - seguite da *-i, -e* si pronunciano rispettivamente [tʃ] e [dz] come in *cinema, cena* e *pagina, gelato*;

    - seguite da *-h* si pronunciano rispettivamente [k] e [g] come in *macchina, pacchetto* e *Inghilterra, margherita*.

6

- Fate ascoltare le parole contenute nella registrazione chiedendo agli studenti di trascriverle negli appositi riquadri contenuti nel *Libro dello studente* a pagina 7.

- Ripetete l'ascolto due o tre volte per dar tempo agli studenti di scrivere e controllare.

- Invitate gli studenti a computare, alternandosi, le parole trascritte, in modo che possiate annotarle alla lavagna e dar luogo contemporaneamente al riscontro in plenum.
Soluzione: buongiorno, facile, americani, dialoghi, chi, Genova, amici, centro, corso, pagare

Attività ludica

- Dividete la classe in gruppi e consegnate ad ognuno una fotocopia della scheda numero 1 a pagina 15 e un paio di forbici.

- Fate ritagliare le lettere e date alla classe dieci minuti di tempo per comporre quante più parole possibile con le lettere a disposizione, specificando che ognuna di esse può essere utilizzata solamente una volta.

- In plenum fate il riscontro delle parole formate dagli studenti e dichiarate vincitore il gruppo che ha composto il maggior numero di parole corrette!

B *Italiano o italiana?*

1

- Invitate gli studenti ad osservare le illustrazioni e le parole. Cosa notano? La discussione dovrebbe portare alla seguente conclusione:

    - sostantivi che terminano in -o, come *gatto*, formano il plurale con -i;

    - sostantivi che terminano in -a, come *casa*, formano il plurale con -e;

    - sostantivi che terminano in -e, come *chiave*, formano il plurale con -i.

2

- Chiedete agli studenti di osservare immagini e parole e di individuare, insieme al proprio vicino, quale coppia di parole non corrisponde all'illustrazione.
Soluzione: *gelato* e *gelati* sono invertiti rispetto alle immagini

3

- In plenum osservate la tabella sulla formazione del plurale. Questa riconferma le conclusioni a cui si era giunti durante la discussione al punto 1, ovvero che i sostantivi in -o, come *libro*, formano il plurale con -i; i sostantivi in -a, come *borsa*, formano il plurale con -e; i sostantivi in -e, come *studente* e *classe*, formano il plurale con -i.

- Evidenziate la categoria di sostantivi singolari che termina in -e e ponete l'accento sul fatto che questi possono essere sia maschili che femminili e che per entrambi i generi abbiamo -i come unica desinenza del plurale.

- Invitate gli studenti a consultare in Appendice a pagina 187 del *Libro dello studente* la tabella in cui sono illustrati i sostantivi irregolari o altri che presentano alcune particolarità nella formazione del plurale.

4

- Chiedete agli studenti di declinare al plurale i sostantivi dati.
Soluzione: 1. finestre, 2. librerie, 3. pesci, 4. notti, 5. alberi, 6. treni

Attività ludica

- Fotocopiate la scheda numero 2 a pagina 16.

- Fate lavorare gli studenti in coppia.

- Consegnate una fotocopia ad ogni coppia.

- Chiedete agli studenti di "mettere nel sacco ... giusto" i sostantivi contenuti al centro della pagina. Specificate che alcuni sostantivi sono presenti più volte perché devono essere inseriti in sacchi diversi.

- Invitate gli studenti a servirsi delle indicazioni contenute in Appendice a pagina 187 per i plurali irregolari o appartenenti a categorie che presentano alcune particolarità. Prendendo visione dell'Appendice potranno svolgere l'attività con i sostantivi del gruppo A e B. Coloro che non hanno consultato l'Appendice potranno svolgere l'attività tenendo conto soltanto dei sostantivi presenti nel gruppo A.

- Ricordate agli studenti che per i sostantivi singolari in -e è necessario controllare nel dizionario per conoscerne il genere. Invitate pure gli studenti a scrivere con la matita, per poter eventualmente "spostare" i sostantivi nel corso del riscontro in plenum.

- Se volete, potete trasformare l'attività in una gara a tempo.

- Disegnate i quattro sacchi alla lavagna e quando gli studenti avranno terminato fatevi suggerire i loro risultati e annotate i sostantivi "dentro i sacchi" alla lavagna fino ad avere la seguente situazione:

    - *maschile singolare*: mese, ragazzo, inglese, libro, museo, anello, *programma, caffè, tassista, cinema, problema, sport, re*;

    - *femminile singolare*: attrice, chiave, amica, pizza, arte, ragazza, *università, azione, ipotesi, tassista*;

    - *maschile plurale*: orologi, insegnanti, ragazzi, stranieri, studenti, *attori, caffè, pianisti, sport, re, cinema*;

    - *femminile plurale*: idee, ragazze, nazioni, amiche, chiavi, insegnanti, *università, ipotesi, pianiste*.

- Chiedete agli studenti di conservare il foglio in cui hanno svolto l'attività.

5

- In plenum osservate la tabella riguardante gli aggettivi in -o. Come i sostantivi, gli aggettivi maschili singolari in *-o* formano il plurale con *-i* e gli aggettivi femminili singolari in *-a* formano il plurale con *-e*.

- Chiedete agli studenti di mettere al plurale i sostantivi e gli aggettivi dati.

Soluzione: 1. ragazzi alti, 2. macchine rosse, 3. finestre aperte, 4. case nuove

C *Ciao, io sono Gianna...*

1

- Osservate le foto: chi c'è? Quale potrebbe essere la situazione?

- Fate ascoltare i due mini dialoghi e ricordate agli studenti che in questa fase devono solo individuare a quale foto corrisponde ciascun dialogo.

Soluzione: 1.b, 2.a

2

- Fate ascoltare nuovamente i dialoghi e chiedete agli studenti di completare le lacune.

Soluzione: a. sono; b. è, sei

3

- Chiedete agli studenti di completare la tabella contenente la coniugazione del verbo *essere* al presente indicativo ricavando le informazioni dai dialoghi appena ascoltati.

Soluzione: sono, è

- Osservate i pronomi personali soggetto contenuti nella tabella del verbo *essere*. Ricordate agli studenti che in italiano normalmente il pronome personale soggetto non viene ripetuto insieme al verbo e rimane quindi sottinteso. Il pronome personale soggetto invece diventa essenziale quando una forma verbale non è sufficiente ad indicare in maniera chiara la persona che compie l'azione ad es. *io sono, loro sono* o quando un soggetto si oppone ad un altro, ad esempio: *Io sono italiano e tu di dove sei?*

- Ponete agli studenti qualche domanda che li obblighi a rispondere utilizzando *essere*, ad esempio: *Sei inglese? Sei straniero? Voi due siete di Madrid? I tuoi compagni sono italiani?*

- Scrivete alla lavagna le seguenti categorie:

Salutare	Presentarsi/Presentare qualcuno	Dire/Chiedere la nazionalità

- Chiedete agli studenti di cercare nel dialogo le espressioni utilizzate per gli scopi indicati. Fatevi suggerire le soluzioni e annotatele alla lavagna:

Salutare	Presentarsi/Presentare qualcuno	Dire/Chiedere la nazionalità
Buongiorno Ciao	*Questi sono Gary e Bob. Io sono Gianna. Questa è Dolores. Io sono Matteo.*	*Siete americani? Io sono americano. Lui è australiano. Sei spagnola? Sono italiano.*

4

- Osservate i disegni e chiedete agli studenti alternatamente di formulare delle frasi come nell'esempio dato.

Soluzione: *Lui è Paolo, è italiano; Lei è Maria, è brasiliana; Lui è Hamid, è marocchino; Loro sono Diego e Josè, sono argentini; Loro sono Maria e Carmen, sono spagnole; Lei è Jane, è australiana; Loro sono John e Larry, sono americani*

5

- Provate a simulare in classe qualche breve dialogo sullo stile di quelli appena letti. Assumete voi il ruolo di introdurre delle persone e lasciate che gli studenti coinvolti si presentino, prendendo spunto dalle frasi scritte alla lavagna.

- Lasciate che gli studenti lavorino in coppia e costruiscano dei mini dialoghi come nell'esempio.

6

- Invitate ogni studente a presentare un compagno alla classe.

7

- Fate ascoltare e ripetere le parole presenti nello schema relativo alla pronuncia di *s*.

- Osservate in plenum:

  - *s* è sempre sorda a inizio parola come in *sorella*;

  - *s* è doppia, quindi sorda, in alcune parole come in *osservate, espresso*;

  - *s* è sonora in posizione intervocalica, come in *casa*. Nelle regioni centro-meridionali si predilige la variante sorda per la *s* intervocalica.

  - *s* si pronuncia [ʃ] seguita da *-ci* o *-ce* come in *uscita, pesce*;

  - *s* si pronuncia [sk] seguita da *-ch* come in *schema, maschile*.

8

- Fate ascoltare le parole contenute nella registrazione chiedendo agli studenti di trascriverle negli appositi riquadri contenuti nel *Libro dello studente* a pagina 10.

- Ripetete l'ascolto due o tre volte per dar tempo agli studenti di scrivere e controllare.

- Invitate gli studenti a computare, alternandosi, le parole trascritte, in modo che possiate annotarle alla lavagna e dar luogo contemporaneamente al riscontro in plenum.

Soluzione: classe, museo, scendere, maschera, rosso, isola, borsa, vestito, uscire, singolare

D *Il ragazzo o la ragazza?*

1

- Fate ascoltare la registrazione e chiedete agli studenti di lavorare in coppia al fine di collegare le immagini alle frasi ascoltate. Ricordate che sono presenti due immagini di troppo!

Soluzione (da sinistra a destra e dall'alto in basso): 1. terza foto in alto, 2. seconda foto in basso, 3. quarta foto in basso, 4. terza foto in basso, 5. seconda foto in alto, 6. prima foto in basso

2

- Osservate la tabella e sottolineate il fatto che la pluralità di articoli determinativi è dovuta a ragioni fonetiche. L'articolo determinativo maschile singolare presenta tre forme diverse:

    - *il* davanti a sostantivi che iniziano per semplice consonante (es. *il libro*, *il braccio* ecc.);

    - *lo* davanti a sostantivi che iniziano per *z*, *s+consonante*, *gn*, *ps*, *x*, *y*, *pn*, allo scopo di evitare un accumulo di consonanti difficili da articolare (vedi nota a pagina 187);

    - *l'* davanti a sostantivi che iniziano per vocale, allo scopo di evitare un accumulo di vocali.

- Anche al femminile singolare utilizziamo *l'* davanti ai sostantivi che iniziano per vocale. Infine, possiamo osservare che il plurale delle forme maschili *lo* e *l'* è *gli*, mentre il plurale femminile è sempre *le*.

- Invitate gli studenti a lavorare individualmente e a mettere l'articolo determinativo giusto davanti ai sostantivi presenti. Procedete al riscontro in plenum.

Soluzione: 1. la, 2. le, 3. Gli, 4. il, 5. lo, 6. l'

3

- Invitate gli studenti a lavorare individualmente e a mettere l'articolo determinativo giusto davanti ai sostantivi presenti. Procedete al riscontro in plenum.

Soluzione: 1. gli, 2. lo, 3. la, 4. il, 5. gli, 6. l', 7. i, 8. il

Attività ludica

- Chiedete agli studenti di riprendere le schede su cui hanno svolto l'attività indicata al punto B4. Le parole sono già "nel sacco". Questa volta si tratta di assegnare ad ognuna il giusto articolo determinativo. Gli studenti che hanno preso visione dell'Appendice potranno svolgere l'attività con i sostantivi del gruppo A e B. Coloro che non hanno consultato l'Appendice potranno svolgere l'attività tenendo conto soltanto dei sostantivi presenti nel gruppo A.

- Procedete al riscontro in plenum:

    - *maschile singolare*: il mese, il ragazzo, l'inglese, il libro, il museo, l'anello, *il programma, il caffè, il tassista, il cinema, il problema, gli sport, i re*;

    - *femminile singolare*: l'attrice, la chiave, l'amica, la pizza, l'arte, la ragazza, *l'università, l'azione, l'ipotesi, la tassista*;

    - *maschile plurale*: gli orologi, gli insegnanti, i ragazzi, gli stranieri, gli studenti, *gli attori, i caffè, i pianisti, gli sport, i re, i cinema*;

    - *femminile plurale*: le idee, le ragazze, le nazioni, le amiche, le chiavi, le insegnanti, *le università, le ipotesi, le pianiste*.

4

- Chiedete agli studenti di formare delle frasi come nell'esempio dato, seguendo le combinazioni presenti o creandone di nuove a loro piacimento.

5

- Invitate gli studenti a completare la tabella con i numeri dati.

- Ripetete insieme i numeri a voce alta.

- Scrivete alla lavagna qualche semplice somma o sottrazione aritmetica e fatevi dire il risultato. Ad esempio:

$3 + 7 = ?$ $2 + 3 = ?$ $1 + 4 = ?$
$5 + 3 = ?$ $8 + 1 = ?$ $4 + 2 = ?$

6

- Fate ascoltare e ripetere le parole presenti nello schema relativo alla pronuncia di *gn*, *gl*, *z* e *zz*.

- Osservate in plenum:

  - *gn* si pronuncia [ɲ] come in *bagno* e *spagnolo*;

  - *gl* si pronuncia [λ] se è seguita da *-i* come in *famiglia* e *gli*;

  - *gl* si pronuncia [gl] se è seguita da *-a, -e, -o, -u* come in *inglese* e *globale*;

  - *z* si pronuncia [dz] come in *zaino, zero, azione, canzone*;

  - *zz* si pronuncia [d-dz] quando è doppia come in *mezzo, azzurro, pezzo, pizza*.

7

- Fate ascoltare le parole della registrazione chiedendo agli studenti di trascriverle nell'apposito riquadro contenuto nel *Libro dello studente* a pagina 12.

- Ripetete l'ascolto due o tre volte per dar tempo agli studenti di scrivere e ricontrollare.

- Invitate gli studenti a computare, alternandosi, le parole trascritte, che voi provvederete ad annotare alla lavagna.

Soluzione: cognome, meglio, Svizzera, esercizio, maggio, vacanze, disegno, ragazza, zio, luglio

E *Chi è?*

1

- Fate ascoltare i mini dialoghi e chiedete agli studenti di abbinarli alle illustrazioni.

Soluzione: 4, 2, 1, 3

2

- Proponete un altro ascolto dei dialoghi allo scopo di verificare le risposte date.

3

- Invitate gli studenti a completare la tabella con il verbo *avere*, basandosi sui dialoghi appena ascoltati.

Soluzione: ha, hanno

- Osservate la tabella contenente le prime tre persone singolari di *chiamarsi* all'indicativo presente.

- Informate gli studenti del fatto che *chiamarsi* è un verbo riflessivo e rimandate il trattamento dei verbi riflessivi al futuro. Per ora si tratta di imparare le tre espressioni senza analizzarle grammaticalmente.

4

- Fate lavorare gli studenti individualmente chiedendo di abbinare le domande e le risposte. Procedete al riscontro in plenum.

Soluzione: 1. b, 2. d, 3. a, 4. c

Attività ludica

- Fate lavorare gli studenti in gruppi di quattro o cinque persone. Chiedete di pensare agli oggetti che hanno con loro, ad esempio *il libro, il quaderno, il cellulare, la borsa, lo zaino, l'orologio* ecc.

- Il primo studente inizia e dice *Io ho lo zaino*. Il secondo studente deve ripetere quello che ha il compagno, dicendo, ad esempio *Marco ha lo zaino* ed aggiungere qualcosa di nuovo, per esempio *E io ho il cellulare*. Il terzo studente deve ripetere quello che hanno i due compagni e aggiungere un terzo oggetto.

- Si procede così fino a che la lista di oggetti si allunga e comincia a essere difficile da memorizzare. Gli studenti che sbagliano nell'elencare gli oggetti posseduti dai compagni sono eliminati.

- Vince chi non ha ancora commesso errori quando tutti gli altri sono ormai stati eliminati.

5

- Fate lavorare gli studenti in coppia e chiedete di completare la tabella con i numeri dati.

- Fate notare agli studenti che in *ventuno* e *ventotto* scompare la vocale finale *-i* di *venti* davanti alle vocali *u-* e *o-* di *uno* e *otto* e quindi non si dice *ventiuno* o *ventiotto*.

- Leggete in plenum la tabella e invitate gli studenti a ripetere i numeri in coro.

Attività ludica

- Fotocopiate la scheda numero 3 a pagina 17 e distribuitene una copia per studente.

- Chiedete agli studenti di riempire gli spazi vuoti con le informazioni richieste: il loro *nome* e *cognome*, la loro *città* e *nazionalità*, un *personaggio* e un *prodotto italiano* di loro gradimento.

- Invitateli a scrivere le parole utilizzate per riempire gli spazi all'interno della tabella, inserendo una let-

Benvenuti! Unità introduttiva

tera per casella verticalmente od orizzontalmente. Ad esempio: *Nome*: Christopher.

In tabella:

	1	3	5	7	9	11	13	15	17	19	21	23	25	27	29
2															
4			C	H	R	I	S	T	O	P	H	E	R		

- Fate lavorare gli studenti in coppia. Il gioco segue le regole della nota "Battaglia navale". Il compito consiste nell'individuare le posizioni in cui sono state trascritte le parole, chiamando un numero in verticale e uno in orizzontale, ad esempio: 15 e 8. Se nella casella corrispondente alla chiamata è presente una lettera, lo studente deve comunicarla al compagno affinché questi possa inserirla nella sua casella e continuare a chiamare allo scopo di ricostruire l'intera parola. Quando si chiama una casella in cui è presente una lettera si ha diritto a chiamare di nuovo, altrimenti "il diritto di chiamata" passa al compagno!

- Vince chi per primo riesce ad individuare tutte le parole del compagno.

6

- Invitate gli studenti a lavorare in coppia e a svolgere il role-play indicato assumento i ruoli di A e B.
- Al termine ogni studente riferisce alla classe le informazioni relative al compagno con cui ha appena lavorato.

7

- Fate ascoltare e ripetere le parole presenti nello schema relativo alla pronuncia delle doppie consonanti.
- Scrivete alla lavagna:

  cassa/casa, carro/caro, fatto/fato, note/notte

- Fate osservare agli studenti l'importanza delle doppie consonanti. In alcuni casi queste assumono valore contrastivo, ossia distinguono due parole di significato diverso, come si può vedere nelle tre coppie di sostantivi scritte alla lavagna.

8

- Fate ascoltare le parole della registrazione chiedendo agli studenti di trascriverle nei relativi riquadri contenuti nel *Libro dello studente* a pagina 14.
- Ripetete l'ascolto due o tre volte per dar tempo agli studenti di scrivere e ricontrollare.
- Invitate gli studenti a computare, alternandosi, le parole trascritte, che voi provvederete ad annotare alla lavagna.

Soluzione: note, penna, mano, stella, bicchiere, latte, doccia, torre, bottiglia, pioggia

Test finale

- Se svolgete il test finale in classe, è necessario lasciare agli studenti il tempo necessario per eseguirlo e al termine procedere con la correzione in plenum che permette agli studenti di annotare i propri errori e calcolare autonomamente il proprio punteggio.

- Qualora lo riteniate più opportuno potete fotocopiare il test e distribuirlo agli studenti i quali, dopo averlo svolto, vi consegneranno gli elaborati affinché li possiate correggere.

- Se fate svolgere il test a casa potete ugualmente scegliere di controllarlo in plenum durante l'incontro successivo, oppure farvelo consegnare e restituirlo corretto.

- La correzione in plenum del test può essere utile per tornare a discutere di questioni affrontate durante l'unità e che necessitano di un ulteriore momento di riflessione.

Il baratto

- Dividete la classe in gruppi di quattro o cinque persone.

- Chiedete agli studenti di raccogliere quindici oggetti di loro proprietà e di esporli davanti a sé (libri, chiavi, penne, borse, cellulari ecc.). Controllate che ogni gruppo abbia effettivamente quindici oggetti.

- Scegliete alla lavagna una frase tratta dall'unità introduttiva, ad esempio *Questa è la macchina di Paolo*.

- Alla lavagna segnate una serie di trattini per quante sono le lettere che compongono le parole della frase, distanziando un vocabolo dall'altro:

_ _ _ _ _ _ _ _ _ _ _ _ _ _ _ _ _ _ _ _ _

(*Questa è la macchina di Paolo*)

- A turno i gruppi possono chiedervi di scrivere una lettera che secondo loro compare nella frase. In cambio della lettera però devono cedervi uno dei quindici oggetti esposti. Se la lettera è presente, dovrete sostituirla al trattino tutte le volte in cui appare, ad esempio se la lettera richiesta è *a*, si avrà:

_ _ _ _ _ a _ _ a _ a _ _ _ _ _ a _ _ _ a _ _ _

- Il gruppo che ha barattato un oggetto per la lettera effettivamente presente nella frase può tentare di indovinare la frase. Se il tentativo è errato deve cedere un altro oggetto. In caso di mancato tentativo o di tentativo errato, il diritto di barattare una nuova lettera passa ad un altro gruppo.

- Il gruppo che indovina la frase ha diritto alla restituzione di tutti gli oggetti che aveva ceduto per barattare le lettere.

- Si possono fare tre o quattro *manches* scegliendo tre o quattro frasi tratte dall'unità introduttiva.

- Vince definitivamente il gruppo che alla fine del gioco ha conservato più oggetti per sé.

Lessico

- Distribuite le fotocopie della scheda numero 4 a pagina 18 agli studenti e chiedete di inserire le frasi della tabella in alto in corrispondenza della funzione indicata nella tabella sottostante. Nella terza colonna della tabella da completare gli studenti potranno riportare l'equivalente nella loro lingua delle frasi apprese nel corso dell'unità introduttiva. Il compito può essere svolto anche a casa in quanto si tratta di un'attività di ripetizione e riflessione la cui verifica può avvenire autonomamente controllando e risfogliando l'unità appena trattata. Invitate i corsisti a riferire eventuali dubbi o argomenti che non sono chiari per poterli discutere in plenum durante l'incontro successivo.

Grammatica

- Distribuite la fotocopia della scheda numero 5 a pagina 19 agli studenti e chiedete di completarla con gli elementi grammaticali mancanti. Il completamento può essere svolto a casa in quanto si tratta di un'attività di ripetizione e controllo la cui verifica può avvenire autonomamente controllando e risfogliando l'unità appena trattata. Invitate i corsisti a riferire eventuali dubbi o argomenti che non sono chiari per poterli discutere in plenum durante l'incontro successivo.

Scheda numero 1
Unità introduttiva - A6, Attività ludica

A	D	E	N	A	S	U	B	I	G
M	O	P	T	C	E	O	Q	A	R
S	T	O	A	B	U	L	I	S	Z
P	E	P	I	N	E	R	T	A	O
H	Q	O	U	D	I	S	F	Q	V
Z	G	C	M	I	O	B	I	C	I
L	I	A	B	U	F	E	D	L	O
C	R	I	O	N	V	A	M	T	V
B	A	F	U	I	C	Z	D	R	I
O	U	T	D	S	L	E	M	H	R
F	I	G	E	N	B	I	P	E	M
H	H	U	I	F	E	U	V	O	T
N	R	O	N	I	D	P	A	L	H
L	M	S	O	T	E	C	G	S	L
C	I	P	A	G	B	O	U	E	G
A	D	O	Z	M	I	E	N	O	A

Scheda numero 2
Unità introduttiva - B4, D3, Attività ludica

Le parole nel sacco!

Maschile singolare

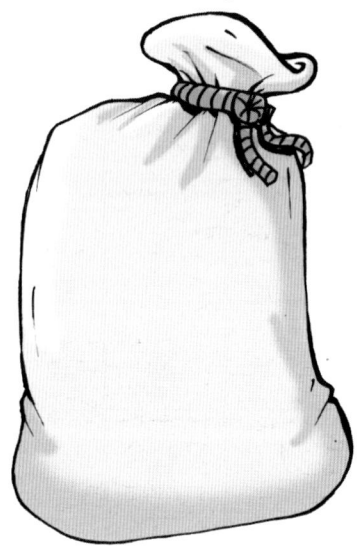

Femminile singolare

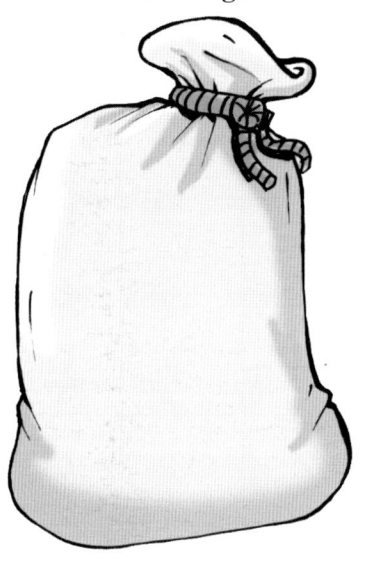

A) mese - ragazzo - attrice - idee
chiave - amica - inglese - ragazze
pizza - orologi - insegnanti
ragazzi - libro - museo - stranieri
studenti - nazioni - amiche - arte
chiavi - ragazza - anello
insegnanti

B) *programma - caffè - università
tassista - azione - ipotesi - attori
cinema - problema - sport - caffè
re - pianisti - università - sport
re - cinema - ipotesi
tassista - pianiste*

Maschile plurale

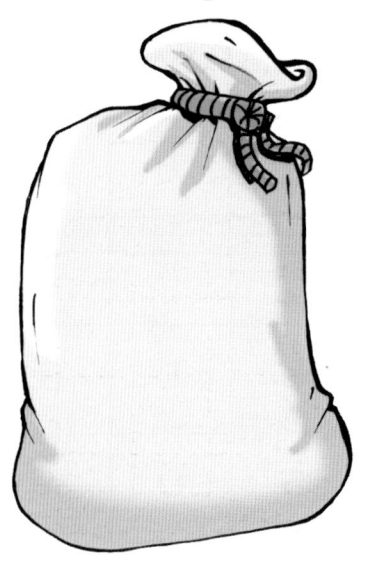

Femminile plurale

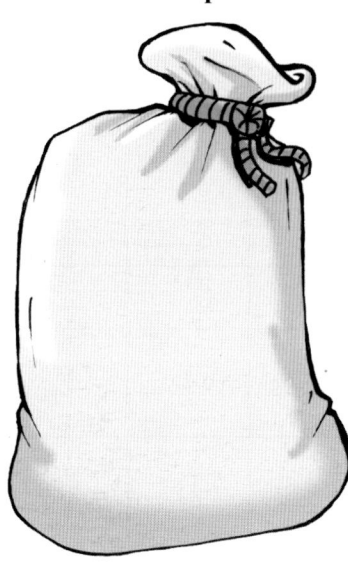

Scheda numero 3
Unità introduttiva - E5, Attività ludica

Battaglia navale

Nome: ....

Cognome: ....

Città: ....

Nazionalità: ....

Personaggio italiano: ....

Prodotto italiano: ....

Orizzontale: ⟶   Verticale: ↓

	1	3	5	7	9	11	13	15	17	19	21	23	25	27	29
2															
4															
6															
8															
10															
12															
14															
16															
18															
20															
22															
24															
26															
28															
30															

Scheda numero 4
Unità introduttiva - Lessico

Io mi chiamo Andrea.	*Ciao!*	*Chi è questa ragazza?*
Piacere!	*Quanti anni hai?*	*E tu come ti chiami?*
18	*Io sono Anna.*	*Maria è brasiliana.*

Salutare:		
Presentarsi:		
Esprimere soddisfazione nel conoscere una persona:		
Chiedere il nome ad una persona:		
Dire il proprio nome:		
Dire la nazionalità di una persona:		
Chiedere l'età:		
Dire la propria età:		
Informarsi sull'identità di una persona:		

Scheda numero 5
Unità introduttiva - Grammatica

I sostantivi				
maschile		femminile	
singolare: *-o, -e*	plurale: *-i*	singolare: *-a, -e*	plurale: *-e, -i*
libro	....	....	borse
studente	....	classe	....
o ⇨ i		a ⇨ e	e ⇨ ....

Aggettivi in *-o*	
ragazzo italiano	ragazzi italian.......
ragazza italiana	ragazze italian.......

Il verbo *essere*		
io	sono	
tu	....	italiano/a
lui, lei	è	
noi	....	
voi	siete	italiani/e
loro	....	

L'articolo determinativo	
maschile	
singolare	plurale
il ragazzo, bambino	.... ragazzi, bambini
l' albero	gli alberi
.... studente, zio	gli studenti, zii
femminile	
singolare	plurale
la ragazza	le ragazze
.... isola	le isole

Il verbo *avere*		
io	ho	
tu	....	22 anni
lui, lei	ha	
noi	abbiamo	
voi	....	il libro
loro	....	

Il verbo *chiamarsi*		
io	mi chiamo	Marco
tu	ti	Sofia
lui, lei	si chiama	Roberto/a

Un nuovo inizio

Unità 1 — Progetto italiano 1

Elementi comunicativi e lessicali
- Parlare al telefono
- Parlare di una novità
- Chiedere come sta una persona
- Scrivere un'e-mail
- Chiedere e dare informazioni
- Fare conoscenza
- Salutare
- Rispondere a un saluto
- Dare del Lei
- Descrivere una persona

Elementi grammaticali
- Le tre coniugazioni dei verbi (*-are*, *-ere*, *-ire*)
- Indicativo presente: verbi regolari
- Articolo indeterminativo
- Aggettivi in *-e*
- Forma di cortesia

Civiltà L'Italia: regioni e città

Materiale necessario *Sezione A, punto 6, attività di fissaggio*: alcune fotocopie della scheda numero 1 a pagina 27 e alcuni dadi
Sezione C, punto 3, role-play guidato: alcune fotocopie della scheda numero 2 a pagina 28
Sezione E, punto 3, role-play guidato: alcune fotocopie della scheda numero 2 a pagina 28
Conosciamo l'Italia: alcune fotocopie ingrandite della scheda numero 3 a pagina 29
Grammatica e Lessico: alcune fotocopie della scheda numero 4 a pagina 30

Attività introduttiva

- Dividete la lavagna in due metà e scrivete le seguenti parole:

   Nuovo   inizio

- Dividete la classe in due gruppi e affidate ad un gruppo la parola *nuovo* e all'altro la parola *inizio* chiedendo di suggerirvi tutto ciò che secondo loro può esservi associato. Trascrivete i suggerimenti alla lavagna nelle rispettive metà.

Per cominciare...

1
- In plenum osservate le foto. Quale inizio è considerato più importante dagli studenti? Eventualmente potete prendere in considerazione anche i suggerimenti scritti alla lavagna durante l'attività introduttiva.

2
- Scrivete alla lavagna:

   notizia   importante   orario   agenzia
   casa   direttore   gentile   fortunata

- Discutete il significato delle parole in plenum: quali sono già note agli studenti? Quali risultano comunque comprensibili?

3
- Chiedete agli studenti di immaginare un dialogo che contenga le parole scritte alla lavagna: quale potrebbe essere l'argomento di cui si parla? Se si collegano le parole al sostantivo *inizio*, di che tipo di inizio si tratta?

A *E dove lavori adesso?*

1
- Introducete il dialogo anticipando agli studenti che

20

Un nuovo inizio   Unità 1

ascolteranno una conversazione telefonica tra Gianna e Maria.

- Leggete la lista di affermazioni relative all'attività proposta e invitate la classe a concentrarsi solamente sulle informazioni che permettono di decidere quali sono vere e quali false.

- Fate ascoltare il dialogo un paio di volte e procedete al riscontro in plenum.
Soluzione: 1. F, 2. F, 3. F, 4. V

- Lasciate agli studenti il tempo per leggere individualmente il dialogo e per sottolineare le parole dell'*attività 2*, sezione *Per cominciare*.

2

- Fate ascoltare ancora il dialogo chiedendo ai corsisti di leggere contemporaneamente il testo e di concentrarsi sulla pronuncia.

- Invitate gli studenti a sottolineare le parole rispetto alle quali hanno qualche difficoltà di pronuncia e poi fate ascoltare ancora al fine di risolvere i dubbi.

- Fate lavorare gli studenti in coppia chiedendo loro di assumere i ruoli di Maria e Gianna e di leggere il dialogo.

3

- In plenum leggete le domande proposte e invitate gli studenti a dare le risposte.
Soluzione: 1. Gianna ha un nuovo lavoro; 2. Gianna lavora in un'agenzia di viaggi; 3. Sì, Gianna è molto contenta del suo nuovo lavoro

4

- Gli studenti lavorano individualmente e completano il dialogo con i verbi dati, aiutandosi eventualmente con il dialogo nella pagina a fianco.
Soluzione: lavoro, apre, chiude, prendo, arrivi

5

- Adesso gli studenti lavorano in coppia al fine di inserire i verbi dell'attività precedente accanto al pronome personale giusto.
Soluzione: io: lavoro, prendo; tu: arrivi; lui, lei: chiude, apre

- Scrivete alla lavagna:

    lavoro   prendo   arrivi   chiude   apre   finisco

e chiedete agli studenti quali potrebbero essere gli infiniti dei verbi dati. Fateveli suggerire e inseriteli nella tabella che disegnerete alla lavagna.

- Sottolineate le desinenze degli infiniti.

| lavor<u>are</u> | prend<u>ere</u> | apr<u>ire</u> |
| arriv<u>are</u> | chiud<u>ere</u> | fin<u>ire</u> |

- Fate notare che le parti sottolineate corrispondono alle desinenze dell'infinito da cui dipende la coniugazione del verbo. In italiano esistono tre coniugazioni: la prima con i verbi che hanno l'infinito in *-are*, la seconda con i verbi in *-ere* e la terza con i verbi in *-ire*.

6

- Invitate gli studenti a leggere la tabella e completare le forme mancanti.

- Riflettete in plenum: il presente indicativo si forma aggiungendo le desinenze del presente indicativo alla radice del verbo.

- Disegnate una tabella e scrivete le desinenze alla lavagna, invitando gli studenti a suggerirvele.

	-are	-ere	-ire
io	-o	-o	-o
tu	-i	-i	-i
lui, lei	-a	-e	-e
noi	-iamo	-iamo	-iamo
voi	-ate	-ete	-ite
loro	-ano	-ono	-ono

- Soffermatevi sulla terza coniugazione e sul fatto che a questa appartiene un sottogruppo di verbi, i cosiddetti verbi in *-isc*, che presentano appunto il suffisso *-isc* tra la radice e la desinenza in tutte e tre le persone singolari e nella terza plurale. Si tratta di verbi regolari che all'infinito non è possibile distinguere dagli altri in *-ire* che non presentano questa particolarità, come ad esempio *dormire*, *offrire*, *partire*, *sentire*, riportati nella nota. Alcuni tra i verbi in *-isc* più comuni sono quelli che appaiono nella nota, ovvero: *capire*, *preferire*, *spedire*, *unire*, *pulire*, *chiarire*, *costruire* ecc.

- Osservate in plenum l'accento tonico delle varie forme verbali. Questo cade sulla penultima sillaba fatta eccezione per la 3ª persona plurale in cui cade sulla terzultima sillaba.

Attività di fissaggio

- Fotocopiate la scheda numero 1 a pagina 27 e consegnatene una copia ad ogni coppia di studenti. Distribuite anche un dado per coppia.

- Spiegate le regole del gioco:
  - uno studente inizia lanciando il dado e coniuga il primo verbo della lista al presente indicativo e alla persona indicata dalla faccia del dado (1 = prima persona singolare, 2 = seconda persona singolare ecc.), scrivendolo sulla linea accanto all'infinito e inserendo accanto il numero tirato, come indicato dall'esempio;

  - se il compagno è d'accordo sulla correttezza del verbo coniugato, lo studente che ha tirato il dado può inserire una crocetta o un cerchietto (X oppure O) nel primo dei tre quadranti destinati al filetto. Se i due studenti non sono sicuri della correttezza della voce verbale possono rivolgersi all'insegnante;

  - il gioco passa al compagno che a sua volta lancia il dado, coniuga il verbo a seconda del risultato del lancio e, se il verbo è corretto, acquisisce il diritto di inserire il suo segno nel quadrante del filetto;

  - lo scopo è quello di inserire tre dei propri simboli consecutivamente in orizzontale, verticale o diagonale nei quadranti del filetto. Ci sono tre quadranti a disposizione e naturalmente vince chi fa più filetti. Se dopo tre *manches* si è ancora sullo 0 a 0 (zero a zero), si continua fino al primo filetto fatto. Per questo motivo è consigliabile invitare gli studenti a scrivere con la matita per poter eventualmente cancellare e utilizzare più volte i quadranti.

7

- Fate lavorare ancora gli studenti in coppia e, sulla base dell'esempio dato, chiedete loro di rivolgersi reciprocamente le domande del testo e rispondere con le informazioni contenute tra parentesi.
Soluzione: 1. Ascolto musica italiana, 2. Arrivo oggi, 3. Guardano la televisione, 4. Prendiamo gli spaghetti, 5. Capisco molto, 6. Partiamo domani

B *Un giorno importante!*

1

- Invitate i corsisti ad osservare la foto e a formulare in plenum qualche ipotesi sulla ragazza: Di dove è?, Che cosa fa?

- Lasciate agli studenti il tempo per leggere individualmente il testo e per abbinare le affermazioni contenute nelle due colonne sottostanti.
Soluzione: 1. g, 2. e, 3. f, 4. a, 5. d, 6. b

- Chiedete agli studenti di leggere ancora il testo, sottolineare tutti gli articoli indeterminativi e riferirveli affinché possiate scriverli alla lavagna:

  un un' una uno una un un un

- Disegnate la seguente griglia:

maschile	femminile
un	una
uno	un'

- Chiedete agli studenti di trovare nel testo i sostantivi corrispondenti e suggerirvi in quale categoria devono essere inseriti nella griglia. Avrete la seguente situazione:

maschile		femminile	
un	giorno ragazzo lavoro uomo	una	ragazza
uno	studente	un'	amica

2

- Osservate la tabella e discutete insieme: quali sono le affinità e le differenze tra sostantivi quali *palazzo* e *amico*? Lasciate che gli studenti formulino delle ipotesi.
Si tratta in ogni caso di sostantivi maschili, singolari, però mentre *palazzo* comincia per consonante, *amico* inizia per vocale. In entrambi i casi, l'articolo indeterminativo maschile singolare è *un*. Lo stesso vale per i sostantivi scritti alla lavagna: *giorno*, *ragazzo* e *lavoro* cominciano per consonante, mentre *uomo* comincia per vocale ma l'articolo indeterminativo è sempre *un*.

- Ponete un altro quesito: cosa differenzia *studente* dagli altri sostantivi maschili singolari? *Studente* comincia con la sequenza di consonanti *s+t* e per questo motivo la forma dell'articolo indeterminativo è *uno*.

- *Uno* si usa davanti a tutti i sostantivi che iniziano per *s+consonante* (*studente*, *sport*, *sconto* ecc), *z* (*zaino*, *zio*), *gn* (*gnocco*), *ps* (*psicologo*), *x* (*xilofono*), *pn* (*pneumatico*). Questo avviene per ragioni fonetiche (eufonia), ovvero per non creare un eccessivo accumulo di consonanti di difficile articolazione.

- Passate al femminile. Qual è la differenza tra i

Un nuovo inizio — Unità 1

sostantivi *ragazza* e *amica*? Il primo comincia per consonante e l'altro per vocale. Nel primo caso l'articolo indeterminativo è *una*, mentre nel secondo l'articolo *una* perde la *-a* finale e viene apostrofato trasformandosi così in *un'*.

- Osservando la tabella è possibile constatare che per *studentessa* l'articolo rimane sempre *una*, in quanto la presenza della vocale *-a* nell'articolo indeterminativo femminile evita i problemi di accumulo di consonanti che si hanno al maschile.

- Al termine della discussione chiedete agli studenti di completare il testo a pagina 20 del *Libro dello studente* con l'articolo indeterminativo.
Soluzione: una, un, un, una, una, una, una

Attività ludica

- Fatevi consegnare un oggetto da ogni studente, ad esempio il telefonino, il libro, la penna, uno zaino ecc. Prestate attenzione al fatto che i sostantivi relativi agli oggetti non siano plurali, pertanto rifiutate chiavi, occhiali ecc. Disponete gli oggetti sopra la cattedra, poi mostrateli ad uno ad uno dicendo alla classe il loro nome preceduto dall'articolo indeterminativo, ad esempio *un telefonino, una penna, uno zaino* ecc. Ripetete l'elenco tre volte, poi nascondete gli oggetti e chiedete agli studenti di scrivere una lista degli oggetti che avete mostrato, preceduti naturalmente dall'articolo indeterminativo. Al termine mostrate di nuovo gli oggetti e procedete al riscontro in plenum. Chi ha la memoria migliore? Chi ha tutti gli articoli corretti?

3

- Fate lavorare i corsisti in coppia per sostituire a turno gli articoli determinativi con quelli indeterminativi.
Soluzione: 1. un, 2. uno, 3. un, 4. un, 5. una, 6. un, 7. un', 8. una, 9. un

4

- Passate ad osservare gli aggettivi che accompagnano i vari sostantivi nella tabella e riscriveteli alla lavagna:

interessante   intelligente   difficile

- Osservate insieme: i tre aggettivi terminano in *-e* e rimangono invariati al maschile e femminile singolare. Al plurale la *-e* si trasforma in *-i* (*interessanti, intelligenti, difficili*), anche in questo caso sia per il maschile che per il femminile.

- Potete osservare lo specchietto presente nel libro a riconferma della regola degli aggettivi in *-e* che rimangono invariati passando dal maschile al femminile singolare e che al plurale prendono la *-i* per entrambi i generi.

5

- Invitate gli studenti a formare frasi come quella dell'esempio utilizzando i sostantivi e gli aggettivi dati. Successivamente, procedete con il riscontro in plenum.

Attività ludica

- Prelevate di nuovo un oggetto da ogni studente. Questa volta vanno bene anche quelli rappresentati da un sostantivo al plurale, ad esempio *gli occhiali* e *le chiavi*. Scrivete alla lavagna la lista degli oggetti, preceduti dall'articolo determinativo, e in plenum cercate e scrivete, sempre alla lavagna, un aggettivo adeguato per ogni oggetto, ad esempio *i libri interessanti, lo zaino pesante, la borsa grande, il telefonino piccolo*. Rileggete due o tre volte la lista e poi cancellate tutto. Chiedete agli studenti di scrivere una lista degli oggetti che avete mostrato, completa di articoli e aggettivi. Procedete al riscontro in plenum. Chi ha la memoria migliore? Chi ha tutti gli aggettivi corretti?

C *Di dove sei?*

1

- Fate ascoltare il dialogo un paio di volte e chiedete agli studenti di sottolineare le espressioni utilizzate dai due ragazzi per chiedere informazioni.
Soluzione: Scusa, per andare in centro?; Sei straniera, vero?; ...sei qui per lavoro?; ...abiti qui vicino?

2

- In plenum chiedete agli studenti di rispondere alle tre domande date.
Soluzione: 1. Jennifer è americana, 2. È in Italia per studiare, 3. Abita in via Verdi

3

- Invitate i corsisti a lavorare individualmente e a completare i mini dialoghi.
Soluzione: 1. Scusa, per andare in centro?; 2. Sei italiana?/Sei portoghese?; 3. Di dove sei esattamente?; 4. Sei qui in vacanza?/Sei in Italia per studiare?; 5. Dove abiti?

- Osservate lo specchietto a pagina 22 del *Libro dello*

studente con lo schema riassuntivo di alcune espressioni utili per chiedere e dare informazioni e discutetelo in plenum rispondendo alle eventuali domande che gli studenti vorranno porvi a proposito.

Role-play guidato

- Fotocopiate la scheda numero 2 a pagina 28. Fate lavorare gli studenti in coppia e consegnate ad ogni coppia una scheda. Invitate gli studenti a ripetere più volte il dialogo dato, sostituendo le informazioni scritte in caratteri diversi con quelle contenute nei riquadri sottostanti, con lo stesso carattere.

4

- Invitate i corsisti a svolgere il role-play in coppia assumendo a turno i ruoli di A e B e rispondendo alle domande.

D *Ciao Maria!*

1

- Osservate in plenum le foto: che cosa hanno in comune?
Soluzione: ritraggono persone nell'atto di salutarsi

2

- Fate ascoltare i mini-dialoghi e chiedete agli studenti di abbinarli alle foto corrispondenti.
Soluzione (le foto sono catalogate [a, b, c, d] da sinistra verso destra): 1. b, 2. a, 3. d, 4. c

- Leggete e discutete insieme la tabella contenente le varie espressioni per i saluti. Soffermatevi sul fatto che in italiano il *ciao*, informale, si usa sia nel momento dell'incontro che quando ci si congeda. *ArrivederLa* invece si usa in contesti formali con una sola persona, mentre *arrivederci* si adatta in genere ad ogni situazione.

3

- Fate lavorare gli studenti in coppia con il compito di formulare dei brevi dialoghi adatti alle situazioni indicate.

- Fate recitare qualche dialogo in plenum.

4 *Role-play*

- Scrivete alla lavagna le situazioni date, numerandole:
  - 1) all'università la mattina,
  - 2) quando esci dalla biblioteca alle 15,
  - 3) al bar verso le 18,
  - 4) quando esci dall'ufficio alle 20,
  - 5) quando lasci gli amici dopo una serata in discoteca.

- Fate venire gli studenti al centro della classe.

- Supponiamo che per iniziare abbiate scelto due studenti di nome Karl e Ross: dite alla coppia il numero della situazione che dovranno interpretare, per esempio la numero 2 in cui Karl, a cui avete attribuito il ruolo di A, esce dalla biblioteca alle 15.00 e saluta Ross, che risponde impersonando B. Successivamente, a loro volta, Karl e Ross sceglieranno due compagni a cui attribuire i ruoli di A e B nell'interpretare un'altra situazione scelta a piacimento.

E *Lei, di dov'è?*

1

- Invitate gli studenti a leggere il dialogo e concentrarsi sulle informazioni in esso contenute, utili per rispondere alle tre domande sottostanti.
Soluzione: 1. Il signore chiede alla signora dov'è via Alberti; 2. La signora è svizzera; 3. La signora è in Italia in vacanza

2

- Scrivete grande alla lavagna:

   dare del tu   *dare del Lei*

- Formulate insieme delle ipotesi sul significato di tali espressioni.

- Confrontate i due dialoghi contenuti nel riquadro giallo e cercate di individuare le differenze. Chiedete ai corsisti di sottolineare le forme verbali usate nel porre domande in entrambi i dialoghi. Sarà così più facile giungere alla conclusione che per il *tu* del dialogo a sinistra i verbi sono alla seconda persona singolare, mentre per il *Lei* del dialogo a destra sono alla terza persona singolare.

- Aggiungete altre espressioni relative allo stesso argomento:

situazione informale   *situazione formale*
           (forma di cortesia)

- Provate a raggruppare:
dare del tu in una   *dare del Lei in una*
situazione informale   *situazione formale*
           (forma di cortesia)

Un nuovo inizio — Unità 1

3

- Avvicinatevi ad uno studente e cominciando con *Scusi signore/signora/signorina*, a seconda del caso, rivolgetegli le domande elencate con la forma di cortesia (-*Come si chiama? -Quanti anni ha? -Studia o lavora? -Abita vicino?*) invitandolo a replicare con la risposta adeguata e un *...e Lei?* di rilancio delle domande (esempio: *Mi chiamo David, e Lei?*).

- Lasciate che gli studenti lavorino in coppia e facciano la stessa cosa alternandosi nei ruoli di A e B.

Role-play guidato

- Fotocopiate la scheda numero 2 a pagina 28. Fate lavorare gli studenti in coppia e consegnate a ogni coppia una scheda. Leggete in plenum il dialogo e sottolineate le frasi in cui si usa la *forma del tu*. Trascrivetele alla lavagna e in plenum fatevi suggerire l'equivalente delle frasi con *la forma di cortesia*. Avrete la seguente situazione:
  - Ciao! Come ti chiami? / Buongiorno, come si chiama?
  - ...e tu? / ...e Lei?
  - Di dove sei? / Di dove è?
  - Tu sei straniera, vero? / Lei è straniera, vero?
  - Sei in Italia per studiare? / È in Italia per studiare?
  - E dove abiti? / E dove abita?

- Invitate gli studenti a ripetere più volte il dialogo dato, utilizzando la forma di cortesia e sostituendo le informazioni scritte in caratteri diversi con quelle contenute nei riquadri sottostanti con lo stesso carattere.

F *Com'è?*

1

- Invitate i corsisti a leggere la lista di parole e a sottolineare gli aggettivi.
Soluzione: bello, simpatico, lungo, azzurro, biondo

2

- Chiedete di mettere nella giusta sequenza le battute del dialogo e poi fatelo ascoltare per un controllo.
Soluzione: 1 - 5 - 4 - 6 - 2 - 3

- Disegnate tre grandi cerchi e scrivete:

  (*carattere*)   (*corpo*)   (*testa*)

- Chiedete agli studenti di aiutarvi a inserire le parti riguardanti la descrizione di Gloria nel cerchio opportuno. Avrete: *carattere*: simpatica; *corpo*: alta, magra; *testa*: bruna, capelli non molto lunghi, occhi azzurri e naso alla francese. *Bella* rimane fuori dai cerchi perché è un aggettivo che riguarda l'aspetto fisico complessivo.

3

- Osservate le illustrazioni e il lessico utile alla descrizione dell'aspetto e del carattere di una persona e in plenum cercate di inserire gli aggettivi mancanti.
Soluzione: bello, lunghi, neri/bruni, azzurri, simpatico

- Evidenziate con ironia la perfezione nella descrizione di Gloria e chiedete di descriverla al contrario utilizzando il lessico appena trattato.

4

- Osservate l'illustrazione in plenum: si tratta di *La Gioconda* di Leonardo da Vinci conservata nel museo del Louvre di Parigi. Chiedete agli studenti di inserire le parole date (*i capelli*, *l'occhio* e *il naso*) negli opportuni spazi.

- Leggete insieme i vocaboli che circondano l'immagine della donna ritratta. Mentre leggete toccate la parte del corpo in oggetto e chiedete agli studenti di fare altrettanto ripetendo il sostantivo che quella parte indica.

Attività ludica

- Scrivete alla lavagna:

  Come è La Gioconda*? Bella?*

- Ricordate agli studenti che questa frase è simile ad un'altra che hanno appena ascoltato. Quale? Si tratta della prima battuta del dialogo E2, in cui si descrive Gloria. Chiedete agli studenti di recitare un dialogo simile a quello, variando ciò che è necessario per descrivere *La Gioconda* invece di Gloria.

5

- Ritornate sul lessico utile a descrivere l'aspetto e il carattere di una persona e chiedete agli studenti di descrivere se stessi. Invitateli quindi a descrivere un compagno senza dirne il nome e lasciate che il resto della classe indovini di chi si tratta.

6

- Invitate i corsisti a svolgere per iscritto il compito indicato. Si tratta di descrivere il miglior amico. Tale attività potrà essere svolta sia in classe che come compito a casa. In entrambi i casi chiedete agli studenti di consegnarvi i propri elaborati affinché possiate restituirli corretti.

25

Conosciamo l'Italia

- Chiedete agli studenti cosa sanno dell'Italia in generale e raccogliete le informazioni alla lavagna.

- Osservate insieme la cartina a pagina 27 del *Libro dello studente* con le informazioni date. C'è qualcosa di nuovo rispetto a quanto precedentemente detto? Quali città e regioni risultano maggiormente conosciute?

- Fotocopiate la scheda numero 3 a pagina 29, dividete la classe in gruppi e consegnatene una copia ad ognuno.

- Stabilite un tempo massimo, ad esempio cinque minuti, entro il quale i nomi delle regioni e dei capoluoghi di provincia dovranno essere riscritti al loro posto.

- Al vostro stop procedete con il controllo dei risultati, attaccando le fotocopie elaborate dagli studenti alla lavagna.

Autovalutazione

- Invitate gli studenti a svolgere individualmente il test di autovalutazione e a controllare le soluzioni a pagina 191 del *Libro dello studente*.

Grammatica e Lessico

- Distribuite la fotocopia della scheda numero 4 a pagina 30 a ciascuno degli studenti e chiedete di completarla con gli elementi grammaticali e lessicali mancanti.

- Fate confrontare il risultato prima con il compagno di banco e poi con gli schemi presenti nel testo nel corso dell'Unità 1.

- Lasciate agli studenti il tempo per concentrarsi su questa attività di ripetizione e controllo e invitateli a riferire eventuali dubbi o argomenti che non sono chiari per poterli discutere in plenum.

Scheda numero 1
Unità 1 - A6, Attività di fissaggio

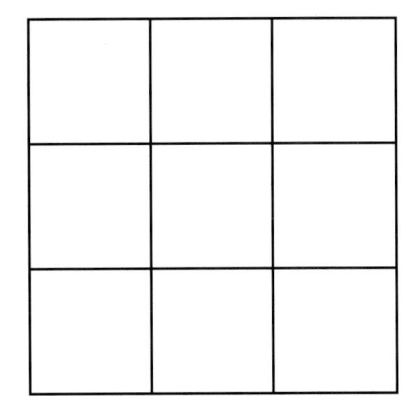

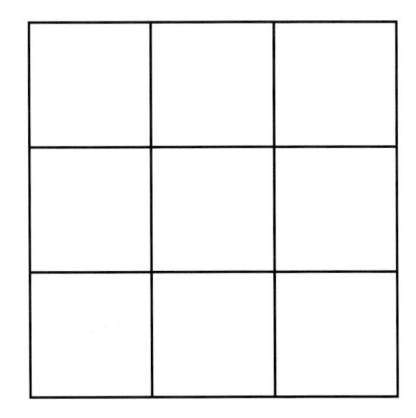

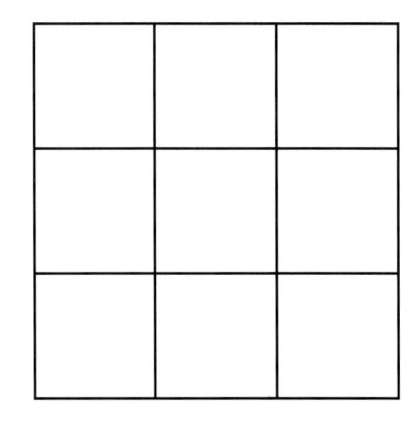

Esempio: mangiare  = numero (n.) 6 = mangiano

prendere: n. .... = ...
guardare: n. .... = ...
abitare: n. .... = ...
capire: n. .... = ...
sentire: n. .... = ...
pensare: n. .... = ...
partire: n. .... = ...
scrivere: n. .... = ...
parlare: n. .... = ...
aprire: n. .... = ...
finire: n. .... = ...
ascoltare: n. .... = ...
vedere: n. .... = ...
leggere: n. .... = ...
pulire: n. .... = ...
vivere: n. .... = ...
studiare: n. .... = ...
preferire: n. .... = ...
lavorare: n. .... = ...
conoscere: n. .... = ...
dormire: n. .... = ...
scendere: n. .... = ...
chiudere: n. .... = ...
tornare: n. .... = ...
mettere: n. .... = ...
cominciare: n. .... = ...
ricevere: n. .... = ...

Progetto italiano 1

Scheda numero 2
Unità 1 - C4, E3, Role-play guidato

- Ciao! Come ti chiami?

- **Katy**, e tu?

- **Emanuela**! Piacere.

- Piacere. Di dove sei?

- Sono *italiana, di Napoli*. Tu sei straniera, vero?

- Si, sono **greca, di Atene**!

- Oh, che bello! Sei in Italia per studiare?

- No, sono qui per lavoro. Sono **ricercatrice al Politecnico di Milano**.

- Davvero? Io lavoro all'Università. E dove abiti?

- Qui *a Milano*, vicino all'Università.

italiano/a, di Firenze

italiano/a, di Genova

italiano/a, di Palermo

italiano/a, di Sassari

Emily / Francesca

Karl / Antonio

Margot / Simona

Khaled / Emiliano

sono americano/a, di Boston

sono francese, di Parigi

sono cinese, di Hong Kong

sono libico/a, di Tripoli

a Firenze

a Roma

a Padova

a Bologna

interprete

insegnante di musica

architetto/a

esperto/a di marketing

28

Scheda numero 3
Unità 1 - Conosciamo l'Italia

Regioni

Piemonte	Lazio
Lombardia	Abruzzo
Liguria	Puglia
Veneto	Sicilia
Toscana	Sardegna

Capoluoghi

Milano	Firenze
Trento	Perugia
Venezia	Napoli
Trieste	Roma
Bologna	Palermo

Scheda numero 4
Unità 1 - Grammatica e Lessico

Il presente indicativo				
	lavorare	**prendere**	**aprire**	**finire**
io	....	prendo	apro	finisco
tu	lavori	....	apri	finisci
lui, lei, Lei	lavora	prende	....	finisce
noi	lavoriamo	prendiamo	apriamo	finiamo
voi	lavorate	prendete	aprite	finite
loro	lavorano	prendono	aprono	....

L'articolo indeterminativo			
maschile		**femminile**	
un	palazzo amico	....	ragazza studentessa
....	studente zaino	un'	amica edicola

Aggettivi in -e						
il libro la storia	interessant......	l'uomo l'idea	intelligente	il tema la partita	difficil......
i libri le storie	interessant......	gli uomini le idee	intelligent......	i temi le partite	difficili

Chiedere informazioni	Dare informazioni
Scusa, per arrivare / andare ....?	Prendi l'autobus e ....
Sei straniero, vero?	Sì, ... francese.
Di dove ....?	.... di Napoli.
.... qui per studiare?	.... in Italia per motivi di lavoro.
Da quanto .... sei qui / studi l'italiano?	Sono .... Italia / studio l'italiano da 2 anni.
.... abiti?	.... in via Giulio Cesare, al .... 3.

Saluti
Buongiorno!
Buon pomeriggio!
....
Buonanotte!
Ciao! (*informale*)
..............................! (*informale*)
Ci vediamo! (*informale*)
..............................!
ArrivederLa (*formale*)

Descrivere una persona					
aspetto generale		**carattere**		**occhi e capelli**	
.... giovane brutto	basso .... bello	.... allegro scortese	antipatico triste	**occhi:** ...., castani, neri, verdi	**capelli:** ...., lunghi, biondi, bruni, rossi

Come passi il tempo libero?

Progetto italiano 1 — Unità 2

Elementi comunicativi e lessicali	- Tempo libero - Attività del fine settimana - Invitare - Accettare o rifiutare un invito - Chiedere e dare l'indirizzo - Descrivere l'abitazione - Numeri cardinali (30-2.000) - Numeri ordinali - I giorni della settimana - Chiedere e dire che giorno è - Chiedere e dire l'ora
Elementi grammaticali	- Indicativo presente: verbi irregolari - Indicativo presente dei verbi modali: *potere*, *volere* e *dovere* - Preposizioni
Civiltà	I mezzi di trasporto urbano
Materiale necessario	*Sezione A, punto 6, attività di fissaggio*: alcune fotocopie della scheda numero 1 a pagina 38 e alcuni dadi *Sezione A, punto 7, attività di fissaggio*: alcuni fogli formato A3 *Sezione C, punto 3, attività estensiva*: alcune fotocopie della scheda numero 2 a pagina 39 *Sezione D, punto 3*: alcuni fogli formato A3 e dei pennarelli o matite colorate *Sezione F, punto 1, role-play guidato*: alcune fotocopie della scheda numero 3 a pagina 40 *Sezione G, punto 2, attività ludica*: un orologio da parete *DEVO, VOGLIO, POSSO*: alcune fotocopie della scheda numero 4 a pagina 41 *Grammatica e Lessico*: alcune fotocopie della scheda numero 5 alle pagine 42 e 43

Attività introduttiva

- Scrivete alla lavagna:

    tempo libero

- Discutete in plenum il significato di questa espressione e le sue possibili associazioni.

Per cominciare ...

1
- In plenum osservate le foto e chiedete agli studenti quali sono le attività, tra quelle illustrate, che preferiscono svolgere nel tempo libero.

2
- Chiedete agli studenti se e cosa conoscono di Eros Ramazzotti*.
- Invitate gli studenti a fantasticare un po' e a cercare di immaginare come trascorre il suo tempo libero una ricca star della musica pop.

*Lo sapevate?

Eros Ramazzotti nasce a Roma il 28 ottobre 1963. Fin da giovanissimo manifesta un'istintiva passione per la musica. Eros inizia a farsi conoscere al grande pubblico vincendo il Festival di Sanremo del 1984 nella "sezione giovani" con la canzone *Terra promessa*. Nell'edizione seguente del Festival interpreta *Una storia importante*, inclusa nel primo album *Cuori agitati*, che gli permette di affacciarsi sul mercato europeo.

La vittoria tra i big a Sanremo nel 1986 con *Adesso tu* conferma la popolarità del giovane Ramazzotti in Italia, cui fa seguito un notevole interesse delle platee internazionali. Nella tarda primavera del 1988 viene pubblicato il mini-album *Musica è*, che ha un impatto inatteso sui mercati discografici, superando le vendite degli album precedenti. Dopo due anni di lontananza dai palcoscenici esce *In ogni senso*, l'album che anticipa la prima esibizione di Ramazzotti negli USA, uno show *sold out* al Radio City Music Hall di New York. Numerose le collaborazioni e le iniziative musicali del musicista che continua da anni a godere del favore del pubblico internazionale.

3

- Fate ascoltare una prima volta l'intervista a Eros Ramazzotti chiedendo agli studenti di concentrarsi solo sull'argomento principale della conversazione.

A *Un'intervista*

1

- Leggete la lista di affermazioni relative all'attività proposta e durante il secondo ascolto consigliate agli studenti di fare attenzione alla parti di conversazione che permettono loro di individuare le affermazioni corrispondenti a verità.
- Fate ascoltare il dialogo un paio di volte e procedete al riscontro in plenum.

Soluzione: 1. b, 2. c

2

- Fate ascoltare ancora il dialogo chiedendo ai corsisti di leggere contemporaneamente il testo e di concentrarsi sulla pronuncia.
- Invitate gli studenti a sottolineare le parole rispetto alle quali hanno qualche difficoltà di pronuncia e poi fate ascoltare ancora, al fine di risolvere i dubbi.
- Fate lavorare gli studenti in coppia chiedendo loro di leggere il dialogo e di assumere i ruoli della giornalista di *Max* e di Eros Ramazzotti.

3

- In plenum leggete le domande proposte e invitate gli studenti a dare le risposte.

Soluzione: 1. Eros va a mangiare o bere qualcosa, 2. Ascolta musica e guarda la TV, 3. Fa delle gite o va al lago a pescare

4

- Gli studenti lavorano individualmente e completano la tabella con le forme mancati dei verbi *andare* e *venire*, aiutandosi eventualmente con il dialogo della pagina a fianco.

Soluzione: vado, andate, viene, vengono

- Riflettete in plenum sull'irregolarità dei verbi *andare* e *venire* all'indicativo presente.

5

- Lasciate lavorare gli studenti individualmente chiedendo loro di completare le frasi con le voci opportune dei verbi *andare* e *venire*.

Soluzione: 1. vanno, 2. andiamo, 3. veniamo, 4. vai, 5. viene, 6. vengo

6

- Invitate gli studenti a leggere la tabella e completare le forme mancanti da ricercare nel dialogo precedentemente ascoltato.

Soluzione: sai, sto, esco, facciamo, gioco

- Riflettete in plenum: anche in questo caso, come per *andare* e *venire*, siamo di fronte ad una serie di verbi irregolari. Per quanto riguarda *pagare*, riportate l'attenzione degli studenti sulla nota, in cui si spiega la particolarità di questo verbo, che di fatto è un verbo regolare, ma necessita dell'introduzione della consonante h tra radice e desinenza per la seconda persona singolare e la prima persona plurale.
- Lasciate agli studenti il tempo per consultare l'Appendice a pagina 188, in cui possono trovare altri verbi irregolari e invitateli a porre eventuali domande.

Attività di fissaggio

- L'attività proposta di seguito è analoga a quella della prima unità sul presente indicativo, con la differenza che ora vengono affrontati i verbi irregolari. Ciò permetterà agli studenti di concentrarsi maggiormente sulle forme verbali da coniugare e di prendere atto delle differenze di funzionamento tra i verbi anomali e quelli dell'unità precedente.

- Attenzione: gli studenti che hanno preso visione dell'Appendice a pagina 188 potranno svolgere l'attività con i verbi della colonna A e B. Coloro che non hanno consultato l'Appendice potranno svolgere l'attività tenendo conto soltanto dei verbi presenti nella colonna A. Per ciascuno di questi verbi, gli studenti devono lanciare il dado più volte coniugando due volte lo stesso verbo però ad una persona diversa corrispondente ad un numero uscito sulla faccia del dado.

Come passi il tempo libero? Unità 2

- Fotocopiate la scheda numero 1 a pagina 38 e consegnatene una copia ad ogni coppia di studenti. Distribuite anche un dado per coppia.

- Spiegate le regole del gioco:
  - uno studente inizia lanciando il dado e coniuga il primo verbo della lista al presente indicativo e alla persona indicata dalla faccia del dado (1 = prima persona singolare, 2 = seconda persona singolare ecc.), scrivendolo sulla linea accanto all'infinito e inserendo accanto il numero tirato, come indicato dall'esempio;

  - se il compagno è d'accordo sulla correttezza del verbo coniugato, lo studente che ha tirato il dado può inserire una crocetta o un pallino (X oppure O) nel primo dei tre quadranti destinati al filetto. Se i due studenti non sono sicuri della correttezza della voce verbale possono rivolgersi all'insegnante;

  - il gioco passa al compagno che, a sua volta, lancia il dado, coniuga il verbo a seconda del risultato del lancio e, se il verbo è corretto, acquisisce il diritto di inserire il suo segno nel quadrante del filetto;

  - lo scopo è quello di inserire tre dei propri simboli consecutivamente in orizzontale, verticale o diagonale nei quadranti del filetto. Ci sono tre quadranti a disposizione e naturalmente vince chi fa più filetti. Se dopo tre *manches* si è ancora sullo 0 a 0, si continua fino al primo filetto fatto. Per questo motivo è consigliabile invitare gli studenti a scrivere con la matita per poter eventualmente cancellare e utilizzare più volte i quadranti.

7

- Lasciate lavorare gli studenti in coppia chiedendo loro di alternarsi nel rispondere alle domande proposte, sulla base del modello dato.
Soluzione: 1. Facciamo colazione, 2. Perché sappiamo la verità, 3. Oggi paghiamo noi, 4. Stanno molto bene, 5. Esce con gli amici, 6. Giocano a calcio

Attività di estensione

- Scrivete alla lavagna:

  *andare   venire   dare   sapere
  stare   uscire   fare   giocare*

- Consegnate ad ogni studente un foglio formato A3 piegato a metà.

- Invitate gli studenti a scrivere sulla metà a sinistra una domanda per ognuno dei verbi scritti alla lavagna, ad esempio: *Dove vai nel tempo libero?*

- Dopo aver scritto le domande ogni studente intervista tre compagni ponendo loro i quesiti da lui elaborati.

- Al termine dell'intervista ogni studente lavora individualmente cercando di raggruppare eventuali risposte comuni o simile date dai suoi compagni per poterle riferire alla classe, ad esempio: *Nel tempo libero Karin e Johannes vanno al cinema.*

B *Vieni con noi?*

1

- Invitate i corsisti ad osservare le foto e a formulare in plenum qualche ipotesi sull'argomento dei mini dialoghi.

- Fate ascoltare le brevi conversazioni una prima volta.

- Durante il secondo e terzo ascolto suggerite agli studenti di leggere contemporaneamente il testo.

- Al termine degli ascolti riportate l'attenzione della classe sulle parti di frasi evidenziate in azzurro, particolarmente adatte a formulare inviti, accettarli e rifiutarli e invitate gli studenti a consultare la tabella corrispondente a pagina 34 del *Libro dello studente*.

2

- Lasciate agli studenti qualche minuto per completare i brevi dialoghi con le espressioni del *punto 1* evidenziate in azzurro.

- Invitate i corsisti a confrontare il proprio lavoro con quello del vicino di banco.

- Procedete al riscontro in plenum, prevedendo la possibilità di formulazioni diverse relativamente alle parti da completare.

3

- Invitate i corsisti ad osservare le immagini e a svolgere il role-play in coppia. Assumendo a turno i ruoli di A e B svolgono dei mini dialoghi in cui una persona invita l'altra a fare qualcosa insieme e l'altra accetta o rifiuta l'invito.

C Scusi, posso entrare?

1

- Invitate gli studenti ad osservare le tre frasi, tratte da giornali, e riproducetele alla lavagna:

  Puoi sbagliare tutto, ma non il colore
  Vuoi vincere una vacanza in Alto Adige/Südtirol?
  Tutto quello che devi sapere

- Sottolineate i verbi modali seguiti dal relativo infinito, ovvero *puoi sbagliare*, *vuoi vincere*, *devi sapere*.

2

- Lasciate agli studenti qualche minuto per completare individualmente la tabella dei verbi modali e riflettere sul loro utilizzo.

- Analizzate in plenum: i verbi modali precedono un verbo all'infinito che ha il loro stesso soggetto e per il quale esprimono la modalità dell'azione che può essere di volontà per *volere*, possibilità per *potere* e necessità per *dovere*.

3

- Lasciate lavorare gli studenti in coppia chiedendo loro di alternarsi nel rispondere alle domande proposte, sulla base del modello dato.
Soluzione: 1. Perché non può venire a Genova con noi, 2. Voglio andare in montagna, 3. Dobbiamo tornare alle sei, 4. No, purtroppo non possono venire, 5. Perché vuole superare l'esame, 6. Deve tornare a casa presto

Attività estensiva

- Fotocopiate la scheda numero 2 a pagina 39 e consegnatene una copia ad ogni studente.

- Invitate gli studenti a lavorare in coppia e a cercare di immaginare e scrivere negli spazi opportuni cosa *devono*, *possono*, *vogliono* fare le persone raffigurate nelle illustrazioni.

- Raccogliete gli elaborati e attaccateli alla lavagna.

- Fate avvicinare gli studenti alla lavagna e discutete insieme su volontà, possibilità e necessità risultanti dagli elaborati.

D Dove abiti?

1

- Invitate gli studenti a leggere il dialogo tra Gianni e Carla, esortandoli a concentrarsi solo sulle informazioni necessarie a rispondere alle domande.
Soluzione: 1. In via Giotto, 44; 2. È comodo e luminoso, con un grande balcone; 3. È piccolo: camera da letto, cucina e bagno; 4. Gianni paga 650 euro al mese e Carla paga 400 euro

2

- Invitate gli studenti ad osservare la piantina dell'appartamento di Gianni e a completare le lacune con i nomi delle stanze che possono essere ricercati nel dialogo.
Soluzione: 2. cucina, 3. camera da letto, 5. bagno

3

- Fate lavorare gli studenti in coppia con il compito di descrivere il loro appartamento o la loro casa ideale, dando le informazioni indicate nel *Libro dello studente*.

Attività alternativa

- Fate lavorare gli studenti in coppia o in gruppi di tre persone. Consegnate un foglio formato A3 e i pennarelli o le matite colorate.

- Invitate gli studenti a cercare un punto di accordo per quanto riguarda la loro casa ideale e di immaginarne una che riscuota il consenso di entrambi o di tutti e tre.

- Chiedete agli studenti di disegnare la loro casa, sia l'esterno, che la pianta interna.

- Al termine gli studenti illustreranno la loro casa ideale agli altri.

4

- In plenum osservate la tabella dei numeri cardinali e ordinali e in particolare per gli ordinali considerate la nota in cui si sottolinea il fatto che dall'11° in poi i numeri finiscono in *-esimo*. A questo proposito si può consultare la tabella in Appendice alla pagina 188.

Attività di fissaggio

- Scrivete alla lavagna tanti numeri a caso, compresi tra 1 e 2000 e aggiungete anche alcuni ordinali, ad esempio:

  390   683   88°   992   21°   66
  1979   99   82   61   16°   5°   2000

- Fate un cerchio intorno ad un numero e chiedete ad

Come passi il tempo libero? Unità 2

uno studente di leggere il numero cerchiato.
- Procedete così fino a quando tutti gli studenti avranno letto due o tre numeri a testa.

E *Vado in Italia.*

1

- Leggete in plenum le tre frasi che gli studenti hanno incontrato nel corso dell'unità e invitateli a ricercarle tra le pagine precedenti e sottolinearle.

- In plenum leggete la tabella contenente alcune preposizioni e il loro uso e riflettete insieme sul fatto che le preposizioni sono parole senza un significato univoco. Queste assumono valori diversi a seconda del contesto in cui sono utilizzate e ciò rende impossibile tradurle in una maniera che valga per tutti i casi. Solo in pochi contesti possiamo stabilire delle regole, che potete trascrivere alla lavagna:

nei casi di stato in luogo o moto a luogo utilizziamo:

- *in*

con i nomi di continenti:
Sono / Vado in America

con i nomi di nazioni:
Sono / Vado in Italia

con i nomi di regioni:
Sono / Vado in Sicilia

- *a*

con i nomi di città:
Sono / Vado a Roma

con un verbo all'infinito:
Sono / Vado a lavorare

- *da*

con le persone:
Sono / Vado da Antonio

nei casi di moto da luogo, per indicare la provenienza utilizziamo:

- *da*

Vengo da Siena

nei casi di moto per luogo per indicare la destinazione utilizziamo:

- *per*

Parto per Ancona

Attività di fissaggio

- Riproducete il seguente schema alla lavagna:

VADO/ SONO	in	*Italia,*
	a	
	al	
	da	
VENGO	in	
	a	
	da	
PARTO	da	
	per	
	in	

- Chiedete agli studenti di ricopiare lo schema che avete disegnato alla lavagna.

- Invitate gli studenti ad osservare attentamente la tabella contenente le preposizioni a pagina 37 del *Libro dello studente* per due o tre minuti.

- Chiedete agli studenti di chiudere il libro e di completare la loro tabella con gli elementi che ricordano, aggiungendone eventualmente altri che secondo loro corrispondono a quanto appena appreso sulle preposizioni.

- Dopo qualche minuto procedete al riscontro in plenum, completando la tabella alla lavagna con i suggerimenti corretti degli studenti.

2

- Lasciate lavorare gli studenti in coppia, chiedendo loro di alternarsi nel rispondere alle domande proposte, sulla base del modello dato.

Soluzione: 1. Vado in aereo, 2. Dobbiamo andare in centro, 3. Vanno in discoteca, 4. Vado a casa, 5. Viene da Palermo, 6. Va da Antonio

F *Che giorno è?*

1

- Fate ascoltare più volte il dialogo chiedendo agli studenti di concentrarsi sugli impegni di Silvia per il giorno 3, 5 e 6 del mese.

- Gli studenti lavorano in coppia e completano l'agenda con gli impegni di Silvia che sono riusciti a capire.

- Osservate la nota in giallo. I giorni della settimana preceduti da articolo indicano un'abitudine, ad es. *il lunedì vado in palestra*, significa che ogni lunedì vado in palestra. Se non sono preceduti da arti-

35

colo si riferiscono invece ad un evento che non si ripete abitualmente, ad es. *venerdì vado a cena con i miei colleghi*, significa che l'evento si verifica solamente il prossimo venerdì.
Soluzione: martedì 3 Silvia ha lezione all'università, giovedì 5 va a fare spese con Caterina, venerdì 6 è il compleanno di suo fratello

Role-play guidato

- Fotocopiate la scheda numero 2 a pagina 40. Fate lavorare gli studenti in coppia e consegnate ad ogni coppia una scheda. Invitate gli studenti a ripetere più volte il dialogo, sostituendo le informazioni scritte in caratteri diversi con quelle contenute nei riquadri sottostanti, con lo stesso carattere.

2

- Chiedete agli studenti di svolgere un dialogo simile a quello ascoltato raccontando che cosa fanno durante la settimana.

3

- In plenum lasciate che gli studenti parlino del tempo libero, quanto ne hanno, come lo trascorrono, dove vanno quando escono.

G *Che ora è / Che ore sono?*

1

- Scrivete alla lavagna:

    che ora è? che ore sono?

- Spiegate che le due domande si usano indifferentemente per chiedere l'ora.

- Osservate gli orologi e gli orari scritti sotto e riflettete. Davanti all'ora si usa:

    - *le* davanti alle ore da 2 a 24:
    Sono le tre.

    - *l'* davanti a *una*:
    È l'una.

    - non si usa articolo davanti a *mezzanotte* e *mezzogiorno*:
    È mezzanotte

- L'orario italiano prevede l'uso dei numeri da 1 a 24. Negli orari ufficiali, per esempio alla stazione o per i programmi televisivi si usa questa possibilità. Ad esempio *Il treno per Firenze delle ore 14.35 è in partenza dal binario 2.*

- Nella lingua parlata si preferisce limitarsi ai numeri da 1 a 12 ripetendoli per le ore pomeridiane e serali. Naturalmente il contesto indica il momento della giornata a cui ci si riferisce in tali casi. Ad esempio *Ci vediamo stasera alle 9.00*

2

- Chiedete agli studenti di leggere i vari orari e disegnare le lancette dei rispettivi orologi.

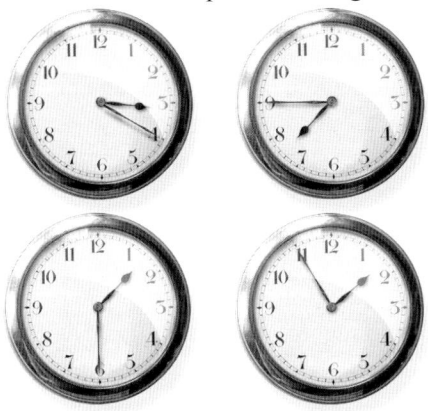

- Invitate gli studenti a confrontare "i loro orologi" con quelli dei compagni e procedete poi al riscontro in plenum disegnando gli orologi alla lavagna.

Attività ludica

- Se avete un vecchio orologio da parete, che non funziona più, portatelo in classe e divertitevi a muovere le lancette a vostro piacere, chiedendo ogni volta ad uno studente diverso di leggere l'orario che avrete regolato.

- Consegnate l'orologio ad uno studente e chiedetegli di regolare un orario e invitare un compagno a leggerlo.

- Chi ha appena letto l'orario ha il diritto di ricevere l'orologio e regolarne uno nuovo da far leggere ad un altro compagno.

- Procedete così fino a che tutti gli studenti avranno letto e regolato un orario.

- Se non avete un orologio da portare in classe, potete disegnare grandi orologi con gli orari alla lavagna e poi chiamare di volta in volta gli studenti a fare altrettanto.

3

- Lasciate lavorare gli studenti in coppia chiedendo loro di alternarsi nel formulare domande e risposte relativamente alle quattro illustrazioni sulla base del modello dato.

Come passi il tempo libero? Unità 2

Soluzione: 1. Sono le nove e venti; 2. Sono le dodici e quarantacinque, È mezzogiorno e tre quarti, È l'una meno un quarto; 3. Sono le diciotto e quindici, Sono le sei e un quarto; 4. Sono le venti e trenta, Sono le otto e mezza/o

Conosciamo l'Italia

I mezzi di trasporto urbano

- Invitate gli studenti a svolgere le attività di lettura, risposte ai quesiti e abbinamenti indicati ai punti 1, 2 e 3 di pagina 40 e 41 del *Libro dello studente*. Potete assegnare le letture come compito a casa, consigliando agli studenti di servirsi di un buon dizionario. Ciò li abituerà ad essere indipendenti nella selezione e ricerca di elementi linguistici ritenuti particolarmente significativi per poter capire le informazioni generali.

Soluzione: **1**: 1. b, 2. a, 3. c; **2**: vedi immagine sotto; **3**: 2, 3, 4

2

- Al termine della lettura, se la svolgete in classe, o durante l'incontro successivo, svolgete la conversazione seguendo i suggerimenti del punto 4 a pagina 41 e utilizzate questo momento per rispondere alle eventuali domande degli studenti relative ai testi letti o a curiosità sulle abitudini italiane in materia di mezzi di trasporto.

- Invitate gli studenti a svolgere, in classe, o preferibilmente a casa, i compiti scritti del punto 5 a pagina 41.

- Fatevi consegnare gli elaborati e restituiteli corretti.

- Esortate gli studenti ad usufruire delle attività online previste dall'unità 2.

Autovalutazione

- Invitate gli studenti a svolgere individualmente il test di autovalutazione e a controllare le soluzioni a pagina 191 del *Libro dello studente*.

DEVO, VOGLIO, POSSO

- Fotocopiate la scheda numero 4 a pagina 41 e consegnatene una copia ad ogni studente.

- Invitate ogni studente ad inserire nella prima tabella, con il titoletto *IO* una cosa che deve, vuole, può fare per ogni giorno della settimana, immaginando che ci si riferisca alla settimana successiva a quella del giorno in cui ha luogo la lezione.

- Chiedete agli studenti di scegliersi un compagno il cui nome verrà inserito nella seconda tabella e di intervistarlo riempendo le caselle con ciò che deve, vuole, può fare la prossima settimana. Naturalmente anche il compagno farà altrettanto.

- Al termine delle due interviste gli studenti completeranno la terza tabella con le cose comuni che devono, vogliono, possono fare durante la settimana in questione.

- Procedete al riscontro in plenum ponendo qualche domanda sulle attività che gli studenti svolgeranno, magari insieme, secondo le loro agende!

Grammatica e Lessico

- Distribuite le fotocopie agli studenti della scheda numero 5 alle pagine 42 e 43 e chiedete loro di completarle con gli elementi grammaticali e lessicali mancanti.

- Fate confrontare il risultato prima con il compagno di banco e poi con gli schemi presenti nel testo nel corso dell'unità 2.

- Lasciate agli studenti il tempo per concentrarsi su questa attività di ripetizione e controllo e invitateli a riferire eventuali dubbi o argomenti che non sono chiari per poterli discutere in plenum.

37

Scheda numero 1
Unità 2 - Sezione A6, Attività di fissaggio

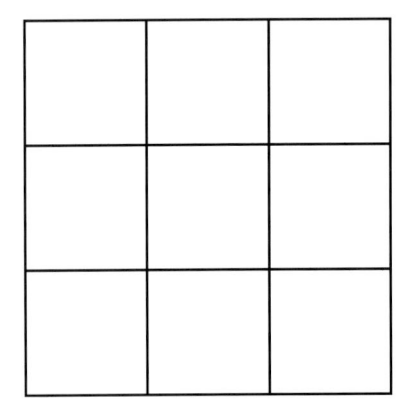

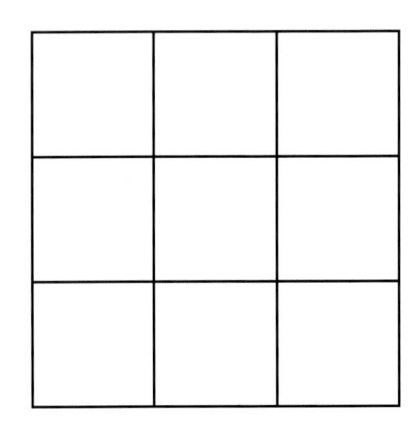

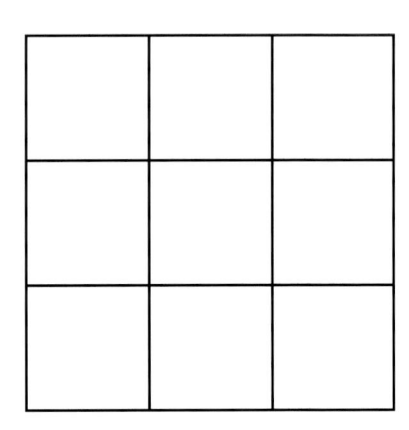

Esempio: andare = numero (n.) 6 = vanno

A

andare:	n. .... = ...	n. .... = ...	n. .... = ...
venire:	n. .... = ...	n. .... = ...	n. .... = ...
dare:	n. .... = ...	n. .... = ...	n. .... = ...
sapere:	n. .... = ...	n. .... = ...	n. .... = ...
stare:	n. .... = ...	n. .... = ...	n. .... = ...
uscire:	n. .... = ...	n. .... = ...	n. .... = ...
fare:	n. .... = ...	n. .... = ...	n. .... = ...
giocare:	n. .... = ...	n. .... = ...	n. .... = ...

B

cominciare: n. .... = ...
dire: n. .... = ...
mangiare: n. .... = ...
morire: n. .... = ...
pagare: n. .... = ...
piacere: n. .... = ...
porre: n. .... = ...
rimanere: n. .... = ...
salire: n. .... = ...
scegliere: n. .... = ...
sedere: n. .... = ...
spegnere: n. .... = ...
tenere: n. .... = ...
tradurre: n. .... = ...
trarre: n. .... = ...
proporre: n. .... = ...
mantenere: n. .... = ...
produrre: n. .... = ...
raccogliere: n. .... = ...

Scheda numero 2
Unità 2 - Sezione C3, Attività estensiva

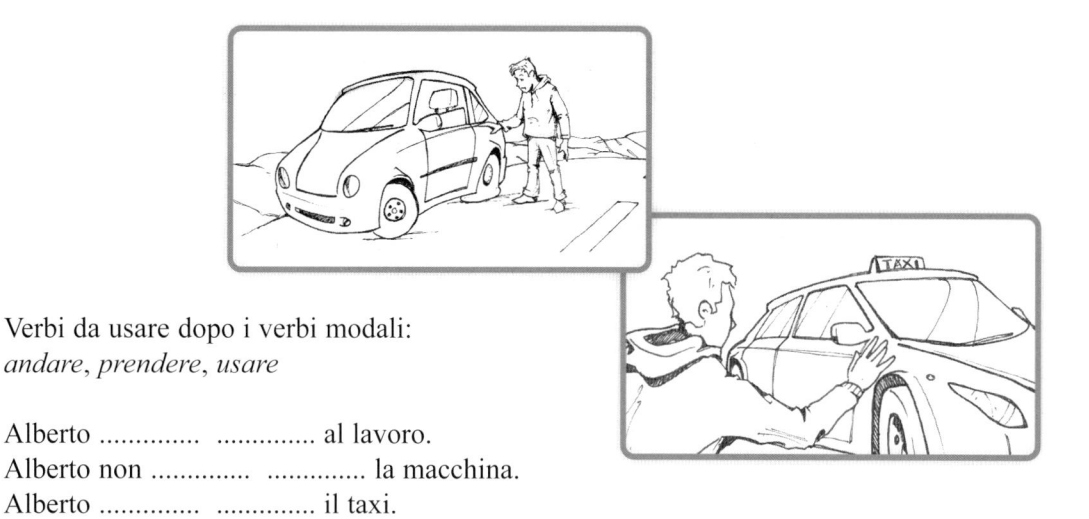

Verbi da usare dopo i verbi modali:
andare, *prendere*, *usare*

Alberto .... al lavoro.
Alberto non .... la macchina.
Alberto .... il taxi.

Verbi da usare dopo i verbi modali:
stare, *lavorare*, *utilizzare*

Il sig. Colombo .... in spiaggia.
Il sig. Colombo .... anche in vacanza.
Il sig. Colombo .... il PC portatile.

Verbi da usare dopo i verbi modali:
andare, *passare*, *portare*

Il bambino non .... da solo la valigia.
I sigg. Rossi .... al check-in.
I sigg. Rossi .... prima al bar.

Scheda numero 3
Unità 2 - Sezione F1, Role-play guidato

- Senti Carlo, ti devo parlare.

- **D'accordo**. Adesso però non posso. Devo studiare.

- Allora quando possiamo incontrarci?

- **Martedì** va bene?

- No, **martedì ho lezione**.

- Allora che ne dici di **giovedì**?

- Purtroppo **giovedì** devo andare dal dentista.

- Allora facciamo **venerdì**.

- **Va bene**. Allora a **venerdì**!

- A **venerdì**!

Volentieri!

Benissimo!

OK!

lunedì

mercoledì

sabato

domenica

ho un appuntamento

devo andare da Roberta

esco con gli amici

voglio andare al mare

Scheda numero 4
Unità 2 - DEVO, VOGLIO, POSSO

	IO						
	lunedì	martedì	mercoledì	giovedì	venerdì	sabato	domenica
devo							
voglio							
posso							

	....						
	lunedì	martedì	mercoledì	giovedì	venerdì	sabato	domenica
deve							
vuole							
può							

	.... ed io						
	lunedì	martedì	mercoledì	giovedì	venerdì	sabato	domenica
dobbiamo							
vogliamo							
possiamo							

Scheda numero 5
Unità 2 - Grammatica e Lessico

Presente indicativo dei verbi irregolari		
	andare	**venire**
io	vado	vengo
tu	....	vieni
lui, lei, Lei	va	....
noi	....	....
voi	andate	venite
loro	....	....

Presente indicativo dei verbi irregolari			
	dare	**sapere**	**stare**
io	do	so	....
tu	dai	....	stai
lui, lei, Lei	....	sa	....
noi	diamo	sappiamo	....
voi	....	sapete	state
loro	danno	....	stanno
	uscire	**fare**	**giocare**
io	esco	....	gioco
tu	....	fai	....
lui, lei, Lei	....	fa	gioca
noi	usciamo	facciamo	....
voi	....	....	giocate
loro	....	fanno	....

I verbi modali			
	dovere	**volere**	**potere**
io	devo	....	....
tu	devi	vuoi	....
lui, lei, Lei	....	....	può
noi	dobbiamo	vogliamo	....
voi	....	....	potete
loro	....	vogliono	possono

42

Come passi il tempo libero? — Unità 2

Le preposizioni		
VADO / SONO	....	Italia
	a	Roma
	....	cinema
	da	Antonio
VENGO	in	Germania
	....	Pisa
	....	te
PARTO	da.	Torino
	....	Ancona
	in	aereo

Invitare	Accettare un invito	Rifiutare un invito
Vieni?	.... grazie! .... piacere	..............., ma non posso!
.... venire?	Certo! Volentieri!	Purtroppo, non ....
Andiamo?	D'accordo!	No, grazie!
Che .... dici?	Perché ....?	È una bella ....!

I numeri cardinali		I numeri ordinali	
30	trenta	1°	primo
31	....	2°	....
40	quaranta	3°	terzo
50	....	4°	....
60	sessanta	5°	quinto
70	settanta	6°	sesto
80	....	7°	....
90	novanta	8°	ottavo
100	....	9°	....
200	....	10°	....
300	trecento	11°	undicesimo
400	quattrocento	12°	....
500	....	13°	tredicesimo
600	seicento	14°	....
700	settecento	15°	quindicesimo
800	....	16°	....
900	....	17°	diciassettesimo
1.000	mille	18°	diciottesimo
1.900	millenovecento	19°	....
2.000	....	20°	....

L'ora
Che ore sono? / Che ora ....?
Sono 7.30
Sono le 3 40
Sono le nove .... / .... un quarto
.... mezzogiorno

43

Unità 3 — Scrivere e telefonare

Progetto italiano 1

Elementi comunicativi e lessicali	- Spedire una busta, un pacco - Chiedere e dire l'orario di apertura e chiusura di un ufficio, un negozio ecc. - Localizzare oggetti nello spazio - Esprimere incertezza, dubbio - Esprimere possesso - Ringraziare, rispondere ad un ringraziamento - Mesi e stagioni - Numeri cardinali (1.000 - 1.000.000) - Parlare del prezzo
Elementi grammaticali	- Preposizioni articolate - Il partitivo - Espressioni di luogo - *C'è, ci sono* - Possessivi (*mio/a, tuo/a, suo/a*)
Civiltà	- Scrivere un'e-mail o una lettera e telefonare
Materiale necessario	*Sezione A, punto 3, attività di fissaggio*: alcune fotocopie della scheda numero 1 a pagina 51 *Sezione C, punto 1, attività ludica*: alcune fotocopie della scheda numero 2 a pagina 52 e alcuni dadi *Sezione F, punto 2, role-play guidato*: alcune fotocopie della scheda numero 3 a pagina 53 *Conosciamo l'Italia, attività ludica*: alcuni fogli formato A4 ripiegati orizzontalmente in tre. *DOMANDE E RISPOSTE*: alcune fotocopie della scheda numero 4 a pagina 54 *Grammatica e Lessico*: alcune fotocopie della scheda numero 5 alle pagine 55 e 56

Attività introduttiva

- Scrivete alla lavagna:

  Qual è il tuo numero di telefono?

- Invitate agli studenti a dire a turno il proprio numero di telefono e trascrivete contemporaneamente i vari numeri alla lavagna affinché se ne possa controllare l'esattezza.

Per cominciare...

1
- In plenum osservate le immagini e invitate gli studenti a collegarle con le parole date.

2
- Discutete in plenum dei mezzi di comunicazione maggiormente utilizzati dagli studenti nelle diverse situazioni.

3
- Leggete la lista di affermazioni relative all'attività proposta.

- Fate ascoltare una prima volta il dialogo chiedendo agli studenti di concentrarsi soltanto sulle affermazioni in esso presenti tra quelle elencate.
Soluzione: 1, 3, 6

A *Perché non scrivi un'e-mail?*

1
- Fate ascoltare di nuovo il dialogo per dare la possibilità agli studenti di confermare o meno le proprie risposte all'attività precedente.

2
- Fate ascoltare ancora il dialogo chiedendo ai corsisti di leggere contemporaneamente il testo e di concentrarsi sulla pronuncia.

Scrivere e telefonare — Unità 3

- Invitate gli studenti a sottolineare le parole rispetto alle quali hanno qualche difficoltà di pronuncia e poi fate ascoltare ancora, al fine di risolvere i dubbi.

- Fate lavorare gli studenti in coppia chiedendo loro di assumere i ruoli di Nicola e Orlando e di leggere il dialogo.

- Invitate gli studenti a porsi reciprocamente le quattro domande relative al dialogo e a rispondere.

Soluzione: 1. Nicola non riesce a parlare con la sua famiglia perché hanno orari diversi, 2. L'internet point (che conosce Orlando) si trova vicino al cinema *Odeon*, 3. Per spedire una busta all'estero Nicola deve andare in tabaccheria, comprare una busta e dei francobolli e imbucare tutto in una cassetta per le lettere, 4. Per spedire 4 libri Nicola deve andare alla posta

3

- Fate lavorare gli studenti individualmente. Chiedete loro di rileggere con attenzione il dialogo al fine di completare le frasi nel riquadro con le giuste preposizioni.

Soluzione: dagli; all'; dei; alla; in; al, delle

4

- Scrivete alla lavagna:

    di   a   da   in   su   con   per   tra   fra

- Spiegate agli studenti che si tratta delle preposizioni semplici di cui si è trattato in parte nell'unità precedente.

- Disegnate quindi la seguente tabella:

di + il	*a + il*	*da + il*
in + il	*su + il*	*con + il*
per + il	*tra + il*	*fra + il*

- Facendovi aiutare dagli studenti completate i riquadri sottostanti con il risultato dell'incontro tra le varie preposizioni semplici con l'articolo *il*. Avrete la seguente situazione:

di + il	*a + il*	*da + il*
del	**al**	**dal**
in + il	*su + il*	*con + il*
nel	**sul**	**con il**
per + il	*tra + il*	*fra + il*
per il	**tra il**	**fra il**

- Riflettete insieme: quando le preposizioni semplici *di*, *a*, *da*, *in* e *su* sono seguite da un articolo determinativo si legano direttamente a questo. Le preposizioni *di* e *in* subiscono un mutamento trasformandosi in *del* e *nel*. Nel caso degli articoli determininativi *lo*, *la*, *l'* inoltre, si ha il raddoppiamento della consonante per cui avremo *dello*, *allo*, *dallo*, *nello*, *sullo* ecc.
Le preposizioni semplici *con*, *per*, *tra* e *fra* non si legano all'articolo.
Riguardo alla preposizione *con*, non è raro incontrare la forma articolata *col*, al contrario di quanto avviene per la forma articolata *coi*. Con gli altri articoli è preferibile usare la preposizione e l'articolo separati (*con + lo*, *con + la* ecc.) per evitare che ci si possa confondere con termini omofoni e omografi, ma di altro significato (il collo, la colla ...). Ricordate infine che le preposizioni non hanno un significato univoco, ma ne assumono diversi a seconda del contesto in cui compaiono.

- Sulla base di quanto detto invitate gli studenti a lavorare in coppia al fine di completare la tabella data.

- Procedete al riscontro in plenum.

Soluzione: alla, all', dei, delle, sui, nella, negli, dallo

Attività di fissaggio

- Fotocopiate la scheda numero 1 a pagina 51 e consegnatene una copia ogni due studenti.

- Invitate gli studenti a lavorare in coppia alternandosi e utilizzando penne di colori diversi: uno studente chiama un numero e la parola sotto la cui colonna il numero si trova e l'altro deve dire la giusta preposizione articolata rispettivamente alla preposizione semplice e al sostantivo che corrispondono alla casella contenente quel numero. Se la preposizione articolata è giusta può inserirla in tabella e chiamare un numero, altrimenti il diritto di chiamata rimane al compagno. Vince chi inserisce il maggior numero di preposizioni articolate.

5

- Invitate gli studenti a porsi reciprocamente le domande relative alle sei illustrazioni e a rispondere secondo il modello.

Soluzione: 1. Alice viene dall'Olanda, 2. I guanti sono nel cassetto, 3. I libri sono dei ragazzi, 4. Le riviste sono sul tavolo, 5. Vado al cinema una volta al mese, 6. Le chiavi sono nella borsa

6
- Osservate la tabella riflettendo sulle preposizioni semplici e articolate. Le prime sono utilizzate con un luogo generico, le altre invece si utilizzano quando il luogo è seguito da un elemento che lo specifica e lo caratterizza.

7
- In plenum formulate delle ipotesi sul significato di *dei* e *degli* nelle frasi

    *Devo spedire **dei** libri alla mia ragazza.*
    *Stasera vengono a cena **degli** amici.*

- Osservate la tabella alla pagina successiva allo scopo di confermare o meno le ipotesi precedentemente formulate.

- Riflettete insieme: *dei regali* indica una quantità indeterminata di regali infatti la preposizioni articolata *dei*, in questo caso, ha la funzione di partitivo e assume il significato di *alcuni*.
Nella frase

    *Vado a comprare **del** latte*

    invece la preposizione articolata ha il significato di *un po' di*.

8
- Scrivete alla lavagna:

    Vuoi ....?
    Vado a comprare ....

- Chiedete agli studenti di lavorare in coppia e di formulare alcune frasi con l'articolo partitivo, sul modello di quelle scritte alla lavagna.

- Lasciate che qualche formulazione venga ripetuta in plenum.

B *A che ora?*

1
- Invitate i corsisti ad osservare le foto e a formulare in plenum qualche ipotesi sull'argomento dei mini dialoghi.

- Fate ascoltare le brevi conversazioni due o tre volte e chiedete agli studenti di abbinare i mini dialoghi alle foto.

- Scrivete alla lavagna:

    A che ora .... ?
    Alle ....

- Spiegate agli studenti che queste frasi servono a dare e ricevere informazioni riguardanti i diversi orari e invitateli a sostituire i puntini con degli elementi che completino le due frasi, ad esempio *A che ora inizia la lezione d'italiano? / Alle 10.00.*

- Scrivete ancora alla lavagna:

    A che ora ....?
    Dalle .... alle ....

- Anche queste frasi servono a dare e ricevere informazioni riguardanti i diversi orari, solo che stavolta la risposta indica un arco di tempo.

- Invitate di nuovo gli studenti a sostituire i puntini con degli elementi che completino le due frasi, ad esempio *A che ora è la lezione d'italiano? / Dalle 10.00 alle 11.00.*

2
- Fate lavorare gli studenti in coppia. A turno assumono i ruoli di A e B e svolgono dei mini dialoghi domandandosi gli orari in cui svolgono le attività indicate.

3
- Lasciate lavorare gli studenti in coppia chiedendo loro di alternarsi nel dire a che ora aprono e chiudono i vari negozi e servizi raffigurati nelle illustrazioni.

C *Dov'è?*

1
- Fate lavorare gli studenti in coppia chiedendo loro di abbinare le frasi alle immagini.
Soluzione: 1.l, 2.g, 3.a, 4.h, 5.c, 6.f, 7.e, 8.i, 9.b, 10.d

- Scrivete alla lavagna le seguenti parole:

    dentro   accanto a   intorno a   dietro
    davanti a   sulla   tra   sotto
    sopra   vicino a

- Sottolineate il fatto che *accanto, intorno, davanti* e *vicino* sono seguiti dalla preposizione *a*, quindi formano delle locuzioni preposizionali, mentre *dentro, dietro, sulla, tra, sotto* e *sopra* sono semplicemente degli avverbi di luogo non accompagnati da una preposizione.

- Prendete la vostra borsa e una matita e divertitevi a spostare la matita mettendola *dentro, accanto a, dietro, davanti a* ecc. rispetto alla borsa e formulando ogni volta la domanda: *Dove è la matita?*

Scrivere e telefonare — Unità 3

- Invitate gli studenti a lavorare in coppia e, utilizzando due oggetti da spostare a loro piacimento, a formulare delle domande in merito alla posizione dell'uno rispetto all'altro.

Attività ludica

- Fotocopiate la scheda numero 2 a pagina 52 e consegnatene una copia ad ogni gruppetto di studenti insieme ad un dado.

- Fate lavorare gli studenti in piccoli gruppi: a turno si lancia il dado e si avanza sulle caselle a seconda del numero tirato. Quando si arriva su una casella, si disegnano il cuore, la luna e la stella nelle posizioni indicate. Se si sbaglia a disegnare gli elementi nella posizione indicata si rimane fermi per un giro. Se invece nella casella compaiono tutti e tre gli elementi non si ha niente da fare e anche in questo caso ci si riposa per un giro! Vince chi arriva per primo al traguardo!

2

- Lasciate agli studenti qualche minuto per lavorare individualmente e scegliere le parole giuste per ogni frase, osservando la foto.

- Procedete al riscontro in plenum.
Soluzione: 1. tra il, 2. davanti al, 3. dietro il, 4. a destra del, 5. sopra il, 6. sul

3

- Scrivete alla lavagna:

    Sopra il camino c'è uno specchio.
    Sul divano ci sono dei cuscini.

- Sottolineate *c'è* e *ci sono* nelle due frasi e lasciate che gli studenti formulino delle ipotesi sul loro uso.

- Riflettete insieme: in questo contesto *ci* ha funzione di pronome di luogo e nella costruzione con il verbo *essere* assume il significato di *esistere, trovarsi in un posto*. Utilizziamo *c'* con la terza persona singolare del verbo *essere* (*è*) quando l'oggetto è al singolare come nel caso di *c'è uno specchio* e *ci* con la terza persona del verbo *essere* (*sono*) al plurale quando l'oggetto è al plurale come nel caso di *ci sono dei cuscini*.

- Lasciate agli studenti qualche minuto per completare le lacune delle frasi date e procedete al riscontro in plenum.
Soluzione: c'è, ci sono, c'è, c'è

Attività estensiva

- Prendete la vostra borsa ed estraete un oggetto, ad esempio una penna, dicendo agli studenti la frase relativa, ovvero in questo caso *Nella borsa c'è una penna*.

- Dividete la classe in due gruppi: a turno ogni gruppo potrà dire una frase cercando di indovinare un oggetto che è nella vostra borsa, ad esempio *Nella borsa ci sono le chiavi*. Se l'oggetto è contenuto nella vostra borsa, mostratelo agli studenti e assegnate un punto al gruppo che lo ha individuato. Ogni gruppo ha 8 tentativi a disposizione per indovinare cosa c'è nella vostra borsa e naturalmente vince il gruppo che accumula il punteggio più alto.

- Se volete potete far ripetere l'attività agli studenti che lavorano in coppia e cercano di indovinare l'uno il contenuto della borsa o dello zaino dell'altro.

4

- Fate lavorare gli studenti in coppia: il compito consiste nell'individuare le differenti posizioni dei vari oggetti nelle due illustrazioni.

- Procedete al riscontro in plenum.
Soluzioni possibili: Nell'immagine *A* la lampada è a sinistra del divano mentre nell'immagine *B* è a destra, nell'immagine *A* ci sono i quadri sulla parete mentre nell'immagine *B* non ci sono, nell'immagine *A* c'è il camino mentre nell'immagine *B* non c'è il camino, nell'immagine *A* il vaso e il tavolo sono tra il divano e la poltrona mentre nell'immagine *B* sono tra il divano e il televisore, nell'immagine *A* il televisore è davanti alla lampada mentre nell'immagine *B* il televisore è tra il vaso e la poltrona.

D *Mah, non so...*

1

- Fate lavorare gli studenti in coppia chiedendo loro di rimettere il dialogo in ordine.

- Procedete al riscontro in plenum.
Soluzione: 1, 5, 7, 3, 8, 4, 2, 6

2

- Chiedete agli studenti di rileggere il dialogo e sottolineare le espressioni utilizzate da Mario e Gianni per esprimere incertezza e dubbio per poi trascriverle nell'apposito spazio.
Soluzione: probabilmente; beh; magari; non sono sicuro; penso; mah, non so; almeno credo; forse

3

- Invitate i corsisti a svolgere il role-play in coppia. A turno assumono i ruoli di A e B e svolgono dei mini dialoghi domandandosi quanto indicato nel *Libro dello studente* e rispondendo con le espressioni utili ad esprimere incertezza e dubbio.

E *Di chi è?*

1

- Leggete i fumetti ed osservate: le parole *mia*, *tua* e *sua* servono ad indicare il possesso della rivista.

2

- In plenum leggete la tabella contenente gli aggettivi possessivi delle prime tre persone al maschile e femminile singolare.

- Riflettete insieme: gli aggettivi possessivi, come tutti gli aggettivi, hanno lo stesso genere e numero del sostantivo a cui si riferiscono e soprattutto sono preceduti dall'articolo. I possessivi *mia*, *tua* e *sua* presenti nei fumetti del punto 1 non sono accompagnati dall'articolo dato che in questo caso essi sono dei pronomi. Se utilizziamo i possessivi come pronomi possiamo scegliere di utilizzare o meno l'articolo e formulare indifferentemente frasi del tipo: *è mia*, *è la mia*.

- Rimandate ad un secondo momento la spiegazione sui possessivi al plurale.

- Invitate gli studenti a completare le lacune nelle frasi indicate.

- Procedete al riscontro in plenum.
Soluzione: 1. è mio, 2. tuo, 3. suo, 4. sua, 5. tua, 6. mia

Attività estensiva

- Fatevi consegnare quanti più oggetti possibili dagli studenti, avendo cura di scegliere quelli indicati da un sostantivo al singolare (ad esempio accettate il telefonino ma rifiutate gli occhiali) e disponeteli sopra la cattedra.

- Sollevate un oggetto per volta e dimostratevi disposti a restituirlo solo se il legittimo proprietario ne dichiara il possesso formulando la frase appropriata, ad esempio, nel caso di un libro, *è il mio libro*.

- Procedete così fino a che avrete restituito tutti gli oggetti.

3

- Lasciate lavorare gli studenti in coppia, chiedendo loro di osservare i disegni e formulare delle frasi con l'uso dei possessivi, come indicato dall'esempio.

- Procedete al riscontro in plenum.
Soluzioni possibili: 1. La tua macchina è nuova, 2. Il mio televisore è grande, 3. Il suo regalo è bello, 4. La tua scrivania è vecchia, 5. Il mio appartamento è in centro, 6. La sua ragazza è italiana

F *Grazie!*

1

- Fate ascoltare più volte i mini dialoghi e scrivete alla lavagna le espressioni in essi utilizzate per ringraziare e per rispondere al ringraziamento.

Grazie mille! – Prego!
Grazie! – Figurati!
Grazie tante! – Di niente!

- Osservate lo schema contenente altre forme utili allo stesso scopo. Oltre a quelle già scritte alla lavagna abbiamo *ti ringrazio*, informale, e *non c'è di che*.

2

- Lasciate agli studenti qualche minuto per lavorare individualmente e completare i tre mini dialoghi.

- Procedete al riscontro in plenum.
Proposta di soluzione: 1. Grazie mille!, Di niente!; 2. Che ore sono?, Prego!; 3. Alle 4., Grazie tante!

Role-play guidato

- Fotocopiate la scheda numero 3 a pagina 53. Fate lavorare gli studenti in coppia e consegnate ad ogni coppia una scheda. Invitate gli studenti a ripetere più volte il dialogo, sostituendo le informazioni scritte in caratteri diversi con quelle contenute nei riquadri sottostanti, con lo stesso carattere.

G *Vocabolario e abilità*

1

- Invitate gli studenti a completare la tabella con i mesi dati e ad osservare la suddivisione dei mesi tra le quattro stagioni indicate.

- Procedete al riscontro in plenum.
Soluzione: ottobre, dicembre, aprile, agosto

Scrivere e telefonare — Unità 3

2

- Chiedete agli studenti di leggere i vari numeri e di inserire al posto dei puntini le cifre corrispondenti al numero scritto accanto.
Soluzione: 1.990, 10.500

3

- Invitate gli studenti a porsi reciprocamente le domande e a dare le informazioni richieste come indicato dal modello.

4

- Fate ascoltare la traccia 23 (esercizio numero 22 del *Quaderno degli esercizi*) e chiedete agli studenti di completare la tabella.
Soluzione: 1. Roma, 2. La Torre Pendente, 3. Firenze, 4. Roma, 5. Ponte Vecchio, 6. Venezia, 7. Napoli, 8. Milano, 9. Il Foro Romano, 10. Firenze

5

- Chiedete ai corsisti di immedesimarsi in Nicola, il protagonista del primo dialogo dell'unità e di scrivere un'e-mail alla famiglia dando le informazioni indicate. Tale attività potrà essere svolta sia come compito a casa che in classe. In entrambi i casi chiedete agli studenti di consegnarvi i propri elaborati affinché possiate restituirli corretti.

Conosciamo l'Italia

Scrivere un'e-mail o una lettera...

- Osservate in plenum le varie espressioni date per iniziare e concludere un'e-mail o una lettera informale.

- Analizzate le indicazioni relative al modo di indicare mittente e destinatario in una busta e in una e-mail.

- Consegnate ad ogni studente un foglio formato A4 ripiegato orizzontalmente in tre parti, in modo da sembrare una busta da lettere e invitateli a scrivere l'indirizzo del destinatario di una loro lettera e a scrivere il proprio come mittenti.

- Discutete il risultato dell'operazione precedente in plenum. Probabilmente ci saranno delle domande da parte degli studenti a causa del diverso modo di scrivere gli indirizzi nelle varie nazioni.

- Date un'occhiata alle altre espressioni, in fondo a pagina 54, utili per scrivere. Proponete un modello di lettera che ne contenga alcune, ad esempio quella seguente che potete trascrivere alla lavagna e analizzare in plenum:

*Caro Gianluca,
come stai? Piove sempre a Londra?
Novità? Io poche: come sai tra il lavoro, lo studio non ho molto tempo libero, quindi non esco spesso con i nostri amici che comunque sento spesso al telefono e domandano sempre di te.
Tu, invece? Esci con i compagni di corso? Sono un po' gelosa, ma d'altra parte so che non è facile per te essere da solo in un paese straniero. Tuttavia, solo così puoi imparare la lingua meglio, no? Allora, buon divertimento!!*

*Bacioni
Flavia*

...telefonare

- Invitate gli studenti a leggere individualmente il testo e a rispondere alle domande. A tale scopo esortateli ad avvalersi dell'aiuto offerto dal glossario in fondo a pagina 55 ed eventualmente di un buon dizionario.

- Procedete al riscontro in plenum e discutete insieme sulle differenze e somiglianze tra i servizi telefonici e sulle abitudini relative al telefono in Italia e nei paesi d'origine degli studenti.
Soluzione: 1) 003902, 2) 115

- Esortate gli studenti ad usufruire delle attività online previste dall'unità 3.

Autovalutazione

- Invitate gli studenti a svolgere individualmente il test di autovalutazione e a controllare le soluzioni a pagina 191 del *Libro dello studente*.

DOMANDE E RISPOSTE

- Fotocopiate la scheda numero 4 a pagina 54 e ritagliate lungo le linee tratteggiate formando un mazzetto di domande e un mazzetto di risposte.

- Dividete la classe in gruppi e consegnate ad ogni gruppo un mazzetto di domande e un mazzetto di risposte che avrete precedentemente provveduto a mischiare.

- Chiedete agli studenti di collegare le domande alle relative risposte. Ricordate che si tratta di domande ed espressioni incontrate nello svolgimento dell'unità 3.

- L'attività è a tempo. Quando vi accorgete che gli studenti sono quasi al termine dite STOP e procedete con il conteggio degli abbinamenti giusti per ogni gruppo. Naturalmente vince il gruppo che ha il maggior numero di abbinamenti corretti!

Grammatica e Lessico

- Distribuite le fotocopie della scheda numero 5 alle pagine 55 e 56 agli studenti e chiedete di completarle con gli elementi grammaticali e lessicali mancanti.
- Fate confrontare il risultato prima con il compagno di banco e poi con gli schemi presenti nel corso dell'unità 3.
- Lasciate agli studenti il tempo per concentrarsi su questa attività di ripetizione e controllo e invitateli a riferire eventuali dubbi o argomenti che non sono chiari per poterli discutere in plenum.

Scheda numero 1
Unità 3 - Sezione A4, Attività di fissaggio

	pacco	zaino	albero	libri	busta	agenda	lettere
di	23	77	90	31	90	1	5
a	13	18	12	82	53	4	63
da	66	54	58	68	29	75	15
in	83	98	71	79	56	14	99
su	41	61	88	65	78	84	30
con	78	92	27	34	25	32	43
per	49	85	62	40	19	47	72
tra	2	28	57	6	3	7	38
fra	16	39	33	67	48	11	95

edizioni Edilingua
Progetto italiano 1

Scheda numero 2
Unità 3 - Sezione C1, Attività ludica

il cuore   la luna   la stella

Esempio: *Il cuore è sotto la stella*

VIA!

1 Il cuore è sotto la stella	2 La luna è tra il cuore e la stella	3 La stella è a destra della luna	4 Il cuore è accanto alla luna	5	6 La luna è vicino alla stella
12 La stella è vicino al cuore	11 La luna è dentro il cuore	10 Il cuore è a sinistra della stella	9 Il cuore è tra la luna e la stella	8	7 Le stelle sono intorno al cuore
13 La stella è dentro la luna	14 Il cuore è davanti alla stella	15 Le lune sono intorno alla stella	16	17 La luna è a destra del cuore	18
24 La luna è davanti al cuore	23 I cuori sono intorno alla stella	22 La stella è tra il cuore e la luna	21	20 La stella è a destra del cuore	19 La luna è dentro la stella
25 Il cuore è accanto alla stella	26 La stella è sul cuore	27 La luna è dietro la stella	28	29 La stella è sopra la luna	30 La stella è dentro al cuore

Hai vinto un cuore, una luna e una stella!

52

Scrivere e telefonare — Unità 3

Scheda numero 3
Unità 3 - Sezione F2, Role-play guidato

- Scusi, sa a che ora apre la posta?

○ **Alle 8.45**.

- E sa, per caso, se è aperta anche di pomeriggio?

○ **È probabile**, ma non sono proprio sicuro.

- Va bene! **La ringrazio!**

○ Si figuri!

Alle 8.30

Dalle 8.30 alle 13.30

Alle 8.00

Probabilmente...

Forse...!

Magari...

Grazie!

Grazie mille!

Grazie tante!

Prego

Di niente!

Non c'è di che!

Scheda numero 4
Unità 3 - DOMANDE E RISPOSTE

Domanda	Risposta	Domanda	Risposta	Domanda	Risposta
Dov'è l'internet point?	È accanto al Duomo.	Dove sono gli abiti?	Sono dentro l'armadio.	Scusa, sai dove è la *Banca Intesa*…	Dunque… la *Banca Intesa*… è in Via Manzoni mi pare…
Dov'è la posta?	È vicino al Duomo.	Che cosa c'è dietro il divano?	C'è la finestra.	Quanti abitanti ci sono a Roma?	Circa 3 milioni.
A che ora arriva il treno da Firenze?	Alle 14.45.	Che cosa compri?	Del latte.	Quando inizia la primavera?	Il 21 marzo.
Scusi, questo è il treno per Venezia?	No, questo è il treno per Verona.	Chi inviti alla festa?	Invito degli amici.	Quando inizia l'estate?	Il 21 giugno.
A che ora chiudono le banche?	All'una e mezzo.	Nel soggiorno ci sono delle piante?	Sì, ci sono tre piante.	Quando inizia l'autunno?	Il 21 settembre.
Scusi quando è aperto lo studio del dottor Riotti?	La mattina dalle 9 alle 13.	Cosa c'è in TV questa sera?	Mah, non so! Forse una partita di calcio.	Quando inizia l'inverno?	Il 21 dicembre.
Dova va Michael?	Va in Italia.	Quando è il tuo compleanno?	È il 20 gennaio.	Quanti giorni ha il mese di aprile?	30 giorni.
Quando parti?	Oggi, con il treno delle 10.	Che ore sono?	Sono le 10.	Quanti giorni ha il mese di febbraio?	Normalmente 28, a volte 29.
Dov'è il televisore?	È accanto al camino.	Quanto costa in media uno scooter?	Circa 3.000 euro.	Come si chiama la persona che scrive una lettera?	Mittente.
Dove sono le sedie?	Sono intorno al tavolo.	In che anno Colombo scopre l'America?	Nel 1492.	Come si chiama la persona che riceve una lettera?	Destinatario.

Scheda numero 5
Unità 3 - Grammatica e Lessico

Le preposizioni articolate									
	di	**a**	**da**	**in**	**su**	**con**	**per**	**tra**	**fra**
il	del	....	....	....	....	....	....	....	fra il
l'	....	all'	....	....	....	....	....	....	....
lo	....	....	dallo	....	....	....	....	....	....
la	....	....	....	nella	....	....	....	tra la	....
i	....	....	....	....	sui	....	....	....	....
gli	....	....	....	....	....	con gli	....	....	....
le	....	....	....	....	....	....	per le	....	....

Preposizioni semplici e articolate			
va	.... Italia	va	nell'Italia del Sud
	in biblioteca		.... biblioteca comunale
	.... banca		.... Banca Commerciale
	in ufficio		nell'ufficio del direttore
	in treno		.... il treno delle 10
	in chiesa		nella chiesa di S. Maria
	a teatro		al teatro Verdi

Il partitivo	
un regalo	dei regali
un amico	.... amici
una ragazza	delle ragazze
un po' di latte	del latte
un po' di zucchero	.... zucchero

L'orario
- A che ora arriva il prossimo treno da Firenze?
- 14.45
- A che ora posso trovare il dottor Riotti?
- .... 9 alle 13.

Localizzare gli oggetti nello spazio
Gli abiti sono dentro l'armadio
Il televisore è accanto .... camino
Le sedie sono intorno al tavolo
La libreria è dietro la scrivania
Il tavolino è davanti .... lampada
La maschera è sulla parete
Il divano è tra le poltrone
Il tappeto è sotto .... tavolino
Il quadro è sopra .... camino
La pianta è vicino alla finestra

Ringraziare	Rispondere ad un ringraziamento
Grazie! Grazie ....! Grazie mille! Ti ringrazio!	Prego! .... niente! Figurati! Non c'è .... che!

Al bar

Progetto italiano 1 — Unità 4

Elementi comunicativi e lessicali	- Parlare al passato - Attività del tempo libero - Raccontare al passato - Situare un avvenimento nel passato - Espressioni di tempo - Colloquio di lavoro - Ordinare e offrire al bar - Esprimere preferenza - Listino del bar
Elementi grammaticali	- Participio passato: verbi regolari - Passato prossimo - Ausiliare *essere* o *avere*? - Participio passato: verbi irregolari - Avverbio *ci* - Avverbi di tempo con il passato prossimo - Verbi modali al passato prossimo
Civiltà	- Gli italiani e il bar - Il caffè - Caffè, che passione!
Materiale necessario	*Sezione A, punto 5, attività di fissaggio*: alcune fotocopie della scheda numero 1 a pagina 63 *Sezione A, punto 7, attività di fissaggio*: alcune fotocopie della scheda numero 2 a pagina 64 e alcuni dadi *Sezione B, punto 6, attività di fissaggio*: alcune fotocopie della scheda numero 3 a pagina 65 *Sezione D, punto 4, role-play guidato*: alcune fotocopie della scheda numero 4 a pagina 66 DAI, RACCONTA!: alcune fotocopie della scheda numero 5 a pagina 67 *Grammatica e Lessico*: alcune fotocopie della scheda numero 6 a pagina 68

Per cominciare...

1
- In plenum invitate gli studenti ad osservare le immagini e a discutere: dove sono le persone fotografate? Che cosa fanno? Chiedete agli studenti quali sono le attività da loro preferite durante il fine settimana.

2
- Fate ascoltare una prima volta il dialogo e chiedete agli studenti di concentrarsi sulle varie attività di cui parlano i due ragazzi.

Soluzione: fare spese, bere un caffè, mangiare una pizza, cenare, andare a trovare qualcuno, guardare un film, andare in discoteca, guardare la TV, andare al cinema

3
- Leggete la lista di affermazioni relative all'attività proposta.
- Fate ascoltare una seconda volta il dialogo chiedendo agli studenti di concentrarsi sulle informazioni utili a scegliere l'affermazione giusta tra quelle indicate.

Soluzione: 1. b, 2. b

A *Come hai passato il fine settimana?*

1
- Fate ascoltare di nuovo il dialogo per dare la possibilità agli studenti di confermare o meno le proprie risposte all'attività precedente.

2

- Fate ascoltare ancora il dialogo chiedendo ai corsisti di leggere contemporaneamente il testo e di concentrarsi sulla pronuncia.

- Invitate gli studenti a sottolineare le parole rispetto alle quali hanno qualche difficoltà di pronuncia e poi, se necessario, fate ascoltare ancora, al fine di risolvere i dubbi.

- Fate lavorare gli studenti in coppia chiedendo loro di assumere i ruoli di Lidia ed Enzo e di leggere il dialogo.

3

- Invitate gli studenti a porsi reciprocamente le domande relative al dialogo e a rispondere.

Soluzione: 1. Sono andate in centro a fare spese, poi hanno bevuto un caffè e verso le 9 sono andate a mangiare una pizza; 2. È andata da una collega, hanno cenato e hanno guardato la TV; 3. È andato in discoteca; 4. È andato da Paola e insieme sono andati al cinema

4

- Fate lavorare gli studenti individualmente. Chiedete loro di leggere con attenzione il breve riassunto del dialogo e di completare le lacune con i participi appropriati.

Soluzione: uscita, andate, bevuto, andata, rimasta, andati, tornati, avuto, entrati

5

- Invitate gli studenti a leggere le frasi indicate nel riquadro, tratte dal dialogo della pagina precedente, e a riflettere:

    quando si usa il passato prossimo?
    come si forma?

- Analizzate in plenum: il passato prossimo si usa per raccontare un fatto compiuto nel passato, infatti, nel caso del dialogo, ci si riferisce alle attività svolte durante il fine settimana appena trascorso.

- Ricopiate le seguenti frasi alla lavagna:

    Abbiamo guardato un film.
    Sabato sono andata...
    Abbiamo ballato un sacco.
    Siamo entrati in sala.

- Osservando queste frasi è possibile dedurre la regola di formazione del passato prossimo, composto dal **verbo ausiliare** *essere* o *avere* e dal **participio passato**.

- Come si può vedere nel riquadro a pagina 60 del *Libro dello studente*, il participio passato dei verbi regolari si forma con le seguenti desidenze:

    -ARE   -ERE   -IRE
    -ato   **-uto**   **-ito**

Attività di fissaggio

- Fotocopiate la scheda numero 1 a pagina 63 e consegnatene una copia ad ogni studente.

- Fate lavorare gli studenti in coppia: il compito consiste nel collocare i verbi del grande cerchio nei cerchietti più piccoli suddividendoli per coniugazione e formare così il participio passato di ognuno.

- Procedete al riscontro in plenum.

6

- Leggete in plenum le frasi nella tabella contenenti il passato prossimo formato con l'ausiliare *avere* e invitate gli studenti a coniugare al passato prossimo i verbi tra parentesi dell'esercizio seguente, come mostrato dall'esempio.

Soluzione: 1. ho visitato, 2. hanno lavorato, 3. ha venduto, 4. hai comprato, 5. avete pensato

7

- In plenum leggete le frasi nella tabella contenenti il passato prossimo formato con l'ausiliare *essere* e osservate: quando il passato prossimo si forma con l'ausiliare *essere*, il participio passato viene declinato a seconda del genere e del numero del soggetto. Le desinenze sono le seguenti:

    -o   *maschile singolare*
    -a   *femminile singolare*
    -i   *maschile plurale*
    -e   *femminile plurale*

- Invitate gli studenti a coniugare al passato prossimo i verbi tra parentesi dell'esercizio seguente.

Soluzione: 1. siamo andati, 2. è uscita, 3. è partita, 4. sei tornata, 5. sono arrivato

Attività di fissaggio

- Fotocopiate la scheda numero 2 a pagina 64 e consegnatene una copia ad ogni studente.

- Fate lavorare gli studenti in coppia e consegnate ad ognuna un dado: il compito consiste nel collocare i verbi del grande cerchio nei due cerchietti più piccoli a seconda dell'ausiliare *essere* o *avere* con cui questi sono coniugati al passato prossimo. A

Al bar Unità 4

turno gli studenti lanciano il dado per decidere a quale persona coniugare il verbo.

- Procedete al riscontro in plenum per quanto riguarda la suddivisione tra verbi con ausiliare *essere* e verbi con ausiliare *avere*.

B *Cosa ha fatto ieri?*

1

- Chiedete agli studenti di immedesimarsi nella situazione data e di lavorare in coppia assumendo rispettivamente i ruoli del poliziotto e di Luigi: il primo cerca di verificare quanto scritto nell'agenda del ragazzo e l'altro risponde alle sue domande.

2

- Chiedete agli studenti di formulare qualche ipotesi sulla scelta dell'ausiliare *essere* o *avere* nella formazione del passato prossimo quindi analizzate la tabella sulla scelta dell'ausiliare, ricordando in particolare che per quanto riguarda i verbi di movimento si usa *essere* nelle frasi in cui sono indicati l'inizio o la fine dell'azione e *avere* negli altri casi:

Movimento con inizio o fine dell'azione	*Movimento senza inizio o fine dell'azione*
Sono andata a Roma. *Sono partito da Milano.*	*Ho viaggiato in treno.* *Ho fatto una passeggiata in centro.*

3

- Lasciate lavorare gli studenti in coppia chiedendo di leggere il dialogo tra Luigi e l'agente di polizia.

- Soffermatevi ad analizzare le espressioni di tempo evidenziate in azzurro e la loro funzione nel racconto.

4

- Osservate le espressioni contenute nel riquadro. Alcune sono nuove rispetto a quelle evidenziate nel dialogo del punto precedente ma tutte hanno la funzione di dare il senso della successione cronologica ai fatti del racconto.

- Invitate gli studenti a raccontare una giornata di Luigi, basandosi sulle illustrazioni.

5

- Scrivete alla lavagna i seguenti participi tratti dal dialogo al punto 3:

    fatto   venuta   successo

- Fatevi suggerire dalla classe l'infinito dei verbi in oggetto, ovvero *fare*, *venire* e *succedere*.

- Riflettete in plenum: oltre ai participi passati regolari formati con le desinenze *-ato*, *-uto* e *-ito*, esiste una serie di verbi il cui participio passato è irregolare. I verbi in -ARE e -IRE sono spesso regolari. *Fare* e *dire*, sono solo apparentemente verbi della prima e della terza coniugazione perché in realtà appartengono entrambe alla seconda (dal latino *facere* e *dicere*). I verbi in -ERE sono spesso irregolari, anche se nella loro irregolarità possiamo riscontrare quanto segue:
- i verbi in *-dere* e *-ndere* formano il participio passato in *-sso*, *-so* o *-sto* (*succedere - successo, prendere - preso, chiedere - chiesto*);
- i verbi in *-ncere* e *-ngere* formano generalmente il participio passato in *-nto* (*vincere - vinto, piangere - pianto*);
- i verbi in *-ggere* formano generalmente il participio passato in *-tto* (*correggere - corretto, leggere - letto*);
- i verbi in *-gliere* formano generalmente il participio passato in *-lto* (*scegliere - scelto*).

6

- Chiedete agli studenti di lavorare in coppia e di abbinare i verbi all'infinito con i rispettivi participi passati.

Soluzione: dire/detto, fare/fatto, scrivere/scritto, correggere/corretto, leggere/letto, prendere/preso, scendere/sceso, spendere/speso, chiudere/chiuso, accendere/acceso, decidere/deciso, morire/morto, offrire/offerto, aprire/aperto, soffrire/sofferto, venire/venuto, essere/stato, stare/stato, vivere/vissuto, perdere/perso, scegliere/scelto, chiedere/chiesto, rispondere/risposto, proporre/proposto, vedere/visto, rimanere/rimasto, conoscere/conosciuto, vincere/vinto, piacere/piaciuto, correre/corso, spegnere/spento, bere/bevuto, mettere/messo, promettere/promesso, succedere/successo, discutere/discusso.

- Invitate gli studenti a leggere e consultare la lista dei participi passati irregolari in Appendice a pagina 189.

Attività di fissaggio

- Invitate gli studenti a rileggere con attenzione la tabella contenente i participi passati irregolari a pagina 63 del *Libro dello studente*, lasciando loro due o tre minuti di tempo a disposizione.

- Chiedete agli studenti di chiudere il *Libro dello studente*.

59

- Fotocopiate la scheda numero 3 a pagina 65 e consegnatene una copia ad ogni studente.

- Fate lavorare gli studenti in coppia: a turno inseriscono nel cruciverba i participi passati dei verbi corrispondenti alle definizioni.

- La prima coppia che termina il cruciverba può dire "Stop" e a quel punto si procede al riscontro in plenum.

7

- Fate lavorare gli studenti in coppia allo scopo di formare delle frasi secondo il modello.
Soluzione: 1. ho/hai/ha/abbiamo preso, 2. hai chiesto, 3. ha detto, 4. siamo rimasti/e, 5. ha vinto, 6. avete conosciuto

C Ha già lavorato...?

1

- Fate lavorare gli studenti in coppia chiedendo loro di rimettere in ordine il dialogo tra la direttrice di un'agenzia di viaggi e Maria Grazia, una ragazza in cerca di lavoro, e al termine procedete al riscontro in plenum.
Soluzione: *1*, 5, 2, 3, 6, 8, 7, 4

- Chiedete agli studenti di rispondere alle domande sul dialogo.
Soluzione: 1. Ha finito l'università l'anno scorso, 2. Ha lavorato a Padova tre anni fa e a Milano l'anno scorso per otto mesi, 3. Ha lasciato il lavoro precedente nel settembre scorso, 4. Perché non ha ancora trovato niente di interessante

2

- Osservate in plenum la tabella e sottolineate in particolare l'uso di *fa* e *scorso* per collocare avvenimenti in un momento del passato.

- Analizzate anche articoli e preposizioni utilizzate nel caso in cui si esprime una data ben precisa.

- Invitate gli studenti a lavorare in coppia e a svolgere il role-play indicato. Lo studente A rivolge le domande al compagno e poi riferisce alla classe. Fate sì che tutti gli studenti si alternino nei ruoli di A e B.

3

- Osservate in plenum le persone e le illustrazioni raffigurate: chi o cosa rappresentano?

- Fate lavorare gli studenti in coppia: il compito consiste nell'alternarsi chiedendo la data precisa degli avvenimenti indicati e fornendo la risposta.
Soluzione: 1. - Quando è entrato in circolazione l'Euro? - Il primo gennaio 2002; 2. - Quando ha ospitato le Olimpiadi invernali Torino? - Nel febbraio del 2006; 3. - Quando è diventata una repubblica l'Italia? - Il 2 giugno del 1946; 4. - Quando ha inventato la radio Guglielmo Marconi? - Nel 1905; 5. - Roberto Benigni, quando ha vinto l'Oscar per *La vita è bella*? - Nel marzo del 1998; 6. - Quando Laura Pausini ha vinto il festival di Sanremo? - Nel 1993, a febbraio.

Attività ludica

- Scrivete alla lavagna alcune date importanti nella vostra vita, ad esempio la data di nascita, della laurea, del matrimonio ecc.

- Dividete la classe in due grandi gruppi: a turno ogni gruppo vi pone delle domande al fine di indovinare cosa è successo nelle date in questione, ad es. *È nato/a nel 1968?* La vostra risposta può essere solamente *Sì* o *No*.

- Assegnate un punto ogni volta che un gruppo indovina l'avvenimento relativo ad una delle date scritte alla lavagna. Naturalmente vince il gruppo che colleziona più punti.

- Fate lavorare gli studenti in coppia o in gruppi di tre persone. Ogni studente scrive una lista contenente alcune date importanti della sua vita e i compagni dovranno cercare di indovinare cosa è successo.

4

- Trascrivete alla lavagna le frasi tratte dal dialogo della pagina precedente e sottolineate gli avverbi in esse contenuti:

<u>ci</u> ho lavorato per otto mesi
ha <u>già</u> lavorato in un'agenzia
non ho <u>ancora</u> trovato niente

- Soffermatevi ad analizzare il *ci*: in questo caso ha funzione di avverbio, si riferisce al luogo precedentemente nominato e si trova davanti al verbo. *Già* e *ancora* invece si trovano tra il verbo ausiliare e il participio passato.

5

- In plenum leggete le due tabelle contenenti i vari avverbi. Mentre l'avverbio *ci* si trova sempre davanti al verbo, gli altri avverbi contenuti nella seconda tabella possono stare tra l'ausiliare e il participio passato oppure dopo il verbo.

Attività ludica

- Scrivete alla lavagna i seguenti avverbi:

  sempre già appena
  mai ancora più

- Fatevi suggerire dagli studenti il nome di cinque personaggi famosi e scriveteli alla lavagna.

- Dividete la classe in gruppi e assegnate il compito di scrivere, per ogni personaggio famoso, che cosa ha fatto *sempre*, *già*, *appena* e che cosa non ha fatto *mai*, *ancora*, *più*. Ad esempio, supponiamo che un personaggio famoso sia Eros Ramazzotti: si possono costruire frasi del tipo *Ha sempre giocato a calcio*, *Ha già vinto un Festival di Sanremo*, *Ha appena pubblicato un nuovo CD*, *Non ha mai cantato alla Scala*, *Non è ancora famoso come Frank Sinatra*, *Non è più sposato con la Hunziger*.

- Invitate gli studenti a lasciar spazio alla fantasia e all'ironia e al termine procedete al riscontro in plenum.

D *Cosa prendiamo?*

1

- Invitate gli studenti ad osservare le illustrazioni, quindi fate ascoltare una prima volta il dialogo chiedendo di mettere in ordine le immagini.
Soluzione: 4, 2, 1, 3

2

- Fate ascoltare ancora una volta il dialogo e in plenum lasciate che gli studenti rispondano alle domande.
Soluzione: a. Le due ragazze hanno preso un cappuccino, un caffè macchiato e una bottiglia di acqua minerale; b. Claudio ha preso un panino con prosciutto crudo e mozzarella e una lattina di Coca cola

3

- Leggete in plenum il listino del *caffè Giolitti* e discutete un po' sulla varietà dell'offerta. Cosa prendono gli studenti di solito al bar? Cosa preferiscono nei diversi momenti della giornata?

- Fate lavorare gli studenti in coppia chiedendo loro di rileggere il dialogo e individuare la spesa per ognuno dei tre protagonisti.
Soluzione: Silvia ha pagato 1,60 €, Nadia ha pagato 3,10 € e Claudio ha pagato 3,40 €

4

- Fate lavorare gli studenti in coppia chiedendo loro di svolgere un dialogo tra due persone che vogliono mangiare e bere qualcosa in un bar. Consigliate di aiutarsi con la lista data di domande e risposte.

Role-play guidato

- Fotocopiate la scheda numero 4 a pagina 66. Fate lavorare gli studenti in coppia e consegnate ad ognuna una scheda. Invitate gli studenti a ripetere più volte il dialogo, sostituendo le informazioni scritte in caratteri diversi con quelle contenute nei riquadri sottostanti, con lo stesso carattere.

5

- Scrivete alla lavagna:

  Ho dovuto pranzare presto.
  Sono dovuto partire presto.

- Osservate: in entrambe le frasi abbiamo il verbo modale *dovere* al passato prossimo. Nella prima frase però l'ausiliare è *avere*, mentre nella seconda l'ausiliare è *essere*. La scelta tra *essere* e *avere* nel caso di verbi modali al passato prossimo dipende dal verbo ausiliare con cui si coniuga il verbo all'infinito: *ho pranzato - ho dovuto pranzare, sono partito - sono dovuto partire*. Questo risulta evidente analizzando la tabella a pagina 68 del *Libro dello studente*.

- Chiedete agli studenti di coniugare i verbi tra parentesi contenuti nell'esercizio e procedete al riscontro in plenum.
Soluzione: 1. ho voluto comprare, 2. ha voluto continuare, 3. ha potuto affrontare, 4. siamo dovute tornare, 5. ha potuto trovare

Attività estensiva

- Scrivete alla lavagna:

  ieri
  lo scorso fine settimana
  il mese scorso
  un anno fa

- Formulate qualche frase come esempio dicendo cosa avete *dovuto*, *voluto*, *potuto* fare nei momenti indicati alla lavagna, ad es. *Ieri sono dovuta andare in lavanderia*, *Lo scorso fine settimana ho potuto leggere a lungo* ecc.

- Invitate gli studenti a lavorare in coppia o in gruppi di tre persone per raccontarsi cosa hanno *dovuto*, *voluto*, *potuto* fare nei momenti indicati alla lavagna.

E Abilità

1

- Fate ascoltare la traccia 26 (esercizio numero 15 del *Quaderno degli esercizi*) e chiedete agli studenti di segnare cosa ordinano le due coppie e se le 4 affermazioni presenti nel testo sono vere o false.

Soluzione: a. Alberto e Valeria ordinano un panino con prosciutto cotto e mozzarella, un cornetto, un cappuccino e una bibita (una Coca cola). Giulio e Alessia ordinano una birra media e un caffè;
b. 1. V, 2. F, 3. V, 4. F

2

- Sulla base dei vari quesiti proposti moderate la conversazione in classe sui vari tipi di caffè, le preferenze degli studenti a proposito, il bar italiano e usi e costumi rispetto a bar e caffè nei diversi paesi.

3

- Chiedete ai corsisti di scrivere un'e-mail a un amico italiano per raccontare un fine settimana appena trascorso. Tale attività potrà essere svolta sia come compito a casa che in classe. In entrambi i casi chiedete agli studenti di consegnarvi i propri elaborati affinché possiate restituirli corretti.

Conosciamo l'Italia

Gli italiani e il bar

- Osservate in plenum le varie illustrazioni con le didascalie e discutete dei bar famosi e di quelli preferiti dagli studenti.

- Invitate gli studenti a leggere individualmente il testo a pagina 69 del *Libro dello studente* e a rispondere alle domande. A tale scopo esortateli ad avvalersi dell'aiuto offerto dal glossario in fondo alla pagina ed eventualmente di un buon dizionario.

Soluzione: 1. b, 2. c

Il caffè

- Invitate gli studenti a leggere individualmente il testo a pagina 70 e ad indicare le affermazioni veramente presenti nel testo. A tale scopo esortateli ad avvalersi dell'aiuto offerto dal glossario in fondo alla pagina ed eventualmente di un buon dizionario.

Soluzione: 1, 3, 4

Caffè, che passione!

- Invitate gli studenti a leggere individualmente il testo a pagina 71 e a completare la tabella. A tale scopo esortateli ad avvalersi dell'aiuto offerto dal glossario in fondo alla pagina ed eventualmente di un buon dizionario.

Soluzione: 600; 7,5; 130; 76; 1,5; 6; 30

- Al termine delle tre attività di lettura potete ritornare sulla conversazione del punto 2 a pagina 68 e aggiungere nuove informazioni e punti di vista a quanto detto precedentemente.

- Esortate gli studenti ad usufruire delle attività online previste dall'unità 4.

Autovalutazione

- Invitate gli studenti a svolgere individualmente il test di autovalutazione e a controllare le soluzioni a pagina 191 del *Libro dello studente*.

DAI, RACCONTA!

- Fotocopiate la scheda numero 5 a pag 67 e ritagliate lungo le linee tratteggiate formando un mazzetto di immagini.

- Dividete la classe in gruppi e consegnate ad ogni gruppo un mazzetto di immagini che avrete precedentemente provveduto a mischiare.

- Chiedete agli studenti di rimettere in ordine gli avvenimenti e raccontare il fine settimana trascorso dalle persone raffigurate. Invitate i corsisti ad impiegare tutto il proprio vocabolario e la propria fantasia nel racconto.

- Ascoltate i racconti in plenum.

Grammatica e Lessico

- Fotocopiate la scheda numero 6 a pagina 68. Distribuite la fotocopia agli studenti e chiedete di completarla con gli elementi grammaticali e lessicali mancanti.

- Fate confrontare il risultato prima con il compagno di banco e poi con gli schemi presenti nel testo nel corso dell'unità 4.

- Lasciate agli studenti il tempo per concentrarsi su questa attività di ripetizione e controllo e invitateli a riferire eventuali dubbi o argomenti che non sono chiari per poterli discutere in plenum.

Scheda numero 1
Unità 4 - Sezione A5, Attività di fissaggio

comprare studiare mangiare telefonare
avere partire uscire *entrare* dormire ricevere finire
salire potere credere tornare volere conoscere vendere
dovere sentire andare spedire pulire ripetere
parlare stare sapere arrivare vestire
capire

ATO
entrare entrato

UTO

ITO

Scheda numero 2
Unità 4 - Sezione A7, Attività di fissaggio

entrare   comprare   studiare   mangiare   telefonare
avere   partire   uscire   dormire   ricevere   credere   tornare
ripetere   sentire   andare   spedire   pulire   stare   sapere
arrivare   parlare   capire

ESSERE

entrare   sono entrato
....
....
....
....
....
....

AVERE

....
....
....
....
....
....
....
....
....
....
....
....
....
....

Scheda numero 3
Unità 4 - Sezione B6, Attività di fissaggio

ORIZZONTALI
1. aprire
2. chiudere
3. vivere
4. proporre
5. rispondere
6. dire
7. mettere
8. prendere
9. bere
10. chiedere
11. vincere

VERTICALI
6. discutere
12. conoscere
13. fare
14. decidere
15. stare
16. venire
17. scrivere
18. succedere
19. perdere
20. offrire
21. piacere
22. rimanere

Scheda numero 4
Unità 4 - Sezione D4, Role-play guidato

- Allora Gianni, **che cosa prendi?**

- Non so, ho fatto colazione da poco...

- Allora, **prendi qualcosa da bere...**

- Sì, infatti... per me *un succo d'arancia* va bene.

- Io invece ho un po' fame... **Prendo un cornetto alla crema e un bel cappuccino!**

- D'accordo. Allora vado a fare lo scontrino.

- No, aspetta. Offro io!

---

cosa prendiamo?

vuoi un caffè?

vuoi mangiare qualcosa?

---

preferisci qualcosa da bere?

prendi un succo d'arancia!

vuoi bere qualcosa?

Per me

Vorrei

Ho voglia di

---

un tè

un'acqua minerale

caffè freddo

---

un tramezzino al tonno e un'aranciata!

un pezzo di pizza e una coca cola!

una fetta di torta al caffè e un latte macchiato!

Scheda numero 5
Unità 4 - **DAI, RACCONTA!**

Scheda numero 6
Unità 4 - Grammatica e Lessico

Il passato prossimo		
presente di *avere* o	participio passato	parl**are** = parl**ato** ricev**ere** = ... fin**ire** = fin**ito**

Ausiliare *avere* + participio passato		
ho	parlato	di te con Gianna.
hai	mangi.........	la pasta al dente?
ha	ricevuto	due cartoline.
abbiamo	vend.........	la vecchia casa.
avete	capito	il dialogo?
hanno	dorm.........	molte ore.

Ausiliare *essere* + participio passato		
sono	andato/a	a teatro ieri.
sei	tornato/......	dal lavoro?
è	entrato/......	in un negozio.
siamo	partiti/e	un mese fa.
siete	uscit....../e	l'altro ieri?
sono	saliti/......	al quarto piano.

Participi passati irregolari			
dire	*detto*	vivere	*vissuto*
fare	....	perdere	*perso*
scrivere	*scritto*	scegliere	*scelto*
correggere	*corretto*	chiedere	....
leggere	....	rispondere	*risposto*
prendere	*preso*	proporre	*proposto*
scendere	*sceso*	vedere	*visto*
spendere	....	rimanere	*rimasto*
chiudere	*chiuso*	conoscere	....
accendere	*acceso*	vincere	*vinto*
decidere	....	piacere	*piaciuto*
morire	*morto*	correre	*corso*
offrire	....	spegnere	*spento*
aprire	*aperto*	bere	....
soffrire	*sofferto*	mettere	....
venire	*venuto*	promettere	*promesso*
essere	....	succedere	....
stare	*stato*	discutere	*discusso*

Quando...?
un'ora fa / tre giorni fa / qualche mese fa / molti anni fa / tempo fa
martedì scorso / la settimana scorsa / il mese scorso / nel dicembre scorso l'estate scorsa / l'anno scorso

Feste e viaggi

Progetto italiano 1 — Unità 5

Elementi comunicativi e lessicali	- Festività: Natale e Capodanno - Fare progetti, previsioni, ipotesi, promesse per il futuro - Periodo ipotetico (I tipo) - Epressioni utili per viaggiare in treno - Parlare del tempo meteorologico - Organizzare una gita - Feste e viaggi
Elementi grammaticali	- Futuro semplice: verbi regolari e irregolari - Usi del futuro semplice - Futuro composto - Uso del futuro composto
Civiltà	- Gli italiani e le feste - I treni in Italia
Materiale necessario	*Sezione A, punto 6, attività di fissaggio*: alcune fotocopie della scheda numero 1 a pagina 75 e alcuni dadi *Sezione A, punto 7, attività di fissaggio*: alcune fotocopie della scheda numero 2 a pagina 76 *Sezione A, punto 8, attività di estensione*: alcuni fogli colorati formato A4, divisi a metà *Sezione C, punto 3, attività di fissaggio*: alcune fotocopie della scheda numero 3 a pagina 77 *Sezione D, punto 4, role-play guidato*: alcune fotocopie della scheda numero 4 a pagina 78 *COME SARÀ IL PROSSIMO ANNO?*: alcune fotocopie della scheda numero 5 a pagina 79 *Grammatica e Lessico*: alcune fotocopie della scheda numero 6 a pagina 80

Per cominciare...

1
- In plenum osservate le immagini e discutete: dove sono le persone fotografate? Che cosa fanno? Gli studenti dove e come preferiscono trascorrere le feste o le vacanze, e perché?

2
- Fate ascoltare una prima volta il dialogo e chiedete agli studenti di segnare le città che Ugo e Angela pensano di visitare.
Soluzione: Madrid, Lisbona, Parigi

3
- Leggete la lista di affermazioni relative all'attività proposta.
- Fate ascoltare una seconda volta il dialogo chiedendo agli studenti di concentrarsi sulle informazioni utili a scegliere l'affermazione giusta tra quelle indicate.
Soluzione: 3

A *Faremo un viaggio.*

1
- Fate ascoltare di nuovo il dialogo per dare la possibilità agli studenti di confermare o meno le proprie risposte all'attività precedente.

2
- Fate ascoltare ancora il dialogo chiedendo ai corsisti di leggere contemporaneamente il testo e di concentrarsi sulla pronuncia.
- Invitate gli studenti a sottolineare le parole rispetto alle quali hanno qualche difficoltà di pronuncia e poi, se necessario, fate ascoltare ancora, al fine di risolvere i dubbi.

69

edizioni Edilingua
Progetto italiano 1

- Fate lavorare gli studenti in coppia chiedendo loro di assumere i ruoli di Ugo e Aldo e di leggere il dialogo.

- Chiedete agli studenti di leggere il dialogo, questa volta cercando di individuare tutti i verbi che hanno la stessa forma di *farete* e *faremo*.

- Riflettete insieme sul significato di *farete* e *faremo* e degli altri verbi individuati dagli studenti che hanno la stessa forma: tali verbi indicano un'azione il cui compimento è collocato nel futuro rispetto al momento dell'enunciazione.

Soluzione: faremo, andrete, partiremo, andremo, saremo, torneremo, farete, costerà, andrete, tornerà, verranno, andremo, vedremo

3

- Invitate gli studenti a porsi reciprocamente le domande relative al dialogo e a rispondere.

Soluzione: 1. Ugo e Angela faranno un viaggio e andranno in Spagna, Portogallo e Francia; 2. Aldo ha pensato di andare a Zurigo per 2-3 giorni, però poi Stefania ha deciso di andare a Venezia dai suoi genitori; 3. Aldo inviterà degli amici a casa o forse andrà in qualche posto a festeggiare con loro; 4. Ugo augura ad Aldo e a Stefania buon Natale e buon Anno

4

- Fate lavorare gli studenti individualmente. Chiedete loro di leggere con attenzione il breve dialogo tra Ugo ed Angela e di completare le lacune con i verbi dati.

Soluzione: faranno, andrà, resterà, saremo, faremo, prenderemo, andremo

5

- Invitate gli studenti a raccontare brevemente per iscritto come passeranno le feste le due coppie.

6

- Invitate gli studenti ad osservare la tabella e a completare le lacune con le forme appropriate del verbo.

Soluzione: tornerà, prenderete, partiremo

- Richiamate l'attenzione degli studenti sul fatto che al futuro semplice solamente i verbi in -*are* cambiano la vocale *a* dell'infinito in *e*. Per questo motivo nei verbi in -*care* e -*gare* è necessario inserire una *h* tra la radice e le desinenze che cominciano per *e* al fine di conservare la consonante velare dell'infinito ad esempio: *giocare-giocheremo, pagare-pagheremo*. I verbi in -*ciare* e -*giare* invece perdono la

i, ad esempio *cominciare-comincerò, mangiare-mangerò*.

- Invitate gli studenti a coniugare al futuro i verbi tra parentesi contenuti nell'esercizio, basandosi sull'esempio dato.

- Procedete al riscontro in plenum.

Soluzione: piacerà, imparerai, Scriverò, smetterà, partirete, diventerò

Attività di fissaggio

- Fate lavorare gli studenti in coppia o in gruppi di tre. Fotocopiate la scheda numero 1 a pagina 75 e consegnate una copia ad ogni coppia o gruppetto di studenti insieme ad un dado.

- A turno gli studenti tirano il dado, coniugano il verbo al futuro semplice alla persona corrispondente al numero ottenuto e lo trascrivono sul foglio. Per ogni verbo si eseguono tre lanci e poi si passa al verbo successivo.

- Dopo aver completato la tabella per metà le coppie o i gruppetti possono scambiarsi gli elaborati per controllare la correttezza dei verbi coniugati e completare l'altra metà della tabella.

- Procedete al riscontro in plenum.

7

- Osservate le forme dei verbi irregolari al futuro semplice. Nel caso di *stare*, *andare* e *fare* richiamate l'attenzione sul fatto che questi verbi non cambiano la vocale *a* del tema in *e*.

- Chiedete agli studenti di completare le lacune e procedete al riscontro in plenum.

Soluzione: saremo, avrete, starà, andrò, faranno

- In plenum osservate l'Appendice a pagina 190 e disegnate alla lavagna la tabella seguente:

	Infinito	3ª persona singolare
Verbi che perdono la vocale dell'infinito	andare	andrò
Verbi che perdono la vocale dell'infinito e trasformano la *l* o la *n* del tema in *rr*	rimanere volere	rimarrò vorrò

70

- Richiamate l'attenzione degli studenti sul fatto che, a parte l'irregolarità assoluta del verbo *essere*, al futuro semplice esistono altri verbi che presentano un tipo di irregolarità che rientra nelle categorie sopra indicate.

Attività di fissaggio

- Fate lavorare gli studenti in coppia o in gruppi di tre. Fotocopiate la scheda numero 2 a pagina 76 e consegnate una copia ad ogni coppia o gruppetto di studenti.

- La prima fase del lavoro consiste nel collocare gli infiniti contenuti nella sezione centrale superiore dell'ellissi, nelle rispettive sezioni laterali, uno per colonna, scegliendo il gruppo di appartenenza sulla base della loro coniugazione al futuro semplice.

- La seconda fase del lavoro consiste nel collocare i verbi coniugati contenuti nella sezione centrale inferiore dell'ellissi, nella colonna dell'infinito a cui corrispondono.

- Durante l'ultima fase si coniugano le voci mancanti di ogni verbo.

- Procedete al riscontro in plenum.

8

- In plenum analizzate la tabella sugli usi del futuro e lasciate alla classe il tempo per collegare le illustrazioni alle cinque diverse funzioni del futuro.

Soluzione: a.5, b.4, c.1, d.2, e.3

- Riflettete in plenum: il futuro non è usato solamente per indicare azioni cronologicamente collocate in un momento successivo a quello dell'enunciato. Molto spesso viene utilizzato con valore modale: infatti, nel caso in cui serva a formulare ipotesi, dubbi, supposizioni, deduzioni del parlante, decade il suo valore temporale, come è possibile osservare nella frase dell'illustrazione *e*: *Andrea non viene con noi: avrà da fare*.

- Scrivete alla lavagna:

> *Quest'estate vado al mare in Sardegna.*
> *Prima o poi andrò in Sardegna.*

Entrambe le frasi si riferiscono ad un'azione futura ma nella prima delle due abbiamo un indicativo presente. In italiano il futuro semplice è spesso sostituito dall'indicativo presente quando si parla di azioni future che il parlante psicologicamente avverte come certe. Laddove invece esiste maggiore insicurezza rispetto alla loro attuazione si preferisce utilizzare il futuro semplice, come vediamo nella frase *Prima o poi andrò in Sardegna*.

Attività di estensione

- Disegnate alla lavagna la seguente tabella:

Fare progetti	Fare previsioni	Fare ipotesi	Fare promesse	Periodo ipotetico

- Dividete la classe in gruppi di tre o quattro persone e consegnate ad ogni gruppo alcuni foglietti, possibilmente colorati, grandi quanto un foglio formato A4 diviso a metà.

- Invitate gli studenti a fare progetti, previsioni, ipotesi, promesse di gruppo e a formulare dei periodi ipotetici. Ogni frase dovrà essere scritta in un foglietto diverso per un massimo di dieci foglietti a gruppo.

- Quando gli studenti avranno terminato, invitate ogni gruppo ad attaccare i propri foglietti alla lavagna nella colonna ritenuta appropriata.

- Procedete al riscontro in plenum controllando che le frasi formulate corrispondano effettivamente alla funzione indicata nella colonna in cui sono state inserite.

B *In treno*

1

- Chiedete agli studenti di osservare le foto e immaginare il significato delle quattro parole indicate. A quale foto si possono associare le parole? Nell'immagine in alto a sinistra vediamo una *biglietteria*, a destra il controllore esegue un *controllo* dei biglietti dei *passeggeri*, in basso a destra invece vediamo dei *binari*.

2

- Fate ascoltare un paio di volte i brevi dialoghi e chiedete di abbinare i brani alle foto. Ricordate agli studenti che c'è una foto in più rispetto ai dialoghi.

Soluzione (dall'alto al basso e da sinistra verso destra): 4, 2, 1, x, 3, 5

3

- Fate leggere i brevi dialoghi affinché gli studenti possano confermare le risposte date precedentemente.

4

- Chiedete agli studenti di lavorare in coppia e di rileggere i dialoghi sottolineando in essi le parole e le frasi utili per viaggiare in treno.

- Fatevi suggerire dagli studenti le parole da loro sottolineate e trascrivetele alla lavagna. Dovreste avere la seguente situazione:

questa è la seconda classe	*Intercity*
biglietti	*Eurostar*
questo è il treno per Firenze?	*Andata e ritorno*
A che ora parte il prossimo treno per Firenze?	*solo andata*
	supplemento
	in arrivo
	binario

5

- Chiedete agli studenti di completare i mini dialoghi aiutandosi con le parole e le espressioni viste al punto precedente e fate loro notare che alcune risposte sono libere e che alcune domande possono avere più di una risposta.

Soluzione: 1. Andata e ritorno, 20 €; 2. Qual è il prossimo treno *per Roma?*; 3. Quando parte il prossimo treno per Firenze?, Da quale binario parte?; 4. Sì, è questo

6

- Invitate gli studenti a lavorare in coppia e a svolgere il role-play indicato. Lo studente A è il viaggiatore e rivolge le domande utili ad ottenere le informazioni sul prossimo treno per Roma all'impiegato della biglietteria, ovvero lo studente B. Fate sì che tutti gli studenti si alternino nei ruoli di A e B.

C *In montagna*

1

- Fate lavorare gli studenti in coppia chiedendo loro di leggere il dialogo.

2

- Chiedete agli studenti di indicare se le affermazioni relative al dialogo sono giuste.
Soluzione: 2, 3

3

- Scrivete alla lavagna:

    avrà finito   saranno passati

- Osservate in plenum: siamo di fronte a due frasi contenenti il futuro composto o anteriore. Questo si forma con gli ausiliari *essere* o *avere* al futuro semplice e il participio passato del verbo.

- Osservate in plenum la tabella sugli usi del futuro anteriore. Scrivete alla lavagna:

    Federico <u>verrà</u> dopo che <u>avrà mangiato</u>.

- In questa frase compaiono due verbi, *verrà* al futuro semplice e *avrà mangiato* al futuro composto. Chiedete agli studenti quale è secondo loro l'ordine di successione tra le due azioni. Se vogliamo collocarle lungo la linea del tempo abbiamo la seguente situazione:

    ⟶

    enunciazione   mangerà   verrà

- L'azione *avrà mangiato* è espressa al futuro anteriore in quanto appunto precede un'altra azione, *verrà*, espressa al futuro semplice. Possiamo pertanto affermare che il futuro anteriore serve per esprimere un'azione futura che avviene prima di un'altra al futuro con cui è messa in relazione. L'uso del futuro composto è una scelta del parlante in quanto si potrebbe anche dire *Federico mangerà e poi verrà*.
Molto spesso il futuro anteriore è introdotto da *dopo che, (non) appena, quando*, come possiamo ben vedere nella tabella a pagina 80. La frase introdotta da *dopo che, (non) appena, quando* può precedere o seguire quella espressa con il futuro semplice, per cui possiamo dire: *dopo che avrò finito gli esami farò un viaggio* oppure *farò un viaggio dopo che avrò finito gli esami*.

- Fate lavorare gli studenti in coppia: il compito consiste nel porsi reciprocamente le domande indicate e rispondere secondo il modello, coniugando i verbi tra parentesi al futuro anteriore.

Soluzione: 1. Partiremo dopo che avremo vinto al Lotto; 2. Verrà dopo che sarà passato da sua sorella; 3. Andrà a vivere da sola quando avrà trovato lavoro; 4. Andrò in vacanza appena avrò dato l'esame; 5. Sì, verrà appena avrà finito di studiare

Attività di fissaggio

- Fotocopiate la scheda numero 3 a pagina 77 e ritagliate la tabella in modo da ottenere un set di cartellini. Dividete la classe in gruppi di tre o quattro persone e consegnate ad ogni gruppo un set di cartellini.

- Il gruppo mette il set di cartellini al centro del tavolo con la scritta rivolta verso il basso. Uno studente pesca una carta e completa la frase, ad esempio: *Andrò in Tailandia dopo che avrò visitato la Cina.*

- Procedendo in senso orario, anche gli altri compagni completano la stessa frase in un foglio a parte. Quando tutti avranno eseguito il compito, un altro studente pesca un'altra carta e si procede come prima.

- Durante il riscontro in plenum fatevi semplicemente riferire alcune delle formulazioni chiedendo agli studenti *cosa compreranno, impareranno, dove andranno* ecc. e *quando faranno tutte queste cose*.

D *Che tempo farà domani?*

1
- Fate ascoltare il dialogo due o tre volte e chiedete agli studenti di indicare quali affermazioni sono corrette.
Soluzione: 1. b, 2. c, 3. b, 4. a

2
- In plenum osservate le icone corrispondenti alle diverse situazioni meteorologiche e commentatele, magari tentando di descrivere l'attuale situazione atmosferica fuori dalla classe.

- Fate ascoltare due o tre volte il dialogo chiedendo di abbinare le illustrazioni alle parole. Ricordate che ad ogni parte dell'Italia possono corrispondere più illustrazioni.
Soluzione: Sud: nuvoloso, pioggia; Nord: pioggia, nebbia; Centro: pioggia, temporale; Mar Adriatico: mosso; Mar Tirreno: molto mosso; Venti: moderati; Temperature: in diminuzione

3
- Osservate in plenum la tabella contenente le espressioni utili per parlare del tempo atmosferico e commentatela.

- Chiedete agli studenti di formulare qualche ipotesi sul tempo atmosferico nelle varie città del mondo, ad esempio, *Come sarà oggi il tempo a Sidney?* o a descrivere le situazioni meteorologiche abituali nei vari periodi dell'anno, ad esempio, *Che tempo fa di solito a Natale a Roma?*

4
- Fate lavorare gli studenti in coppia chiedendo loro di svolgere dei mini dialoghi per parlare del tempo del fine settimana e per decidere dove e in quale giorno fare una gita. Consigliate di utilizzare le espressioni suggerite e quelle del punto precedente.

Role-play guidato

- Fotocopiate la scheda numero 4 a pagina 78. Fate lavorare gli studenti in coppia e consegnate ad ognuna una scheda. Invitate gli studenti a ripetere più volte il dialogo, sostituendo le informazioni scritte in caratteri diversi con quelle contenute nei riquadri sottostanti, con lo stesso carattere.

E *Vocabolario e abilità*

1a
- Invitate gli studenti a leggere il testo individualmente e a completarlo con le parole date. Al termine procedete al riscontro in plenum.
Soluzione: religiosa, speciale, regali, cenone, tacchino, panettone, bianca, Carnevale

1b
- Chiedete di abbinare le parole come nell'esempio dato.
Soluzione: località-destinazione, crociera-nave, valigie-bagagli, supplemento-Intercity, binario-stazione, prenotazione-camera, tariffa-prezzo

2
- Sulla base dei vari quesiti proposti moderate la conversazione in classe sulle varie feste nazionali, sulle abitudini di ognuno relativamente al Natale e al Capodanno, su come gli studenti hanno trascorso le feste più recenti, sui loro viaggi e sulla situazione meteorologica passata e futura.

3
- Fate ascoltare la traccia 31 (esercizio 16 del *Quaderno degli esercizi*) e invitate gli studenti a segnare con una crocetta le affermazioni giuste.

- Procedete al riscontro in plenum.
Soluzione: 1. b, 2. c, 3. a, 4. a, 5. c

4
- Chiedete ai corsisti di scrivere ad un amico che vive a Perugia e li ha invitati a trascorrere le feste presso di sé per ringraziarlo e spiegargli purtroppo che per le feste sono già stati fatti altri programmi. Tale attività potrà essere svolta sia come compito a casa che in classe. In entrambe i casi chiedete agli studenti di consegnarvi i propri elaborati affinché possiate restituirli corretti.

Conosciamo l'Italia

Gli italiani e le feste

- Osservate in plenum le varie illustrazioni con le didascalie e discutete dei vari tipi di festa e delle feste preferite dagli studenti.

- Invitate gli studenti a leggere individualmente il testo a pagina 84 del *Libro dello studente* e a segnare le affermazioni esatte. A tale scopo esortateli ad avvalersi dell'aiuto offerto dal glossario in fondo alla pagina ed eventualmente di un buon dizionario.

Soluzione: 2, 4

I treni in Italia

- Invitate gli studenti a leggere individualmente il testo a pagina 85 e a rispondere brevemente alle domande. A tale scopo esortateli ad avvalersi dell'aiuto offerto dal glossario in fondo alla pagina ed eventualmente di un buon dizionario.

Soluzione: 1. Perché la rete ferroviaria copre tutto il territorio nazionale e la qualità dei servizi offerti è piuttosto alta; 2. Il Regionale collega piccole città e paesi della stessa regione, si ferma in tutte le stazioni e ha solo la 2ª classe, il Diretto fa meno fermate del Regionale, l'Interregionale collega città di regioni vicine e non fa molte fermate; 3. L'Intercity è un treno veloce, comodo, che ferma solo nelle principali città, l'Eurostar è molto moderno e veloce e collega solo le grandi città; 4. Il biglietto elettronico può essere acquistato direttamente da casa

- Al termine delle due attività di lettura potete ritornare sulla conversazione del punto 2 a pagina 83 e parlare delle differenze tra le feste e le tradizioni italiane e quelle dei paesi da cui provengono gli studenti e dell'uso del treno in Italia e all'estero e da parte dei corsisti.

- Esortate gli studenti ad usufruire delle attività on-line previste dall'unità 5.

Autovalutazione

- Invitate gli studenti a svolgere individualmente il test di autovalutazione e a controllare le soluzioni a pagina 191 del *Libro dello studente*.

COME SARÀ IL PROSSIMO ANNO?

- Dividete la classe in gruppi e consegnate ad ogni gruppo una fotocopia della scheda numero 5 a pagina 79.

- Chiedete agli studenti di completare i fumetti con le loro previsioni per il prossimo anno relativamente ad un compagno a loro scelta, all'insegnante, a un personaggio famoso, a loro stessi e al mondo. Invitate i corsisti ad impiegare tutto il proprio vocabolario e la propria fantasia nel fare gli indovini!

- Ascoltate le previsioni in plenum.

Grammatica e Lessico

- Distribuite la fotocopia della scheda numero 6 a pagina 80 agli studenti e chiedete di completarla con gli elementi grammaticali e lessicali mancanti.

- Fate confrontare il risultato prima con il compagno di banco e poi con gli schemi presenti nel testo nel corso dell'unità 5.

- Lasciate agli studenti il tempo per concentrarsi su questa attività di ripetizione e controllo e invitateli a riferire eventuali dubbi o argomenti che non sono chiari per poterli discutere in plenum.

Scheda numero 1
Unità 5 - Sezione A6, Attività di fissaggio

	io	tu	lui, lei, Lei	noi	voi	loro
studiare						
parlare						
arrivare						
imparare						
prendere						
leggere						
smettere						
ricevere						
partire						
finire						
uscire						
sentire						
pagare						
giocare						
mangiare						
cominciare						

Feste e viaggi — Unità 5

Progetto italiano 1

volere *fare* andare
rimanere stare *essere* avere venire
vivere dare

vorrò saranno daremo farai vivranno andrà
verrete rimarranno avrai *starò* saremo
darete *rimarrò* vivrai andremo verrò
sarai faranno avrete vorrai staremo

R

vivere

RR

rimanere
rimarrò

vorrò

essere

ARE

starò

fare

Scheda numero 2
Unità 5 - Sezione A7, Attività di fissaggio

76

Scheda numero 3
Unità 5 - Sezione C3, Attività di fissaggio

Studierò .... quando	Cambierò .... non appena ....
Comprerò .... dopo che	Andrò a vivere in .... dopo che ....
Smetterò di .... quando	Leggerò .... dopo che ....
Farò .... non appena	Comincerò .... quando ....

Scheda numero 4
Unità 5 - Sezione D4, Role-play guidato

- Senti Carlo, che ne pensi di andare da qualche parte il prossimo fine settimana?

- Beh, io veramente ho già prenotato per andare **a sciare a Cortina** ...

- Ma che sorpresa! È un'idea meravigliosa! Hai dato un'occhiata alle previsioni del tempo?

- Sì, poco fa in Internet!

- E come sono?

- **Non male** mi sembra! È previsto **sole e caldo** fino a domenica mattina ...

- E poi?

- Beh, poi **il tempo peggiora un po'**!

- Allora è meglio rimandare?

- Ma no, scherzi? Anche se **non ci sarà il sole** ci organizzeremo e ci divertiremo lo stesso!!!

---

tre giorni a Venezia

al mare ad Amalfi

in un agriturismo in Toscana

Buone

Così così

Perfette

---

il tempo migliora

il tempo cambia

forse ci saranno dei temporali

---

piove

il tempo è brutto

farà un po' freddo

---

tempo variabile

un po' di vento e nuvole

tempo sereno

Scheda numero 5
Unità 5 - COME SARÀ IL PROSSIMO ANNO?

Per il/la nostro/a compagno/a ....:

Per il/la nostro/a insegnante:

Per ....:

Per noi:

Per il mondo:

Scheda numero 6
Unità 5 - Grammatica e Lessico

	Il futuro semplice		
	tornare	**prendere**	**partire**
io	tornerò	prenderò	....
tu	tornerai	....	partirai
lui, lei, Lei	....	prenderà	partirà
noi	torneremo	prenderemo	partiremo
voi	tornerete	....	....
loro	....	prenderanno	

	Il futuro semplice dei verbi irregolari				
	essere	**avere**	**andare**	**stare**	**fare**
io	sarò	avrò	....	starò	....
tu	....	avrai	andrai	....	farai
lui, lei, Lei	sarà	....	andrà	starà	....
noi	saremo	avremo	....	....	faremo
voi	....	avrete	andrete	starete	....
loro	saranno	....	....	staranno	faranno

	Futuro composto		
Federico verrà	dopo che (non) appena quando	..................../avrai/avrà mangiato avremo/avrete/.................... studiato	sarò/..................../sarà tornato saremo/..................../saranno arrivati/e

Che tempo fa? / Com'è il tempo?	
Il tempo .... bello / brutto È sereno / nuvoloso C'è il sole / la nebbia / il vento	Fa bel / brutto .... Fa freddo / caldo Piove / nevica / tira vento

A cena fuori

Progetto italiano 1 — Unità 6

Elementi comunicativi e lessicali	- Parlare di problemi sentimentali - Esprimere possesso - La famiglia - Nomi di parentela - Piatti italiani - Ordinare al ristorante - Esprimere preferenza (*Vorrei...*, *Mi piace* / *Mi piacciono*) - Menù - I pasti della giornata - Verbi che si usano in cucina - Utensili da cucina
Elementi grammaticali	- Possessivi - Possessivi con nomi di parentela - *Quello* / *Bello* - *Volerci* / *Metterci*
Civiltà	- Gli italiani a tavola - La pasta - Dove mangiano gli italiani…
Materiale necessario	*Sezione A, punto 7, attività estensiva*: alcune fotocopie della scheda numero 1 a pagina 88 e alcuni dadi *Sezione B, punto 4, attività alternativa*: alcune fotocopie della scheda numero 2 a pagina 89 *Sezione C, punto 7, role-play guidato*: alcune fotocopie della scheda numero 3 a pagina 90 *Sezione D, punto 3, attività di fissaggio*: alcune fotocopie della scheda numero 1 a pagina 88 e alcuni dadi *MI PIACE...*: alcune fotocopie della scheda numero 4 a pagina 91 *Grammatica e Lessico*: alcune fotocopie della scheda numero 5 alle pagine 92 e 93

Per cominciare...

1
- In plenum osservate le immagini e discutete: che tipo di locali sono quelli raffigurati? Quali sono adatti ad una famiglia? Quali locali sono più indicati per un pasto veloce? E per una cena romantica? Lasciate che gli studenti esprimano le loro preferenze rispetto ai luoghi in cui consumare un pasto nelle diverse situazioni.

2
- Discutete in plenum. In quale contesto una cena al ristorante può essere un problema per una coppia? Invitate gli studenti ad esprimere le proprie opinioni, dopodiché fate ascoltare il dialogo una prima volta per scoprire cosa è successo a Elena.

Soluzione: Elena ha litigato con la sua migliore amica, Carla, perché è andata a cena con il ragazzo di Elena

3
- Leggete le affermazioni relative all'attività proposta.
- Fate ascoltare una seconda volta il dialogo chiedendo agli studenti di concentrarsi sulle informazioni utili a scegliere l'affermazione giusta tra quelle indicate.

Soluzione: 1.a, 2.b

A *Problemi di cuore*

1
- Fate ascoltare di nuovo il dialogo per dare la possibilità agli studenti di confermare o meno le proprie risposte all'attività precedente.

81

2

- Fate ascoltare ancora il dialogo chiedendo ai corsisti di leggere contemporaneamente il testo e di concentrarsi sulla pronuncia.

- Invitate gli studenti a sottolineare le parole rispetto alle quali hanno qualche difficoltà di pronuncia e poi, se necessario, fate ascoltare ancora, al fine di risolvere i dubbi.

- Fate lavorare gli studenti in coppia chiedendo loro di assumere i ruoli di Elena e di sua madre e di leggere il dialogo.

- Chiedete agli studenti di leggere il dialogo, questa volta cercando di individuare i possessivi contenuti nel testo.

- Procedete al riscontro in plenum.

Soluzione: mia, mio, suoi, sue, mio, suo

3

- Invitate gli studenti a porsi reciprocamente le domande relative al dialogo e a rispondere.

Soluzione: 1. La mamma di Elena è sorpresa perché Elena ha deciso di restare a casa; 2. Franco ha detto di essere libero di fare quello che vuole; 3. Elena ha risposto che come è libero lui, è libera anche lei

4

- Fate lavorare gli studenti individualmente. Chiedete loro di leggere con attenzione il breve dialogo tra Elena e suo padre e di completare le lacune con i possessivi dati.

Soluzione: tuoi, miei, mio, suoi, sue, sua, mia, miei, mia

5

- Invitate gli studenti a raccontare brevemente per iscritto cosa è successo ad Elena.

6

- Discutete in plenum: nel corso della terza unità si sono trattate le prime tre forme dei possessivi al singolare. Cosa ricordano gli studenti a proposito? In particolare dovrebbe essere noto a tutti che gli aggettivi possessivi, come tutti gli aggettivi, hanno lo stesso genere e numero del sostantivo a cui si riferiscono e soprattutto sono preceduti dall'articolo. Inoltre i possessivi hanno la stessa forma per l'aggettivo e per il pronome.

- Invitate gli studenti ad osservare la tabella e a completare le lacune, consigliando loro magari di dare un'occhiata alle due pagine precedenti per ricercare alcune forme di aggettivi possessivi utili al completamento.

Soluzione: miei, tuoi, sua, suo, nostri, vostre

- Riflettete insieme: a quanto già precedentemente detto si può aggiungere il fatto che in italiano i possessivi della terza persona singolare hanno un'unica forma indipendentemente se il riferimento è al maschile o al femminile o se li si usa per la forma di cortesia. Inoltre si osserverà che la terza persona plurale *loro* non subisce variazioni.

Attività di fissaggio

- Riproponete l'attività svolta nel corso della terza unità, ma questa volta dividete la classe in tre gruppi. Fatevi consegnare da ogni gruppo alcuni oggetti comuni, per esempio tre libri, due paia di occhiali, quattro telefonini ecc. e disponeteli sopra la cattedra avendo cura di mantenere separati i gruppetti di oggetti uguali di ogni gruppo.

- Indicate un gruppetto di oggetti e dimostratevi disposti a restituirlo solo se i legittimi proprietari ne dichiarano il possesso formulando la frase appropriata, ad esempio, nel caso di tre libri la frase giusta sarà: *sono i nostri libri*.

- Alternate le possibilità di risposta indicando degli oggetti e chiedendo ad un gruppo che non ne è possessore di chi sono. In questo caso la risposta da dare potrà essere, ad esempio: *sono i loro telefonini*.

- Procedete così fino a che avrete restituito tutti gli oggetti.

7

- Fate lavorare gli studenti in coppia: a turno si costruiscono frasi secondo il modello dato.

- Procedente al riscontro in plenum.

Soluzione: 1. Il loro bar è piccolo, 2. I miei amici sono giovani, 3. So che i vostri progetti sono importanti, 4. Ho saputo che le sue cugine sono simpatiche, 5. Nostra figlia è molto intelligente

Attività estensiva

- Dividete la classe in gruppi di tre o quattro persone.

- Fotocopiate la scheda numero 1 a pagina 88 e consegnatene una copia ad ogni gruppo di studenti.

- A turno gli studenti lanciano il dado. La faccia del dado indica contemporaneamente di quante caselle si può avanzare e l'aggettivo possessivo da utilizzare ovvero

mio / mia / miei / mie per 🎲

tuo / tua / tuoi / tue per 🎲

suo / sua / suoi / sue per 🎲

nostro / nostra / nostri / nostre per 🎲

vostro / vostra / vostri / vostre per 🎲

loro per 🎲

- Chi sbaglia non può avanzare e deve restare fermo per un giro.
- Vince chi arriva per primo al traguardo.

B *La famiglia*

1

- In plenum osservate l'albero genealogico raffigurato a pagina 91 del *Libro dello studente* e rispondete alle domande sui rapporti di parentela tra i vari individui. Invitate gli studenti a cercare nella tabella in basso le parole che non conoscono e precisate che il termine *nipote* indica sia il figlio o la figlia del figlio o della figlia sia il figlio o la figlia del fratello o della sorella. Osservando l'albero genealogico infatti vediamo che Giuseppe e Luigi sono nonno e nipote e che Giovanni e Monica sono zio e nipote.

Soluzione: Luigi e Monica sono fratello e sorella, Giuseppe e Luigi sono nonno e nipote, Monica e Susanna sono cugine, Giovanni e Monica sono zio e nipote, Massimo e Patrizia sono marito e moglie

2

- Osservate in plenum la tabella: l'articolo determinativo non si usa davanti a nomi di parentela al singolare non accompagnati da un altro aggettivo e non alterati. Quindi abbiamo la seguente situazione:

mia sorella
la mia sorella minore
la mia sorellina

- L'articolo si usa sempre davanti al possessivo *loro*, con sostantivi di parentela al plurale, e davanti a *mamma*, ad esempio:

la loro madre
i miei nonni
la mia mamma

3

- Fate lavorare gli studenti in coppia: a turno ci si rivolge le domande indicate e si risponde come mostrato nell'esempio.

Soluzione: 1. Sono andato al cinema con mia sorella, 2. Mario ha litigato con suo padre, 3. Parliamo della nostra mamma, 4. Siamo andati dai nostri cugini, 5. Sara ha telefonato a suo nonno, 6. Questa bici è del mio fratellino

- Procedete al riscontro in plenum.

4

- Scrivete alla lavagna:

fidanzato/a	*separato/a*
divorziato/a	*celibe/nubile*
gemello/a	*figlio/a unico/a*
suocero/a	*cognato/a*
morto/a	*nuora/genero*

e spiegatene il significato.

- Invitate gli studenti a lavorare in coppia e a scambiarsi informazioni sulle proprie famiglie raccontando da chi sono composte e come sono le persone che ne fanno parte.

- In plenum lasciate che gli studenti riferiscano le informazioni ricevute sulle famiglie dei loro compagni.

Attività alternativa

- Fotocopiate la scheda numero 2 a pagina 89 e consegnatene una copia ad ogni studente. Osservate in plenum: abbiamo l'inizio di un albero genealogico da completare.

- Disegnate alla lavagna un albero genealogico come quello della scheda e completatelo con le informazioni relative ai vostri zii, fratelli e sorelle, figli, cugini ecc.

- Invitate gli studenti a lavorare in coppia: a turno uno studente racconta da chi è composta la propria famiglia e l'altro, ascoltando le informazioni ricevute, disegna e completa l'albero genealogico. Al termine lo studente che ha raccontato della propria famiglia controllerà se l'albero genealogico disegnato dal compagno corrisponde a verità.

- In plenum gli studenti possono riferire le informazioni ricevute sulle famiglie dei compagni con cui hanno svolto l'attività alternativa.

C Al ristorante

1
- Scrivete alla lavagna:

    apparecchiare la tavola

- Spiegate agli studenti che tale espressione indica l'atto di preparare la tavola affinché possa esservi consumato un pasto.

- In plenum osservate l'immagine della tavola apparecchiata e chiedete agli studenti di inserire i tre sostantivi indicati al posto giusto.

Soluzione: da sinistra verso destra in senso orario: piatto, bicchiere, cucchiaio

2
- Fate ascoltare il dialogo e chiedete agli studenti di indicare se le frasi riportate sono presenti o meno.

Soluzione: 1, 2, 3, 4, 7, 8, 9

3
- Osservate le illustrazioni: queste rappresentano diversi piatti che possiamo abbinare ad alcune portate di un pasto. Le portate sono i vari momenti in cui si mangiano alimenti diversi secondo una successione che prevede generalmente *antipasto, primo piatto, secondo piatto di carne o pesce con contorno, dolce* e *frutta*.

- Fate ascoltare di nuovo il dialogo, questa volta invitando gli studenti ad abbinare le immagini al tipo di portata indicata.

Soluzione: antipasto: prosciutto; primo: lasagne alla bolognese e spaghetti alla carbonara; secondo: vitello alle verdure e bistecca ai ferri; contorno: insalata verde

4
- Scrivete alla lavagna:

    vorrei...
    mi piace
    mi piacciono

- Richiamate alla memoria degli studenti l'espressione *vorrei* che si è incontrata nel corso della quarta unità (pagine 66 e 67 del *Libro dello studente*). Anche in questo caso la vediamo in un contesto espressivo in cui indica il desiderio di avere qualcosa e non richiede la spiegazione del condizionale.

Nella tabella la vediamo seguita direttamente da un sostantivo come *bistecca* o da un verbo all'infinito come *mangiare*.

- Chiedete agli studenti di completare la frase *vorrei...* alla lavagna con un desiderio del momento e trascrivete tutti i desideri espressi alla lavagna.

- Osservate nella tabella la contrapposizione tra *mi piace* e *mi piacciono* esortando gli studenti a dirvi a cosa, secondo loro, è dovuta la scelta tra la terza persona singolare e plurale del verbo *piacere*.

- Riflettete in plenum: come mostra la tabella, l'espressione *mi piace* è seguita da un sostantivo al singolare o da un verbo all'infinito mentre l'espressione *mi piacciono* è seguita da un sostantivo al plurale.

- Soffermatevi ad osservare l'uso delle espressioni *mi piace, ti piace, a me non piace affatto* e *a te non piace* trattandole però solamente dal punto di vista comunicativo e rimandando ad un altro momento la spiegazione dei pronomi indiretti. Dite però agli studenti che le forme *mi* e *ti* possono essere usate solo quando precedono immediatamente il verbo, altrimenti è indispensabile utilizzare *a me* e *a te*.

5
- In plenum leggete il menù a pagina 94 e moderate la conversazione: quali sono i piatti conosciuti dagli studenti? Quali piatti invece sono del tutto sconosciuti? Tra i piatti indicati, quali sono quelli preferiti in classe? E quali desiderano provare gli studenti?

6
- Fate ascoltare i dialoghi di due coppie che ordinano al ristorante, invitando gli studenti a indicare cosa ha ordinato ogni coppia contrassegnando con *1* i piatti ordinati dalla prima coppia e con *2* i piatti ordinati dalla seconda coppia.

Soluzione: *1*: fettuccine ai funghi, penne all'arrabbiata, bistecca ai ferri, involtini alla romana, acqua minerale; *2*: rigatoni al sugo, farfalle ai quattro formaggi, pollo all'aglio, scaloppine ai funghi, insalata caprese, Sangiovese

7
- Fate lavorare gli studenti in coppia o a piccoli gruppi: ognuno fa la propria ordinazione decidendo cosa prendere dal menù proposto!

Role-play guidato

- Fotocopiate la scheda numero 3 a pagina 90. Fate lavorare gli studenti in coppia e consegnate ad ognuna una scheda. Invitate gli studenti a ripetere più volte il dialogo, sostituendo le informazioni scritte in caratteri diversi con quelle contenute nei riquadri sottostanti, con lo stesso carattere.

8

- In plenum osservate le illustrazioni e fatevi suggerire dagli studenti i giusti aggettivi, tra quelli indicati a destra, per completare le frasi a sinistra.

Soluzione: 1. fresco, 2. piccante, 3. salato, 4. saporito, 5. cotta

D *Facciamo uno spuntino?*

1

- Fate lavorare gli studenti in coppia: il compito consiste nel leggere il dialogo e nel rispondere alle domande che seguono.

Soluzione: 1. Sara ha fame perché la mattina non fa colazione e beve solamente un caffè; 2. Mia a colazione mangia fette biscottate con burro e miele; 3. Mia mangia un'insalata o della frutta, Sara se mangia molto a pranzo salta la cena e fa merenda verso le sei. Tutte e due, di solito, cenano prima delle 8

- Procedete al riscontro in plenum.

2

- In plenum osservate le immagini relative ai diversi alimenti e magari dite cosa mangiate voi a colazione, dopodiché lasciate che gli studenti lavorino in coppia e si raccontino le proprie preferenze a colazione utilizzando le espressioni indicate.

3

- Osservate in plenum la tabella contenente gli aggettivi *quello* e *bello* e riflettete insieme: l'aggettivo dimostrativo *quello*, così come il qualificativo *bello*, seguono la declinazione dell'articolo determinativo. Ciò si verifica solamente quando entrambi gli aggettivi precedono il nome.

Attività di fissaggio

- Dividete la classe in gruppi di tre o quattro persone.
- Fotocopiate la scheda numero 1 a pagina 85 e consegnatene una copia ad ogni gruppo di studenti.

- Scrivete alla lavagna:

ho visto <u>quel gatto</u>
ho visto <u>un bel gatto</u>

ho visto <u>quelle automobili</u>
ho visto <u>delle belle automobili</u>

- A turno gli studenti lanciano il dado. La faccia del dado indica di quante caselle si può avanzare. Quando si arriva su una casella si deve formulare una frase sul modello di quelle scritte alla lavagna, facendo attenzione alla giusta declinazione dell'aggettivo *quello* o *bello*.

- Chi sbaglia non può avanzare e deve restare fermo per un giro.

- Vince chi arriva per primo al traguardo.

4

- Osservate le frasi contenute nei fumetti e scrivete alla lavagna:

volerci

Per fare la pizza <u>ci vuole</u> la farina.

Per fare il tiramisù <u>ci vogliono</u> i biscotti.

metterci

Per preparare il tiramisù <u>ci metto</u> mezz'ora.

- Invitate gli studenti a dire cosa, secondo loro, determina la scelta di *ci vuole* e *ci vogliono*. Come possiamo vedere, *ci vuole* è seguito da un sostantivo al singolare, mentre *ci vogliono* è seguito da un sostantivo al plurale. Il verbo *volerci* indica necessità. L'espressione *ci metto*, invece, relativa al verbo *metterci*, non cambia e, in questo contesto, indica il tempo necessario per fare qualcosa.

- Rivolgete alcune domande agli studenti utilizzando *volerci* e *metterci*, ad esempio: *Quanto tempo ci vuole per cuocere gli spaghetti? Quanto ci metti per venire a lezione? Quanto tempo ci vuole per andare a Roma in aereo? Quanti grammi ci vogliono per fare un Kg?* e così via.

5

- Lasciate agli studenti qualche minuto a disposizione per formulare due frasi con *quello* o *bello* e due frasi con *volerci* o *metterci*.

- Fate riferire le frasi formulate.

85

E *Vocabolario e abilità*

1
- Invitate gli studenti ad abbinare i verbi di sinistra ai sostantivi di destra, eventualmente servendosi del dizionario. Al termine procedete al riscontro in plenum.
Soluzione: grattugiare il formaggio, cuocere la pasta, affettare il salame, friggere il pesce, mescolare il sugo

2
- Scrivete alla lavagna:

    serve per...

    in plenum lasciate che gli studenti vi indichino a cosa servono i vari utensili da cucina completando la frase *serve per...*
Soluzione: la pentola serve per cuocere la pasta; il tegame serve per friggere; il cavatappi serve per aprire le bottiglie; il colapasta serve per scolare la pasta; la grattugia serve per grattugiare il formaggio; il tagliere serve per affettare il salame o tagliare il pane; la pentola a pressione serve per cuocere i cibi più velocemente; il mestolo serve per mettere o prendere il sugo

3
- Sulla base dei vari quesiti proposti, moderate la conversazione in classe sulla cucina italiana e quella del paese da cui provengono gli studenti, i piatti preferiti in classe, i piatti del proprio paese noti all'estero e quelli italiani noti nelle diverse nazioni. Lasciate quindi che gli studenti raccontino dell'ultima volta in cui hanno mangiato al ristorante.

- Chiedete ai corsisti di scrivere ad un amico italiano in viaggio nel loro paese, raccontando della cucina, dei piatti e delle abitudini alimentari locali ed esprimendo le proprie preferenze rispettivamente alla cucina italiana. Tale attività potrà essere svolta sia come compito a casa che in classe. In entrambi i casi chiedete agli studenti di consegnarvi i propri elaborati affinché possiate restituirli corretti.

Conosciamo l'Italia
Gli italiani a tavola

- Invitate gli studenti a leggere individualmente il testo a pagina 98 e a indicare le informazioni in esso presenti. A tale scopo esortateli ad avvalersi dell'aiuto offerto dal glossario in fondo alla stessa pagina ed eventualmente di un buon dizionario.
Soluzione: 1, 3, 5, 6

La pasta

1
- Fate lavorare gli studenti in coppia chiedendo loro di rimettere in ordine le istruzioni della ricetta, aiutandosi con le immagini e con il glossario in fondo alla pagina.
Soluzione: 2, 1, 4, 3

2
- In plenum osservate le illustrazioni con i vari tipi di pasta e abbinatele ai nomi sottostanti.
Soluzione: da sinistra a destra 2, 3, 1, 7, 4, 6, 8, 5

Dove mangiano gli italiani...

- Invitate gli studenti a leggere individualmente il testo e ad inserirvi le parole. A tale scopo esortateli ad avvalersi di un buon dizionario.
Soluzione: 1. fresca, 2. fuori, 3. piatti, 4. pizza, 5. locali, 6. spuntino

- Al termine delle due attività di lettura potete ritornare sulla discussione relativa alle abitudini alimentari: in cosa sono diverse quelle italiane da quelle degli studenti?

- Esortate gli studenti ad usufruire delle attività on-line previste dall'unità 6.

Autovalutazione

- Invitate gli studenti a svolgere individualmente il test di autovalutazione e a controllare le soluzioni a pagina 191 del *Libro dello studente*.

MI PIACE...

- Fotocopiate la scheda numero 4 a pagina 91 e consegnatene una copia ad ogni studente.

- Invitate gli studenti a compilare la prima parte della scheda individualmente, scrivendo le proprie preferenze relativamente a quanto indicato.

- Al termine gli studenti lavorano in coppia e si pongono reciprocamente le domande indicate nella seconda parte della scheda, confrontano i propri risultati e discutono dei loro gusti personali.

- In plenum fate riferire i risultati delle varie discussioni.

Grammatica e Lessico

- Distribuite le fotocopie della scheda numero 5 alle pagine 92 e 93 agli studenti e chiedete di completarle con gli elementi grammaticali e lessicali mancanti.

- Fate confrontare il risultato prima con il compagno di banco e poi con gli schemi presenti nel testo nel corso dell'unità 6.

- Lasciate agli studenti il tempo per concentrarsi su questa attività di ripetizione e controllo e invitateli a riferire eventuali dubbi o argomenti che non sono chiari per poterli discutere in plenum.

Scheda numero 1
Unità 6 - Sezioni A7 (Attività estensiva) e D3 (Attività di fissaggio)

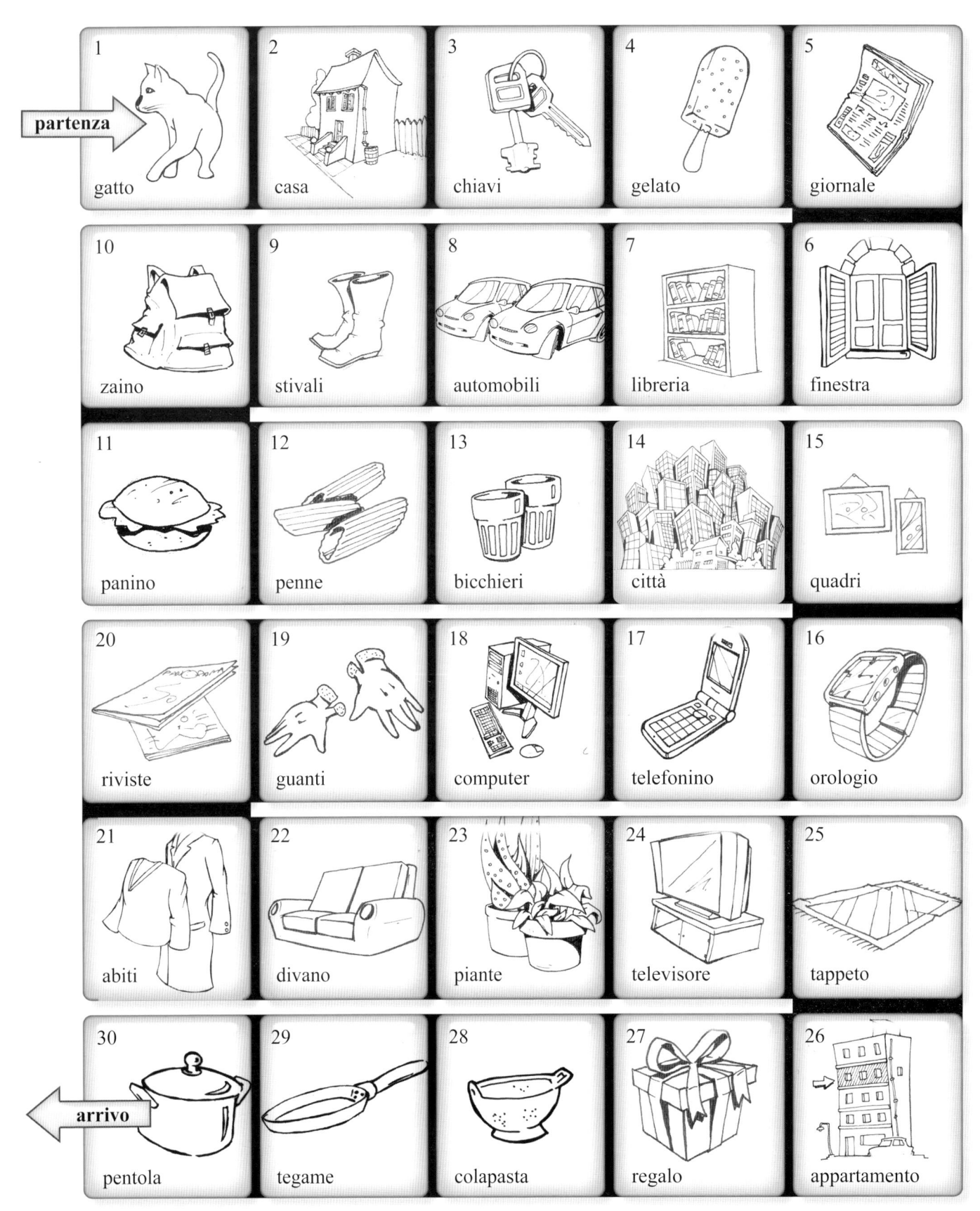

#		#		#		#		#	
1	gatto (partenza)	2	casa	3	chiavi	4	gelato	5	giornale
10	zaino	9	stivali	8	automobili	7	libreria	6	finestra
11	panino	12	penne	13	bicchieri	14	città	15	quadri
20	riviste	19	guanti	18	computer	17	telefonino	16	orologio
21	abiti	22	divano	23	piante	24	televisore	25	tappeto
30	pentola (arrivo)	29	tegame	28	colapasta	27	regalo	26	appartamento

Scheda numero 2
Unità 6 - Sezione B4, Attività alternativa

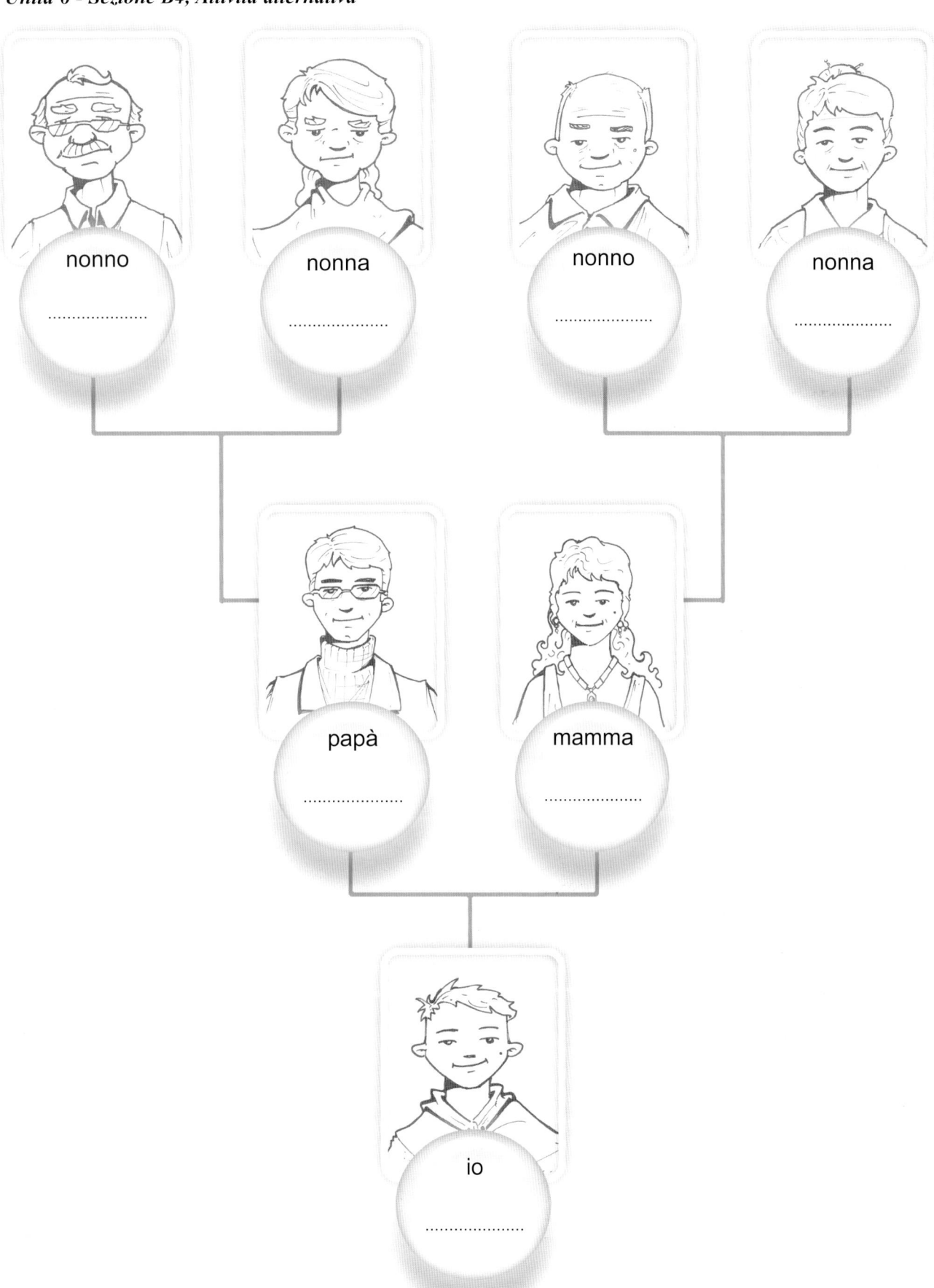

nonno .... nonna .... nonno .... nonna ....

papà .... mamma ....

io ....

Scheda numero 3
Unità 6 - Sezione C7, Role-play guidato

- Mhhh, quante cose buone! Hai già deciso cosa prendere?

- Non so... Per primo vorrei assaggiare **le linguine al pesto**.

- Io invece prendo **gli spaghetti alla carbonara**.

- E per secondo...? Prendiamo il **pollo all'aglio**?

- Mah... a me il pollo non va. Preferisco *un contorno*...

- Hai ragione... Ottima idea. E da bere?

- Non so. Ti piace il **Lambrusco**?

- Sì, molto. Allora possiamo ordinare... Senta, scusi...

le penne all'arrabbiata

le lasagne alla bolognese

i tortellini al formaggio

le farfalle ai quattro formaggi

le fettuccine ai funghi

il risotto ai frutti di mare

un'insalata mista

un'insalata verde

un'insalata caprese

il maialino al forno

la bistecca ai ferri

il filetto

Chianti

Barolo

Pinot Grigio

Scheda numero 4
Unità 6 - MI PIACE…

A colazione mi piace/mi piacciono ....

A colazione non mi piace/non mi piacciono ....

A pranzo mi piace/mi piacciono ....

A pranzo non mi piace/non mi piacciono ....

A cena mi piace/mi piacciono ....

A cena non mi piace/non mi piacciono ....

Quando vado al ristorante mi piace/mi piacciono ....

Quando vado al ristorante non mi piace/non mi piacciono ....

Mi piace/non mi piace mangiare ....

Mi piace/non mi piace leggere ....

Mi piace/non mi piace ascoltare ....

La domenica mi piace/non mi piace ....

In vacanza mi piace/non mi piace ....

A colazione mi piace/mi piacciono ...., e a te? ....

A colazione non mi piace/non mi piacciono ...., e a te? ....

A pranzo mi piace/mi piacciono ...., e a te? ....

A pranzo non mi piace/non mi piacciono ...., e a te? ....

A cena mi piace/mi piacciono ...., e a te? ....

A cena non mi piace/non mi piacciono ...., e a te? ....

Quando vado al ristorante mi piace/mi piacciono ...., e a te? ....

Quando vado al ristorante non mi piace/non mi piacciono ...., e a te? ....

Mi piace/non mi piace mangiare ...., e a te? ....

Mi piace/non mi piace leggere ...., e a te? ....

Mi piace/non mi piace ascoltare ...., e a te? ....

La domenica mi piace/non mi piace ...., e a te? ....

In vacanza mi piace/non mi piace ...., e a te? ....

Scheda numero 5
Unità 6 - Grammatica e Lessico

	I possessivi
io	Il mio motorino è costato 2000 euro. Verrà anche una .... amica. I miei genitori sono abbastanza giovani. Mamma, hai visto le mie calze blu?
tu	Il tuo comportamento non è stato corretto! Stasera veniamo a casa .... Mi piacciono i tuoi occhi. Alcune delle .... idee sono interessanti, altre no.
Sergio	Un .... cugino ha sposato una mia amica Se vedi la sua fidanzata, perdi la testa! Non parla mai dei suoi progetti futuri. È grazie alle .... conoscenze che ha trovato questo lavoro.
Marina	Bella la festa di Marina! E il suo appartamento enorme! Io ho conosciuto una sua amica: Rita. Molto simpatica! Sì, anche i .... genitori sono delle persone serie. Sì. E poi tutte le sue amiche mi sono sembrate carine.
signor Vialli	Signor Vialli, ha trovato il .... orologio? La .... casa è veramente molto bella. Signor Vialli, quanti anni hanno i suoi figli? Complimenti! Ho seguito molte delle sue conferenze.
noi	Il nostro palazzo è quello lì all'angolo. La .... famiglia è molto legata. Stasera verranno a cena i nostri amici. Le .... case sono molto vicine.
voi	Come si chiama quel .... amico di Palermo? La vostra macchina nuova è fantastica! I .... vicini di casa non ci sono mai? Parlate delle vostre preferenze musicali.
Renato e Nadia	Il loro negozio va molto bene. Devi vedere la .... casa di campagna: è stupenda! Anche Renato e Nadia hanno i .... problemi. Le loro feste non sono tanto divertenti.

Nomi di parentela e possessivi	
mio marito	i miei genitori
.... madre	.... sorelle
tuo nipote	i suoi fratelli
sua moglie	.... cugine
.... figlio	le nostre nipoti
vostra zia	.... nonne
la mia mamma, ... papà, la mia sorellina, il nostro nipotino il loro padre, ... zia, il loro fratello, la loro madre	

A cena fuori — Unità 6

Vorrei / Mi piace / Mi piacciono	
vorrei	una bistecca un antipasto freddo mangiare un gelato bere un bicchiere di vino
(non) mi piace	la pasta al dente la cucina italiana mangiare fuori provare qualcosa di nuovo saltare il primo
....	gli spaghetti al pesto i piatti piccanti i dolci
Mi piace molto il pesce. Mi piacciono le lasagne. Ti piace la carne? Ti piacciono le olive?	A me non piace affatto! ...., invece, piacciono i tortellini. Sì, perché, a te non piace? A me molto, e ....?

quello / bello		
il ristorante lo spettacolo l'uomo	quel / bel ristorante quello / .... spettacolo quell' / bell'uomo	quei / .... ristoranti quegli / begli spettacoli .... / begli uomini

7 Unità — Al cinema

Progetto italiano 1

Elementi comunicativi e lessicali	- Raccontare la trama di un film - Parlare di ricordi - Descrivere abitudini del passato - Raccontare e descrivere al passato - Collocare in ordine cronologico più azioni al passato - Esprimere accordo o disaccordo - Parlare di cinema
Elementi grammaticali	- Indicativo imperfetto: verbi regolari e irregolari - Uso dell'indicativo imperfetto - Imperfetto o Passato prossimo? - Verbi modali all'indicativo imperfetto - Trapassato prossimo - Uso del trapassato prossimo
Civiltà	- Il cinema italiano moderno - Il grande cinema italiano
Materiale necessario	*Sezione A, punto 8, attività di fissaggio*: alcune fotocopie della scheda numero 1 a pagina 100 e alcuni dadi *Sezione B, punto 5, attività di fissaggio*: alcune fotocopie della scheda numero 2 a pagina 101 *Sezione C, punto 4, attività di fissaggio*: alcune fotocopie della scheda numero 3 a pagina 102 *Sezione D, punto 1, role-play guidato*: alcune fotocopie della scheda numero 4 a pagina 103 *SCOPRI IL CINEMA!*: alcune fotocopie della scheda numero 5 a pagina 104 *Grammatica e Lessico*: alcune fotocopie della scheda numero 6 alle pagine 105 e 106

Per cominciare...

1
- Scrivete alla lavagna:

    CINEMA

- Chiedete agli studenti che cosa associano alla parola cinema e trascrivete le associazioni suggerite alla lavagna intorno alla parola cinema.
- Chiedete agli studenti se vanno spesso al cinema, quando ci sono andati l'ultima volta e quale film hanno visto.

2
- Leggete le parole contenute nel libro: quali sono già note alla classe? Quali risultano comprensibili? Discutete insieme il significato delle parole.

3
- Invitate gli studenti ad osservare le illustrazioni a pagina 103 del *Libro dello studente* e in plenum lasciate che si formulino ipotesi diverse su una possibile trama di film basata sulle immagini, servendosi anche delle parole presenti al punto 2.

4
- Fate ascoltare il dialogo chiedendo agli studenti di concentrarsi sulle informazioni utili a confermare le ipotesi appena formulate e a completare le frasi date.
Soluzione: 1. thriller psicologico, 2. qualche segreto, 3. di parlare, 4. scoprire la verità, 5. un'altra persona, 6. sparita di nuovo

A *Un film*

1
- Fate ascoltare di nuovo il dialogo per dare la possibilità agli studenti di confermare o meno le proprie risposte all'attività precedente.

2
- Fate ascoltare ancora il dialogo chiedendo ai corsi-

Al cinema — Unità 7

sti di leggere contemporaneamente il testo e di concentrarsi sulla pronuncia.

- Invitate gli studenti a sottolineare le parole rispetto alle quali hanno qualche difficoltà di pronuncia e poi fate ascoltare ancora, al fine di risolvere i dubbi.

- Fate lavorare gli studenti in coppia chiedendo loro di assumere i ruoli di Giulia e Sergio e di leggere il dialogo.

3

- Invitate gli studenti a porsi reciprocamente le domande relative al dialogo e a rispondere.
Soluzione: 1. Perché aveva tanto da studiare; 2. Ogni tanto spariva e quando tornava non aveva voglia di parlare; 3. Perché viveva una doppia vita, credeva di essere un'altra persona; 4. Alla fine hanno deciso di sposarsi, ma un giorno prima del matrimonio lei è sparita di nuovo

4

- Fate lavorare gli studenti individualmente. Chiedete loro di leggere con attenzione il breve dialogo tra Sergio e Giulia e di completare le lacune con i verbi dati.
Soluzione: *spariva*, doveva, guardavano, è suonato, è uscita, andava, aveva, Credeva, viveva

5

- Invitate gli studenti a riassumere brevemente per iscritto la trama del film.

6

- Osservate in plenum la tabella e invitate gli studenti a suggerirvi le forme dell'imperfetto utili a colmare le lacune.
Soluzione: parlavo, leggeva, dormivate

- Leggete le tre coniugazioni dei verbi all'imperfetto facendo notare alla classe che nella 1ª e 2ª persona plurale l'accento tonico cade sulla penultima sillaba e nella 3ª persona plurale l'accento cade sulla terzultima sillaba.

7

- Fate lavorare gli studenti in coppia: osservando la tabella a turno si costruiscono frasi secondo il modello dato.
Soluzione: 1. venivano, portavano; 2. preparava, guardavo; 3. puliva; 4. andavo; 5. andavi; 6. parlava, rimanevano

8

- Osservate in plenum la tabella e invitate gli studenti a suggerirvi le forme dei verbi irregolari all'imperfetto utili a colmare le lacune.
Soluzione: era, dicevi, faceva

- Riflettete: a parte il verbo *essere*, l'irregolarità dei verbi coniugati nella tabella è dovuta al fatto che formano l'imperfetto aggiungendo le desinenze all'infinito originario in latino, ovvero *facere*, *dicere*, *bevere*. Lo stesso vale per i verbi *porre* (*ponere*) e *tradurre* (*traducere*), presenti nella nota.

Attività di fissaggio

- Fate lavorare gli studenti in gruppi di tre o quattro persone. Fotocopiate la scheda numero 1 a pagina 100 e consegnate una copia ad ogni gruppetto di studenti insieme a un dado.

- A turno gli studenti tirano il dado, vanno sulla casella indicata e coniugano il verbo all'indicativo imperfetto alla persona corrispondente al numero ottenuto e lo trascrivono sul foglio.

- Se un concorrente arriva in una casella in cui il verbo è già stato coniugato deve tornare indietro alla casella da cui era partito.

- Vince chi arriva per primo al traguardo.

- Invitate gli studenti a conservare i propri elaborati.

B *Ricordi che risate?*

1

- In plenum, invitate gli studenti ad osservare le foto: che cosa rappresentano? A cosa possono essere associate? Sulla base delle foto, quale può essere l'argomento del dialogo?

- Fate lavorare gli studenti in coppia chiedendo di leggere il dialogo.

- Discutete in plenum: qual è l'argomento del dialogo? Cosa ricordano i due protagonisti?

2

- Osservate in plenum le espressioni contenute nel riquadro in fondo a pagina 106 del *Libro dello studente*, utili a parlare di ricordi.

- Chiedete agli studenti di pensare a persone o eventi importanti della loro vita, situazioni strane che hanno vissuto, film visti, vacanze, scherzi fatti, e invitateli a lavorare in coppia con il compito di raccontarseli reciprocamente.

3

- In plenum analizzate la tabella sugli usi di imperfetto e passato prossimo e invitate gli studenti a porvi eventuali domande a proposito.

4

- Fate lavorare gli studenti in coppia: osservando la tabella del punto precedente si costruiscono delle frasi secondo il modello dato.

Soluzione: 1. ascoltava, studiava; 2. erano; 3. aspettavano, ho visto; 4. andavamo, portavamo; 5. ha telefonato, dormivo; 6. ha lavorato

- Predisponete una tabella alla lavagna la cui colonna a sinistra contenga le frasi dell'esercizio con i verbi opportunamente coniugati.

- Chiedete agli studenti di collegare ogni frase ad uno dei modelli di uso dell'imperfetto contenuti nella tabella a pagina 107 e trascrivetelo nella colonna a destra. Al termine dovreste avere la seguente situazione:

Mentre ascoltava la musica, studiava l'italiano.	azioni contemporanee
Ieri sera alle 8 Gianna e Francesca erano a casa.	azione in un momento preciso non conclusa
Mentre aspettavo l'autobus, ho visto un vecchio amico.	azione in corso interrotta
Quando andavamo da loro portavamo sempre qualcosa alla loro figlia.	azione passata abituale ripetuta
Quando ha telefonato Luca, io dormivo ancora.	azione in corso interrotta
Ieri sera Sofia ha lavorato fino a mezzanotte.	azione conclusa

5

- Lasciate agli studenti il tempo per lavorare individualmente al fine di leggere il testo dato e di completare quello successivo.

- Procedete al riscontro in plenum:
Soluzione: faceva, erano, è cominciato, è andata, siamo arrivati, pioveva, c'era, sembrava, Eravamo

- Osservate insieme: dopo gli usi visti fino a questo punto, qui incontriamo un'altra funzione dell'imperfetto, ovvero quella descrittiva, ad esempio nelle frasi *era bellissimo*, *aveva i capelli corti*, *sembrava nervoso* ecc.

Nelle narrazioni al passato, l'imperfetto è il tempo della descrizione per eccellenza, in quanto si presta a rappresentare delle scene statiche in cui tutti gli elementi sono collocati sullo stesso piano temporale.

Attività di fissaggio

- Ricostituite i gruppi che si erano formati durante l'attività di fissaggio prevista al punto A8 e invitateli a riprendere gli elaborati compilati nel corso di tale attività.

- Fate lavorare gli studenti in gruppi di tre o quattro persone. Fotocopiate la scheda numero 2 a pagina 101 e consegnate una copia ad ogni gruppo di studenti.

- Invitate gli studenti a formulare delle frasi che corrispondano ai vari casi di uso dell'imperfetto contenuti nella colonna a sinistra, utilizzando i verbi coniugati durante l'attività di fissaggio al punto A8 e trascritti negli opportuni spazi dei cerchietti. Per ogni riquadro si devono formulare 1 o 2 frasi. Qualora l'attività di fissaggio al punto A8 non fosse stata svolta, la scheda può essere utilizzata semplicemente come fonte a cui attingere alcuni verbi.

- Raccogliete gli elaborati, attaccateli alla lavagna ed analizzateli, discutendoli in plenum.

6

- Fate lavorare gli studenti in coppia al fine di raccontare, eventualmente anche per iscritto, una storia basata sulle immagini presenti a pagina 109.

- In plenum ascoltate i vari racconti.

7

- Analizzate la tabella contenente i verbi modali all'imperfetto e al passato prossimo. Se diciamo "volevamo salire sulla Torre Pendente" il nostro interlocutore non sa se poi effettivamente siamo saliti o meno sulla Torre Pendente. I modali all'imperfetto esprimono un'intenzione, uno stato, una condizione o una situazione in cui si trova il parlante senza indicare cosa è effettivamente avvenuto dopo quel momento. Quando invece il verbo modale è usato al passato prossimo, sappiamo cosa è successo dopo.

Attività di fissaggio

- Scrivete alla lavagna:

  Ieri sera non sono uscito/a perché
  volevo guardare un film alla TV.

- Provate a sostituire la parte evidenziata formulando naturalmente una frase che abbia senso e utilizzando comunque un verbo modale nel secondo periodo, ad esempio:

  Ieri sera non sono uscito/a perché
  volevo riposare un po'.

  Ieri sera non sono uscito/a perché
  dovevo studiare.

- Fate lavorare gli studenti in coppia: a turno si formulano più periodi possibili per completare la frase *Ieri sera non sono uscito/a perché...* . La formulazione è orale, ma poi la frase deve essere annotata.

- Vince lo studente che riesce a formulare il maggior numero di frasi.

8

- Fate lavorare gli studenti in coppia: osservando la tabella del punto precedente si completano le frasi con l'imperfetto o con il passato prossimo.
Soluzione: 1. Volevamo; 2. poteva, è partito; 3. ha dovuto; 4. voleva; 5. sono dovuti

C *Avevamo deciso di andare al cinema…*

1

- Fate ascoltare il dialogo chiedendo agli studenti dove decidono di andare i ragazzi.
Soluzione: a mangiare

2

- Fate ascoltare nuovamente il dialogo e chiedete agli studenti di indicare quali frasi sono veramente presenti.
Soluzione: avevamo deciso di andare al cinema, era andato a vedere il film qualche giorno prima, alla fine cosa avete fatto?, era tardi per lo spettacolo delle 10.30, un posto dove non era mai stata

3

- In plenum formulate le domande agli studenti.
Soluzione: 1. Perché Laura aveva già visto il film, 2. Perché un amico di Laura aveva detto che il film non era un granché, 3. Voleva andare in un posto dove non era mai stata

4

- Scrivete alla lavagna:

  avevamo deciso
  era andato

- Riflettete insieme: siamo di fronte ad un tempo verbale nuovo. Si tratta infatti del trapassato prossimo formato dall'ausiliare *essere* o *avere* all'imperfetto e dal participio passato del verbo.
Il trapassato prossimo indica un fatto del passato anteriore ad un altro fatto del passato. Il trapassato prossimo è un tempo perfetto e quindi presenta un evento nella sua globalità.
Possiamo prendere in considerazione la seguente frase e collocarla lungo la linea del tempo:

  L'anno scorso sono tornata nella
  città in cui avevo vissuto da bambina.

  momento dell'enunciato
  ←─────────────────────────────
  avevo vissuto   l'anno scorso   oggi
  da bambina   sono tornata
  (trapassato prossimo) (passato prossimo)

L'evento espresso al trapassato prossimo *avevo vissuto*, precede quello espresso al passato prossimo *sono tornata*.

- Alla luce di quanto detto, osservate e discutete la tabella sulla formazione e l'uso del trapassato prossimo.

Attività di fissaggio

- Fate lavorare gli studenti in coppia. Fotocopiate la scheda numero 3 a pagina 102 e consegnate due copie ad ogni coppia di studenti.

- In plenum leggete le prime due frasi contenute nella scheda, cominciando da quella della casella di destra:

L'estate precedente ero andato in Tailandia.	La scorsa estate sono andato in vacanza negli USA.
←──	

- In coppia gli studenti formulano delle frasi relative ad attività diverse svolte nei periodi indicati. La novità consiste nel fatto che si parte dalla colonna di destra, in cui è riportato un certo momento passato, e ci si sposta verso quella di sinistra, in cui è riportato lo stesso momento di un passato anteriore a quello di destra. Se vogliono, gli studenti possono annotare le loro frasi, oppure svolgere l'attività solo oralmente.

- In plenum lasciate che gli studenti riferiscano alcune delle loro formulazioni.

5

- Fate lavorare gli studenti in coppia: a turno si pongono le domande date e, osservando la tabella e l'esempio, rispondono utilizzando il trapassato prossimo.

Soluzione: 1. Perché non avevo studiato affatto fino a ieri; 2. Sì, per fortuna non erano ancora partite; 3. Qualcosa che non aveva mai cucinato prima; 4. No, era già cominciato; 5. Perché avevo bevuto molto la sera prima; 6. Perché avevo dimenticato le mie chiavi in ufficio

D *Sei d'accordo?*

1

- Fate ascoltare i quattro dialoghi e chiedete alla classe di abbinarli alle immagini sulla destra.

Soluzione: (immagini dall'alto in basso) 3, 4, 2, 1

- Procedete al riscontro in plenum e richiamate l'attenzione degli studenti sulle espressioni evidenziate in blu, utili ad esprimere accordo o disaccordo rispetto ad un'opinione espressa.

Role-play guidato

- Fotocopiate la scheda numero 4 a pagina 103. Fate lavorare gli studenti in coppia e consegnate ad ognuna una scheda. Invitate gli studenti a ripetere più volte il dialogo, sostituendo le informazioni scritte in caratteri diversi con quelle contenute nei riquadri sottostanti, con lo stesso carattere.

2

- In plenum osservate le espressioni contenute nel riquadro a pagina 112 del *Libro dello studente* utili ad esprimere accordo o disaccordo.

- Invitate gli studenti a lavorare in coppia e a utilizzare le espressioni viste per parlare di un film che gli è piaciuto molto, del proprio attore/attrice, regista, genere di film preferito, di film e personaggi cinematografici italiani.

- In plenum lasciate che gli studenti riferiscano le parti più importanti delle loro conversazioni.

E *Abilità*

1

- Fate ascoltare la traccia 38 (esercizio 26, pagina 76 del *Quaderno degli esercizi*) e invitate gli studenti a segnare le affermazioni giuste.
- Procedete con il riscontro in plenum.

Soluzione: 1. b, 2. c, 3. c, 4. a

2

- Sulla base dei vari quesiti proposti, moderate la conversazione in classe sulle abitudini degli studenti rispetto al fatto di andare al cinema, i criteri di scelta dei film, la trama di un film di proprio gradimento, la differenza tra i film in TV e al cinema e i film italiani conosciuti.

3

- Chiedete ai corsisti di scrivere ad un amico italiano per raccontare un film appena visto che è piaciuto loro moltissimo, descrivendone la trama, i protagonisti ed esprimendo le proprie opinioni su interpretazione e regia. Tale attività potrà essere svolta sia come compito a casa che in classe. In entrambi i casi chiedete agli studenti di consegnarvi i propri elaborati affinché possiate restituirli corretti.

Conosciamo l'Italia

Il cinema italiano

- Invitate gli studenti a leggere individualmente i vari testi sul cinema italiano alle pagine 113, 114 e 115. A tale scopo esortateli ad avvalersi dell'aiuto offerto dai glossari in fondo alle pagine 113 e 115 ed eventualmente di un buon dizionario.

- Fate lavorare gli studenti in coppia, affinché sulla base di quanto letto possano individuare nei testi le informazioni necessarie per rispondere alle domande presenti in fondo a pagina 115.

- Procedete al riscontro in plenum.

Soluzione: 1. Sono tutti e tre attori e registi; 2. Hanno entrambe vinto il premio Oscar; 3. Sono tutti attori di fama internazionale; 4. *La Ciociara*, *Ieri, oggi e domani*, *Matrimonio all'italiana*, *Sciuscià*, *Ladri di biciclette*; 5. Fellini, Tornatore, Salvatores, Troisi, Benigni, De Sica, Visconti, Antonioni, Leone, Bertolucci; 6. Il neorealismo racconta l'Italia del dopoguerra e quindi degli anni '40

- Esortate gli studenti ad usufruire delle attività online previste dall'unità 7.

Autovalutazione

- Invitate gli studenti a svolgere individualmente il test di autovalutazione e a controllare le soluzioni a pagina 191 del *Libro dello studente*.

SCOPRI IL CINEMA!

- Fate lavorare gli studenti in coppia o in gruppi di tre persone. Fotocopiate la scheda numero 5 a pagina 104. Mantenete alcune schede e da altre copie ritagliate i cartellini.

- Consegnate ad ogni coppia o gruppetto di studenti un set di cartellini e una copia intera della scheda.

- Lasciate agli studenti qualche minuto di tempo per osservare la scheda e tentare di memorizzare le associazioni tra immagini e scritte.

- Ritirate la scheda.

- Gli studenti dispongono le carte alla rinfusa davanti a sé, con immagini e scritte rivolte verso il basso. A turno si gira una carta e vi si trova un'immagine o una scritta. A questo punto, come nel gioco del *Memory*, si deve girare un'altra carta sperando che contenga il giusto abbinamento rispetto alla carta che si ha in mano. Se l'abbinamento è corretto si entra in possesso delle due carte e si ha diritto ad un altro tentativo, se invece l'abbinamento è sbagliato il gioco passa al compagno. Naturalmente vince chi entra in possesso del maggior numero di carte.

Grammatica e Lessico

- Fotocopiate la scheda numero 6 alle pagine 105 e 106, distribuite le fotocopie agli studenti e chiedete di completarle con gli elementi grammaticali e lessicali mancanti.

- Fate confrontare il risultato prima con il compagno di banco e poi con gli schemi presenti nel testo nel corso dell'unità 7.

- Lasciate agli studenti il tempo per concentrarsi su questa attività di ripetizione e controllo e invitateli a riferire eventuali dubbi o argomenti che non sono chiari per poterli discutere in plenum.

edizioni Edilingua

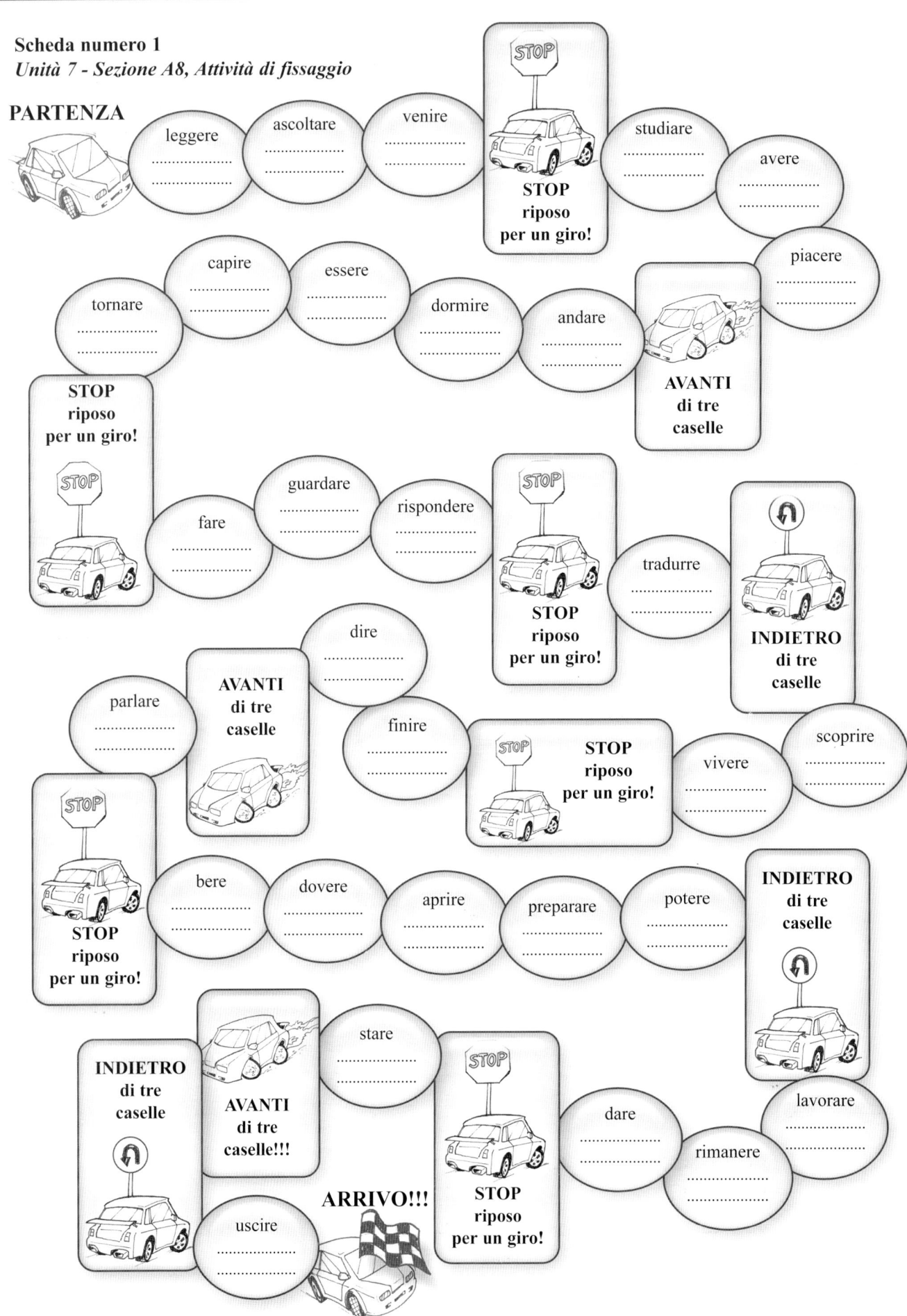

Progetto italiano 1

Scheda numero 1
Unità 7 - Sezione A8, Attività di fissaggio

PARTENZA

- leggere
- ascoltare
- venire
- **STOP riposo per un giro!**
- studiare
- avere
- piacere
- capire
- essere
- dormire
- andare
- **AVANTI di tre caselle**
- tornare
- **STOP riposo per un giro!**
- fare
- guardare
- rispondere
- **STOP riposo per un giro!**
- tradurre
- **INDIETRO di tre caselle**
- dire
- parlare
- **AVANTI di tre caselle**
- finire
- **STOP riposo per un giro!**
- vivere
- scoprire
- **STOP riposo per un giro!**
- bere
- dovere
- aprire
- preparare
- potere
- **INDIETRO di tre caselle**
- **INDIETRO di tre caselle**
- **AVANTI di tre caselle!!!**
- stare
- **STOP riposo per un giro!**
- dare
- rimanere
- lavorare
- uscire

ARRIVO!!!

100

Scheda numero 2
Unità 7 - Sezione B5, Attività di fissaggio

AZIONE PASSATA ABITUALE-RIPETUTA Es. Venivano ogni giorno a casa mia.	
AZIONE IN UN MOMENTO PRECISO NON CONCLUSA Es. Ieri alle 10 dormivo.	
AZIONI CONTEMPORANEE Es. Mentre mangiavo, leggevo il giornale.	
AZIONE CONCLUSA Es. Ieri sono rimasto a casa tutto il giorno.	
AZIONI SUCCESSIVE CONCLUSE Es. Ha aperto il frigorifero e ha preso il latte.	
AZIONE IN CORSO INTERROTTA Es. Mentre camminavo, ho incontrato Livio.	
DESCRIZIONE Es. Era bellissimo, aveva i capelli corti e portava i jeans.	

Scheda numero 3
Unità 7 - Sezione C4, Attività di fissaggio

L'estate precedente ero andato in Tailandia.	La scorsa estate sono andato in vacanza negli USA.
Il fine settimana precedente	Lo scorso fine settimana ....
Il mese precedente	Il mese scorso ....
L'inverno precedente	L'inverno scorso ....
Il Natale precedente	Lo scorso Natale ....
Per il mio compleanno l'anno precedente	Per il mio compleanno lo scorso anno ....

Scheda numero 4
Unità 7 - Sezione D1, Role-play guidato

- Sai che ieri sera mi sono rivisto *Il Gattopardo* di Luchino Visconti?

○ Hai fatto proprio bene. Quel film io lo rivedo sempre volentieri. **È bellissimo!**

- ***Sono d'accordo con te!*** Luchino Visconti per me è stato davvero un grande regista!

○ E poi... Claudia Cardinale... meravigliosa... È stata l'attrice italiana più bella!

- **No, non sono d'accordo!** La più bella era **Sofia Loren!**

○ E che ne pensi di Alain Delon? In quel film è fantastico...

- D'altronde, il libro stesso di Giuseppe Tomasi di Lampedusa a me è piaciuto molto.

○ *Anche a me!*

È stupendo!

È meraviglioso!

È incantevole!

Sì, è proprio vero!

Sì, lo penso anch'io!

Hai ragione!

No, non è vero!

No, non penso.

No, non credo.

Gina Lollobrigida!

Silvana Mangano!

Silvana Pampanini!

A me... insomma... non tanto!

A me lo stesso.

A me solo in parte.

Scheda numero 5
Unità 7 - SCOPRI IL CINEMA!

	Attrice italiana molto famosa che ha vinto l'Oscar alla carriera nel 1990.		La scena più famosa di questo film vede la protagonista femminile fare il bagno di notte dentro la Fontana di Trevi.
	È uno degli attori più belli e famosi del cinema italiano. È morto nel 1996.		Nel film *Il postino* il protagonista scopre la poesia dopo un incontro con Pablo Neruda.
	Ladri di biciclette è uno dei film più famosi del neorealismo italiano.		Il comico romano e il grande e bellissimo attore teatrale e cinematografico hanno recitato insieme nel film *La grande guerra* di Monicelli.
	Il film *Mediterraneo* racconta la storia di alcuni militari italiani in Grecia durante la seconda guerra mondiale.		Con il film *La vita è bella* ha vinto tre Oscar e ha avuto grande successo in tutto il mondo.
	Un famoso comico italiano di origine napoletana che giocava spesso con le parole in maniera ironica.		Quattro film di questo regista hanno vinto l'Oscar. Lui stesso era un bravissimo attore.
	Con il film *Caro diario* ha vinto il premio per la miglior regia al Festival di Cannes.		La bella attrice di origine umbra vive oggi a Parigi e ha un grande successo internazionale.

Scheda numero 6
Unità 7 - Grammatica e Lessico

Imperfetto			
	parlare	**leggere**	**dormire**
io	parlavo	leggevo	....
tu	parlavi	....	dormivi
lui, lei, Lei	....	leggeva	dormiva
noi	parlavamo	leggevamo	....
voi	parlavate	....	dormivate
loro	....	leggevano	....

Imperfetto irregolare				
	essere	**bere**	**dire**	**fare**
io	ero	bevevo	....	facevo
tu	....	bevevi	dicevi	....
lui, lei, Lei	era	....	diceva	faceva
noi	eravamo	bevevamo	....	....
voi	....	bevevate	dicevate	....
loro	erano	....	....	facevano

Imperfetto e passato prossimo	
Imperfetto	
azione passata abituale-ripetuta	Di solito andavo al lavoro in macchina. Da giovane lui non .... *(studiare)* molto. Venivano ogni giorno a casa mia.
azione in un momento preciso non conclusa	Ieri alle 10 dormivo. Il 3 marzo ero già in Italia. Tre anni fa io .... *(lavorare)* ancora in banca.
Imperfetto + imperfetto	
azioni contemporanee	Mentre mangiavo, leggevo il giornale. Quando parlava, era sempre nervoso. Camminava e .... *(parlare)* al telefonino.
Passato prossimo	
azione conclusa	Sono stato in Italia per una settimana. Sono rimasto a casa tutto il giorno. Ho studiato dalle cinque alle otto. Io .... *(dormire)* fino alle nove stamattina.

Passato prossimo + passato prossimo	
azioni successive concluse	Ha aperto il frigorifero e .... *(prendere)* il latte. Prima ho acceso la luce e poi la tv. Ho chiamato Dino e abbiamo parlato a lungo.
Passato prossimo + imperfetto	
azione in corso interrotta	Mentre camminavo, ... *(incontrare)* Livio. Mentre ero in macchina, è suonato il cellulare.

Verbi modali all'imperfetto
Sono uscito presto perché dovevo incontrare un amico. Dopo una settimana di duro lavoro potevamo finalmente fare una gita. Per qualche motivo Paolo non .... invitare Patrizia.
Verbi modali al passato prossimo
Sono uscito presto perché ho dovuto incontrare un amico. Dopo una settimana di duro lavoro .... finalmente fare una gita. Per qualche motivo Paolo non ha voluto invitare Patrizia.

Il trapassato prossimo
Quando siamo arrivati noi erano partiti. Ero stanco perché .... dormito poco.

Parlare di ricordi
Ricordo che ... Mi ricordo quella volta che ... Non dimenticherò mai ...

Esprimere accordo	Esprimere disaccordo
Sono d'accordo (con te)! Sì, è proprio vero/così! Sì, credo anch'io (lo stesso). Sì, è vero! / Hai ragione!	Non sono d'accordo (con quel che dici)! Non credo. No, non penso. No, penso di no. Non è vero!

Fare la spesa

Progetto italiano 1 — Unità 8

Elementi comunicativi e lessicali	- Fare la spesa al supermercato - Motivare la scelta di un prodotto - Esprimere gioia, rammarico o disappunto - Fare la spesa specificando la quantità - Offrire, accettare, rifiutare un aiuto - Tipi di contenitori e di negozi
Elementi grammaticali	- Pronomi diretti - *Lo so, Lo sapevo, Lo saprò* - Pronome partitivo *ne* - Pronomi diretti nei tempi composti - *L'ho saputo - L'ho conosciuto/a* - Pronomi diretti con i verbi modali - *Ce l'ho - Ce n'è*
Civiltà	- Dove fare la spesa - Prodotti tipici italiani
Materiale necessario	*Sezione A, punto 7, attività di fissaggio*: alcune fotocopie della scheda numero 1 a pagina 115 *Sezione D, punto 2, attività di fissaggio*: alcune fotocopie della scheda numero 2 a pagina 116 *Sezione E, punto 2, role-play guidato*: alcune fotocopie della scheda numero 3 a pagina 117 *SU E GIÙ A FARE LA SPESA!*: alcune fotocopie della scheda numero 4 a pagina 118 e alcuni dadi *Grammatica e Lessico*: alcune fotocopie della scheda numero 5 alle pagine 119 e 120

Per cominciare...

1
- In plenum osservate le immagini e invitate gli studenti ad associarvi le parole date.
- Chiedete agli studenti quali tra i prodotti indicati comprano più spesso e volentieri.

Soluzione: 1. yogurt, 2. biscotti, 3. latte, 4. caffè, 5. parmigiano, 6. mele, 7. arance, 8. prosciutto

2
- Fate ascoltare il dialogo chiedendo agli studenti di concentrarsi sui prodotti di cui parlano le due ragazze.
- Procedete al riscontro in plenum.

Soluzione: caffè, biscotti, mele, banane, formaggio

3
- Fate ascoltare nuovamente il dialogo con l'obiettivo di indicare, tra quelle date, le affermazioni corrette.

- Procedete al riscontro in plenum.
Soluzione: 1, 4, 5, 6

A *Per me due etti di Parmigiano.*

1
- Fate ascoltare di nuovo il dialogo per dare la possibilità agli studenti di confermare o meno le proprie risposte all'attività precedente.

2
- Fate ascoltare ancora il dialogo chiedendo ai corsisti di leggere contemporaneamente il testo e di concentrarsi sulla pronuncia.

- Invitate gli studenti a sottolineare le parole rispetto alle quali hanno qualche difficoltà di pronuncia e poi, se necessario, fate ascoltare ancora al fine di risolvere i dubbi.

- Fate lavorare gli studenti in coppia chiedendo loro di assumere i ruoli di Ilaria e Donatella e di leggere il dialogo.

107

3

- Invitate gli studenti a porsi reciprocamente le domande relative al dialogo e a rispondere.
  Soluzione: 1. Perché Sergio preferisce *Illy* alle altre marche; 2. Perché a Sergio piacciono tanto e perché la confezione è più economica; 3. Compra le banane perché non ci sono le mele rosse che piacciono a Sergio, ma soltanto quelle verdi; 4. Ilaria compra due etti di Parmigiano Reggiano e Donatella compra il Grana Padano

4

- Scrivete alla lavagna:

    Le ricordo   *Lo prendi anche tu?*

- Riflettete in plenum: le due frasi sono presenti nella prima battuta di Donatella, nel dialogo del punto A1. Esaminate la prima, *le ricordo*. Che cosa ricorda Donatella? Lasciate che gli studenti vi suggeriscano la risposta, ovvero Donatella ricorda le cose che deve comprare. Passate quindi alla seconda *lo prendi anche tu?* Che cosa prende Ilaria? Ilaria prende il caffè.

- Annotate le frasi della battuta alla lavagna e scrivete accanto il loro equivalente. Sostituite il pronome con l'informazione per esteso, facendovela suggerire dagli studenti:

    Le ricordo = Ricordo le cose che devo comprare
    Lo prendi anche tu? = Prendi anche tu il caffè?

- Che cosa sostituiscono i pronomi *le* e *lo*?

    le = le cose   *lo = il caffè*

- Invitate gli studenti a ricercare nel dialogo altri pronomi simili a *le* e *lo*.

- Procedete al riscontro in plenum, chiedendo agli studenti di indicarvi a quali sostantivi si riferiscono i pronomi individuati.

- Annotate il risultato alla lavagna:

    ne = tre, quattro caffè   *lo, lo, lo, lo = caffè*
    li = i biscotti   *le, le = mele*
    Lo = questo, questa cosa   *lo = Sergio*

5

- Fate lavorare gli studenti individualmente e chiedete loro di completare il dialogo tra Donatella e Giorgia con i pronomi dati.

- Procedete al riscontro in plenum.
  Soluzione: lo, lo, li, li, li, le, le, le, lo

6

- Invitate gli studenti a riassumere brevemente per iscritto il dialogo introduttivo.

7

- Osservate in plenum le tre domande e le tre risposte: ancora una volta possiamo provare a sostituire i pronomi con i sostantivi a cui si riferiscono e quindi avremo la seguente situazione:

    lo = il caffè   *le = le banane*
    la = Giorgia

- Analizziamo solamente le risposte:

    Perché lo preferisco agli altri.
    No, le trovo troppo mature.
    Sì, la conosco bene.

- Naturalmente se leggiamo solamente la risposta non riusciamo a capire il messaggio e potremmo porre delle domande:

    Che cosa preferisce agli altri? il caffè (lo)
    Che cosa trova troppo mature? le banane (le)
    Chi conosce bene? Giorgia (la)

- A questo punto possiamo affermare che i pronomi visti finora rispondono alle domande *chi?/che cosa?* e rappresentano quindi il complemento oggetto o oggetto diretto della frase. Una volta che l'oggetto in questione è stato menzionato, è possibile sostituirlo ricorrendo al pronome diretto, per evitare ripetizioni.

- Osservando la tabella vediamo che *mi* e *ti* si riferiscono rispettivamente alla prima e seconda persona singolare, *lo* alla terza persona maschile singolare, *la* alla terza persona femminile singolare, *La* alla forma di cortesia, *ci* e *vi* rispettivamente alla prima e seconda persona plurale, *li* alla terza persona maschile plurale, *le* alla terza persona femminile plurale.

Attività di fissaggio

- Dividete la classe in gruppi di quattro o cinque persone. Fotocopiate la scheda numero 1 a pagina 115 e consegnatene una copia ad ogni gruppo.

- Chiedete agli studenti di immaginare la seguente situazione: in occasione della fine del corso si è deciso di organizzare una serata in allegria. Gli organizzatori hanno fatto una lista delle cose che servono ed ora bisogna suddividersi i compiti e stabilire *chi porta cosa*. Gli studenti inseriscono i loro nomi nella colonna a sinistra della tabella e uno studente comincia ponendo la prima domanda sottostante: *Chi porta la birra?* Gli altri dovranno decidere chi porta la birra, mettere una crocetta in corrispondenza del nome dello studente e dell'oggetto da lui portato e formulare la frase, ad esempio: *La porta Florian*. Colui che porta l'oggetto nominato procederà con la domanda successiva e così via fino a completare la tabella.

- Invitate gli studenti a conservare il loro elaborato.

8

- Fate lavorare gli studenti in coppia: osservando la tabella a turno si risponde alle domande secondo il modello dato.
Soluzione: 1. La faccio io, 2. Le incontro oggi, 3. Ci accompagnano alcuni amici, 4. Sì, lo conosco anch'io, 5. Sì, ma ti sento male

9

- Osservate in plenum le frasi contenute nei fumetti: in questi due casi il pronome *lo* si riferisce all'intera frase precedente o ad una serie di suoi componenti, ovvero *so che il Grana Padana costa di meno* e *non sapevo che non mangi volentieri le mele rosse* quindi assume valore neutro.

- Invitate gli studenti a lavorare in coppia e a completare le risposte con *lo so, lo sapevo, lo saprò*.
Soluzione: 1. No, non lo so; 2. Sì, lo sapevo; 3. Sì, lo so; 4. Lo saprò *stasera*; 5. No, non *lo sapevo*

B *Che bello!*

1

- In plenum osservate i disegni e formulate delle ipotesi: che cosa fanno le persone rappresentate? Qual è il loro stato d'animo?

- Fate ascoltare il dialogo e chiedete agli studenti di abbinare le frasi ai disegni.
Soluzione: (dall'alto al basso e da sinistra verso destra) c, e, a, b, d, f

2

- Osservate in plenum le frasi date: in quali casi la persona che parla è contenta e in quali non lo è?
Soluzione: chi parla è contento nelle frasi c, d, f ; chi parla non è contento nelle frasi a, b, e

- Il plenum leggete le espressioni utilizzate per esprimere gioia e quelle usate per esprimere rammarico o disappunto.

3

- Fate lavorare gli studenti individualmente e lasciate loro il tempo per completare le frasi con le espressioni appena viste.

- Procedete al riscontro in plenum.
Soluzione: Accidenti/Mannaggia – Che bella notizia/Che bello – Che bello/Che bella sorpresa – Peccato/Che peccato – Che rabbia/Che brutta notizia/Accidenti/Mannaggia/Peccato/Che peccato – Che bello

4

- Fate lavorare gli studenti in coppia: invitateli ad alternarsi nei ruoli di A e B e a svolgere il role-play dato.

C *Quanto ne vuole?*

1

- Lasciate agli studenti qualche minuto di tempo a disposizione per mettere in ordine il dialogo.

- Procedete al riscontro in plenum.
Soluzione: 1, 4, 5, 8, 6, 7, 3, 2

2

- Scrivete alla lavagna:

> *ne prendo tre*
> *ne prendo due*
> *quanto ne vuole?*

- Riflettete in plenum: le tre frasi sono contenute nel dialogo al punto 1. Esaminate la prima, *ne prendo tre*: *Che cosa prende la signora?* Lasciate che gli studenti vi suggeriscano la risposta, ovvero *La signora prende tre etti di prosciutto crudo*. Passate quindi alla seconda *ne prendo due*: *Che cosa prende la signora? La signora prende due litri di latte*. Infine la terza frase *Quanto ne vuole?*: *Che cosa vuole la signora? La signora vuole una certa quantità di prosciutto*.

- Annotate le frasi alla lavagna e scrivete accanto il

loro equivalente sostituendo il pronome con l'informazione per esteso, facendovela suggerire dagli studenti:

Ne prendo tre = Prendo tre etti di prosciutto crudo
Ne prendo due = Prendo due litri di latte
Quanto ne vuole? = Quanto prosciutto vuole?

- Che cosa sostituisce il pronome *ne*?

ne = (tre etti) di prosciutto crudo
ne = (due litri) di latte
ne = (una certa quantità) di prosciutto

- Analizziamo ancora le frasi:

Ne prendo tre
Ne prendo due
Quanto ne vuole?

- Anche in questo caso se leggiamo solamente queste frasi non riusciamo a capire il messaggio e potremmo porre delle domande:

Che cosa prende? Prendo 3 etti di prosciutto crudo = ne prendo 3 etti
Che cosa prende? Prendo 2 litri di latte = ne prendo 2 litri

- A questo punto possiamo affermare che il pronome *ne*, come gli altri pronomi diretti visti alla sezione A, risponde alle domande *chi?/che cosa?* e rappresenta quindi il complemento oggetto o oggetto diretto della frase. In questo caso però il pronome si usa per indicare una determinata quantità del sostantivo a cui si riferisce e non cambia in relazione al numero e al genere del sostantivo stesso.

- Osservate in plenum la tabella: oltre a quanto detto possiamo notare che *ne* si usa nella negazione assoluta *non ne conosco nessuna*, ma non si usa con *tutto/i/a/e*, infatti nei casi in cui è presente *tutto*, non ci si riferisce più ad una quantità dell'elemento in questione, ma all'intero, all'intera quantità dell'elemento.

3

- Invitate gli studenti a lavorare in coppia: a turno si rivolgono le domande date e rispondono tenendo conto degli esempi forniti in tabella.
Soluzione: 1. Ne vorrei un chilo; 2. Io ne prendo tre; 3. Sì, ne compro una dozzina di bottiglie; 4. Ne abbiamo quattro; 5. No, ne compro solo uno

4

- Fate lavorare gli studenti in coppia e invitateli a svolgere un dialogo simile a quello del punto C1 con l'aiuto delle parole date.

D *Dove li hai comprati?*

1

- Fate lavorare gli studenti in coppia. Il compito consiste nel leggere il dialogo e rispondere alle domande.

- Procedete al riscontro in plenum.
Soluzione: 1. Li ha comprati da *Bulgari*, 2. Le ha comprate per il matrimonio di Alessia, 3. Perché Alessia e Fabrizio non l'hanno invitata al loro matrimonio, 4. Dino e altri vecchi amici

2

- Scrivete alla lavagna:

● *Che begli orecchini! Dove li hai comprati?*
○ *Li ho comprati da* Bulgari.

○ *A me piacciono le tue scarpe.*
● *Grazie! Le ho comprate per il matrimonio di Alessia.*

- Anche in questo caso *li* e *le* sostituiscono il complemento oggetto, *gli orecchini* e *le scarpe*. Invitate gli studenti a riflettere sulle frasi *Li ho comprati da* Bulgari e *Le ho comprate per il matrimonio di Alessia* e chiedete loro se notano qualcosa di particolare. Discutete insieme: le due frasi in questione sono al passato prossimo e hanno come ausiliare il verbo *avere*. Nonostante ciò il participio passato è declinato per genere e numero a seconda del sostantivo a cui si riferisce il pronome diretto che precede il verbo.

- In plenum osservate la tabella. Fate osservare che per le forme singolari del pronome diretto di terza persona *lo* e *la* è possibile l'elisione della vocale davanti al verbo *avere*. Nel caso dei pronomi plurali, invece, la vocale si conserva per distinguerli dalle rispettive forme singolari.

Attività di fissaggio

- Ricostituite i gruppi formati per l'attività del punto A7. Fotocopiate la scheda numero 2 a pagina 116 e consegnatene una copia ad ogni gruppo.

- Chiedete agli studenti di immaginare stavolta la seguente situazione: dopo essersi preoccupati di dividersi i compiti in relazione a quanto da procurare per la festa di fine corso, è finalmente arrivato il giorno stabilito e, prima di iniziare a preparare, si controlla che tutto sia veramente disponibile. Gli studenti inseriscono i loro nomi nella colonna a sinistra della tabella e uno studente comincia ponendo la prima domanda sottostante: *Chi ha portato la birra?* Gli altri dovranno cercare di ricordare chi aveva il compito di portare la birra, mettere una crocetta in corrispondenza del nome dello studente e dell'oggetto da lui portato e formulare la frase, ad esempio: *L'ha portata Florian.* Chi risponde procederà con la domanda successiva e così via fino a completare la tabella.

- Al termine gli studenti possono confrontare il foglio dell'attività del punto A7 con quello appena elaborato e vedere se i piani sono stati rispettati o meno!

3
- Invitate gli studenti a lavorare in coppia: a turno si rivolgono le domande date e rispondono secondo il modello.
- Procedete al riscontro in plenum.
Soluzione: 1. Li ho visitati l'anno scorso; 2. No, ne abbiamo lette solo alcune; 3. Sì, l'ho comprato ieri; 4. Sì, le abbiamo conosciute tutte; 5. Ne ho letto solo uno; 6. Perché oggi ne ho già presi tre

4
- Invitate gli studenti a lavorare in coppia: questa volta si tratta di completare il dialogo con la forma verbale giusta tra quelle date a piè pagina.
- Procedete al riscontro in plenum.
Soluzione: 1. lo sapevi, 2. L'ho saputo, 3. l'ha conosciuto, 4. Lo aveva conosciuto, 5. l'ho saputo

5
- Osservate la tabella e discutete della differenza di significato tra *l'ho saputo* e *lo sapevo*, *la conoscevo* e *l'ho conosciuta*: *lo sapevo* e *la conoscevo* indicano uno stato in cui si trovava il parlante che è quello di *sapere/non sapere*, *conoscere/non conoscere* qualcuno o qualcosa. Le due espressioni al passato prossimo invece, *l'ho saputo* e *l'ho conosciuta*, indicano l'azione di *venire a sapere* qualcosa o *fare la conoscenza* di qualcuno in un momento preciso.

E *Ti posso aiutare?*

1
- Fate ascoltare i mini dialoghi e chiedete agli studenti di indicare se chi risponde accetta o rifiuta l'aiuto offerto.
- Procedete al riscontro in plenum.
Soluzione: accetta: 2, 3, 4; non accetta: 1, 5, 6

2
- Richiamate l'attenzione degli studenti sulle espressioni presenti in tabella, utili ad offrire collaborazione e aiuto, ad accettarli e a rifiutarli.
- Fate ascoltare di nuovo i mini dialoghi e chiedete agli studenti di indicare quali espressioni, tra quelle appena viste, hanno ascoltato.
- Procedete al riscontro in plenum.
Soluzione: Ti posso aiutare?; No, grazie; Vuoi una mano?; La posso aiutare?; La ringrazio tanto; Hai bisogno di aiuto?; Posso fare qualcosa?; Grazie, molto gentile

Role-play guidato
- Fotocopiate la scheda numero 3 a pagina 117. Fate lavorare gli studenti in coppia e consegnate ad ognuna una scheda. Invitate gli studenti a ripetere più volte il dialogo, sostituendo le informazioni scritte in caratteri diversi con quelle contenute nei riquadri sottostanti, con lo stesso carattere.

3
- Invitate gli studenti a lavorare in coppia e, alternandosi, a utilizzare le espressioni viste per svolgere i brevi dialoghi indicati nel role-play.

4
- Fate lavorare gli studenti in coppia: il compito consiste nel leggere il dialogo e rispondere alle domande.
- Procedete al riscontro in plenum.
Soluzione: 1. b, 2. b, 3. b

5
- Scrivete alla lavagna:

    mi puoi accompagnare?
    devo comprarlo oggi

- Chiedete agli studenti di indicarvi cosa notano nella posizione dei pronomi *mi* e *lo*.

111

- Riflettete in plenum: i pronomi diretti finora visti compaiono immediatamente prima del verbo. Se osserviamo quanto scritto alla lavagna, vediamo che il pronome appare immediatamente prima del verbo in *mi puoi accompagnare?* e unito all'infinito in *devo comprarlo oggi*. La possibilità di agganciare il pronome all'infinito, che in questi casi perde la *e* finale, dipende dalla presenza dei verbi modali *dovere*, *volere* e *potere*. La posizione del pronome, immediatamente prima del verbo o unito all'infinito diventa quindi una libera scelta del parlante e non incide minimamente sul significato e la correttezza della frase.

6

- Sulla base di quanto detto, invitate gli studenti a completare la tabella.
- Procedete al riscontro in plenum.

Soluzione: Ti, *veder*ci, Vi, *accompagnar*le

7

- Invitate gli studenti a lavorare in coppia e, alternandosi, a dare due risposte per ogni domanda, come esemplificato dal modello.

Soluzione: 1. La devo parcheggiare qui/Devo parcheggiarla qui perché è l'unico posto, 2. Li vogliamo invitare/Vogliamo invitarli perché sono nostri amici, 3. Le vuole accompagnare/Vuole accompagnarle perché è tardi, 4. Lo posso consegnare/Posso consegnarlo fra un'oretta, 5. Ne devo comprare/Devo comprarne un chilo

F *Vocabolario*

1

- Fate lavorare gli studenti in coppia. Il compito consiste nel collegare ogni contenitore al proprio contenuto.
- Scrivete alla lavagna:

   Questo/a è un/una...

- Richiamate l'attenzione sulla presenza della preposizione *di* e invitate gli studenti a formulare le frasi per intero, ad esempio *questa è una lattina di Coca cola*, *questo è un tubetto di dentifricio* ecc.
- Procedete al riscontro in plenum.

Soluzione: una lattina di Coca cola, un tubetto di dentifricio, un vasetto di marmellata, una scatoletta di tonno, una bottiglia d'acqua, un pacchetto di spaghetti

2

- In plenum osservate le immagini dei vari negozi e invitate gli studenti ad abbinarli ai prodotti della lista.
- Procedete al riscontro in plenum, sottolineando l'alternarsi delle diverse preposizioni *in* e *al* davanti ai sostantivi che indicano i tipi di negozi e *dal* davanti al sostantivo relativo alla persona che vende un certo tipo di prodotto.

Soluzione: compriamo: 1. un dizionario in libreria, 2. un mazzo di rose dal fioraio, 3. uno yogurt al supermercato, 4. i dolci in pasticceria, 5. un medicinale in farmacia, 6. un chilo di arance dal fruttivendolo, 7. il pane in panetteria, 8. i gamberi freschi dal pescivendolo

- Discutete in plenum: tutti i prodotti della lista possono essere acquistati al supermercato oppure nei relativi negozi specializzati. Quali sono le abitudini degli studenti? Dove preferiscono fare la spesa?

G *Ce l'hai o no?*

1

- Fate lavorare gli studenti in coppia. Il compito consiste nel leggere il dialogo e mettere in ordine cronologico le affermazioni sottostanti.
- Procedete al riscontro in plenum.

Soluzione: *1. a*, 2. b, 3. e, 4. d, 5. c

2

- Scrivete alla lavagna:

  ● *Hai la lista della spesa?*
  ○ *Sì, ce l'ho.*

- Riflettete in plenum: il pronome *l'* sta per *la* e si riferisce alla lista della spesa. Nella risposta però è presente anche il pronome *ci* che davanti ad un altro pronome si trasforma in *ce*. In questo caso *ci*, trasformato in *ce* è un semplice rinforzo semantico e fonico che però in frasi di questo genere diventa obbligatorio, infatti la semplice risposta *Sì, l'ho* non si usa. Osservando la tabella è possibile vedere come le risposte alle domande presenti richiedano l'utilizzo costante di *ce*.

Attività di fissaggio

Scrivete alla lavagna:

● *Hai le chiavi?*
○ *Sì, ce le ho.*

● *Hai il telefonino?*
○ *No, non ce l'ho.*

- Dividete la classe in due gruppi. A turno ogni gruppo deve rivolgervi delle domande per cercare di indovinare gli oggetti, naturalmente non visibili, che avete con voi al momento. Stabilite un massimo di domande, ad esempio 15.

- Assegnate un punto per ogni domanda a cui risponderete affermativamente e dichiarate vincitore il gruppo che detiene il maggior punteggio al termine delle 15 domande.

- Nella seconda fase dell'attività gli studenti lavorano in gruppi di tre persone: due studenti domandano a turno che cosa ha con sé al momento il terzo studente. Chi, su quindici, formula il maggior numero di domande a cui il compagno risponderà in modo affermativo, ha diritto ad essere colui che sarà interrogato dagli altri due compagni.

3

- Invitate gli studenti a lavorare in coppia e, alternandosi, a dare le risposte alle domande indicate.
Soluzione: 1. Ce n'è una; 2. Sì, ce ne sono due; 3. Ce li ha Pamela; 4. No, non ce l'ho io; 5. Sì, ce le abbiamo

H *Abilità*

1

- Fate ascoltare la traccia 42 (esercizio 21, pagina 86 del *Quaderno degli esercizi*) e invitate gli studenti a: a) indicare i prodotti acquistati da Guido e Grazia e b) rispondere alle domande.

- Procedete con il riscontro in plenum.
Soluzione: a) latte, formaggio, *Kinder* allo yogurt, olio biologico, sugo *Barilla*, funghi, detersivo, caffè, crema idratante, gel, shampoo e dentifricio. b) 1. A Grazia piace solo lo yogurt alla frutta ogni tanto; 2. Scelgono il sugo *Barilla* perché è più buono; 3. Comprano *Lavazza* perché è in offerta speciale; 4. I ragazzi, alla fine, comprano la crema idratante, il gel per i capelli, uno shampoo e un dentifricio

2

- Sulla base delle due situazioni date, invitate gli studenti ad alternarsi nei ruoli di A e B e a svolgere i due dialoghi del role-play.

3

- Chiedete ai corsisti di scrivere una breve storia cominciando con le parole indicate. Tale attività potrà essere svolta sia come compito a casa che in classe. In entrambi i casi chiedete agli studenti di consegnarvi i propri elaborati affinché possiate restituirli corretti.

Conosciamo l'Italia

Dove fare la spesa

- Invitate gli studenti a leggere individualmente il testo sui negozi italiani a pagina 130 del *Libro dello studente* e a indicare le informazioni in esso presenti. A tale scopo esortateli ad avvalersi dell'aiuto offerto dal glossario in fondo a pagina 131 ed eventualmente di un buon dizionario.

- Procedete al riscontro in plenum.
Soluzione: 1, 3, 4

Prodotti tipici italiani

- Invitate gli studenti a leggere individualmente i brevi testi sui prodotti tipici italiani a pagina 131 e ad abbinare le informazioni al testo giusto. A tale scopo esortateli ad avvalersi dell'aiuto offerto dal glossario in fondo alla pagina ed eventualmente di un buon dizionario.

- Procedete al riscontro in plenum.
Soluzione: 1. b, 2. c, 3. c, 4. b, 5. a, 6. a

- Esortate gli studenti ad usufruire delle attività on-line previste dall'unità 8.

Autovalutazione

- Invitate gli studenti a svolgere individualmente il test di autovalutazione e a controllare le soluzioni a pagina 191 del *Libro dello studente*.

SU E GIÙ A FARE LA SPESA!

- Fate lavorare gli studenti in gruppi di tre-cinque persone. Fotocopiate la scheda numero 4 a pagina 118 e consegnatene una copia ad ogni gruppo, insieme ad un dado.

- Il primo studente lancia il dado ed avanza fino alla casella corrispondente al numero tirato. Lì deve eseguire il compito richiesto e gli altri devono decidere se la sua risposta è corretta o meno. Se la

113

risposta è corretta, lo studente può rimanere nella casella, altrimenti deve tornare alla casella da cui è partito. Se lo studente arriva in una casella con la freccia rivolta verso l'alto può salire alla casella indicata dalla freccia. Se arriva in una casella con la freccia rivolta verso il basso deve scendere alla casella indicata dalla freccia. Vince colui che arriva primo al traguardo.

Grammatica e Lessico

- Fotocopiate la scheda numero 5 alle pagine 119 e 120, distribuite le fotocopie agli studenti e chiedete di completarle con gli elementi grammaticali e lessicali mancanti.

- Fate confrontare il risultato prima con il compagno di banco e poi con gli schemi presenti nel testo nel corso dell'unità 8.

- Lasciate agli studenti il tempo per concentrarsi su questa attività di ripetizione e controllo e invitateli a riferire eventuali dubbi o argomenti che non sono chiari per poterli discutere in plenum.

Scheda numero 1
Unità 8 - Sezione A7, Attività di fissaggio

birra	spaghetti	sugo di pomodoro	vino	caffè	frutta	bibite	patatine	formaggi	dolce	insalata	salumi	macchina fotografica	CD	piatti e bicchieri di carta	posate di plastica

Chi porta la birra? La porta .... Chi porta il caffè?

Chi porta i formaggi? .... Chi porta la macchina fotografica?

Chi porta gli spaghetti? .... Chi porta la frutta?

Chi porta il dolce? .... Chi porta i CD?

Chi porta il sugo di pomodoro? .... Chi porta le bibite?

Chi porta l'insalata? .... Chi porta piatti e bicchieri di carta?

Chi porta il vino? .... Chi porta le patatine?

Chi porta i salumi? .... Chi porta le posate di plastica?

Scheda numero 2
Unità 8 - Sezione D2, Attività di fissaggio

birra	spaghetti	sugo di pomodoro	vino	caffè	frutta	bibite	patatine	formaggi	dolce	insalata	salumi	macchina fotografica	CD	piatti e bicchieri di carta	posate di plastica

Chi ha portato la birra? L'ha portata ....

Chi ha portato i formaggi? ....

Chi ha portato gli spaghetti? ....

Chi ha portato il dolce? ....

Chi ha portato il sugo di pomodoro? ....

Chi ha portato l'insalata? ....

Chi ha portato il vino? ....

Chi ha portato i salumi? ....

Chi ha portato il caffè? ....

Chi ha portato la macchina fotografica? ....

Chi ha portato la frutta? ....

Chi ha portato i CD? ....

Chi ha portato le bibite? ....

Chi ha portato piatti e bicchieri di carta? ....

Chi ha portato le patatine? ....

Chi ha portato le posate di plastica? ....

Scheda numero 3
Unità 8 - Sezione E2, Role-play guidato

- Non so come fare! Non ho trovato il libro di storia per l'esame...

- Dai, non preoccuparti. **Ti posso aiutare?**

- *Grazie, ma non importa*. ... Il problema è che sono andata in tutte le librerie della città: è esaurito dappertutto!

- Lo so! Ma posso chiedere a Laura. Lei lo aveva comprato l'anno scorso.

- Davvero? **Grazie!** Sei molto gentile!

- Non c'è di che! Piuttosto il problema è l'esame... Io non so da dove cominciare!

- **Hai bisogno di aiuto?** Se vuoi ho tutti gli appunti e magari possiamo studiare insieme.

- Oh, questa sì che è una bella notizia!

Posso darti una mano?

Vuoi una mano?

Posso essere d'aiuto?

No, grazie, non fa niente!

Ti ringrazio, ma non serve!

Grazie, ma non è possibile!

Ti ringrazio!

Grazie mille!

Grazie davvero!

Posso fare qualcosa per te?

Ti posso aiutare?

Serve aiuto?

Scheda numero 4
Unità 8 - SU E GIÙ A FARE LA SPESA!

36 **Arrivo**	31 Prova a dire il nome di almeno quattro prodotti che puoi comprare dal fruttivendolo.	30 Quali sono gli ingredienti del tiramisù?	19 Come si chiama il contenitore del dentifricio?	18 Chiedi ad un compagno quanti libri legge in un anno.	7 Quali sono gli ingredienti principali della pizza?	6 Lancia il dado un'altra volta!
35 Cosa dici per accettare un aiuto?	32	29	20 Dove hai comprato i libri di italiano?	17	8 Lancia il dado un'altra volta!	5 Chiedi a un tuo compagno quanti caffè beve al giorno.
34 Lancia il dado un'altra volta!	33 Dove hai comprato le scarpe che indossi in questo momento?	28 Prova a dire il nome di almeno quattro prodotti che puoi comprare al supermercato.	21 Come si chiama il contenitore del tonno?	16 Cosa dici per esprimere rammarico?	9 Da quale città proviene il prosciutto più famoso d'Italia?	4 Cosa dici per esprimere gioia?
27 Cosa dici per offrire aiuto?	26	22	15 Come si chiama il contenitore della marmellata?	10 Prova a dire il nome di almeno quattro prodotti che puoi comprare dal tabaccaio.	3	2 Il nome di due formaggi italiani molto famosi.
25 Come si chiama il contenitore dell'acqua?	24 Cosa hai comprato l'ultima volta che hai fatto la spesa?	23 Chiedi ad un compagno quanta pasta mangia in media in una settimana.	14 Prova a dire il nome di almeno quattro prodotti che puoi comprare in pasticceria.	11	12 Cosa dici per rifiutare un aiuto?	13
					1 **Partenza**	

Scheda numero 5
Unità 8 - Grammatica e Lessico

Pronomi diretti	
mi salutano	salutano me
.... ascolto con attenzione	ascolto te
lo troviamo molto bello	troviamo lui molto bello
.... incontro ogni giorno	incontro lei ogni giorno
La ringrazio vivamente	ringrazio Lei
ci conosce bene	conosce noi bene
vi prego di non fumare	prego voi di non fumare
.... chiamo spesso	chiamo loro spesso
le vedo per strada	vedo loro per strada

Il pronome partitivo *ne*	
Quanti caffè bevi al giorno?	Ne bevo almeno due.
Vuole anche del pane, signora?	Sì, ... vorrei un chilo.
Hai bevuto molto vino ieri?	No, ne ho bevuto solo un bicchiere.
Conosci quelle ragazze?	No, non .... conosco nessuna.
Compri spesso riviste?	Sì, ne compro molte ogni mese.
Quanti amici italiani hai?	Ormai ne ho parecchi.

I pronomi diretti nei tempi composti
Quel ragazzo l'ho conosciut....... un anno fa.
Quella ragazza l'ho vista proprio ieri.
Quei ragazzi li ho incontrati la settimana scorsa.
Quelle ragazze le ho invitat....... a casa mia.
Di amici veri ne ho avut....... uno solo.
Di lettere non ne ho ricevuta nessuna.
Di film italiani ne ho vist....... molti.
Di gite ne ho fatte tantissime.

I pronomi diretti con i verbi modali	
Mi puoi portare a casa?	Puoi portar....... a casa?
.... devo convincere.	Devo convincerti.
Lo voglio comprare.	Voglio comprar.......
.... devo invitare.	Devo invitarla.
Signorina, non La posso aiutare.	Signorina, non posso aiutar.......
Ci vogliono vedere.	Vogliono vederci.
Vi devono conoscere.	Devono conoscer.......
Non li posso incontrare.	Non posso incontrarli.
.... voglio accompagnare.	Voglio accompagnarle.
Di pillole ne devo prendere una al giorno.	Devo prender....... una al giorno.
Di esperienze .... voglio fare molte.	Di esperienze voglio farne molte.
Di soldi ne posso spendere pochi.	Di soldi posso spender....... pochi.

Esprimere gioia	Esprimere rammarico, disappunto
Che bello!	Peccato!
Che bella idea!	Che peccato!
Che bella giornata!	Mannaggia!
Che bella sorpresa!	Accidenti!
Che bella notizia!	Che .... notizia!
Che fortuna!	Che rabbia!

Lo so!	
Sapevi che andavano a vivere insieme?	No, non .... sapevo.
Come hai saputo del matrimonio di Alessia?	L'ho saputo da un'amica comune.
Conoscevi la sorella di Loredana?	Sì, la .... già.
Dove l'hai conosciuta?	L'ho conosciuta ad una festa.

Offrire collaborazione/aiuto	Accettare	Rifiutare
Ti posso aiutare? Vuoi una mano? Posso .... d'aiuto? Hai bisogno di aiuto/di qualcosa? Posso .... qualcosa per te/per Lei? La posso aiutare in qualche modo?	Grazie, sei molto gentile! Volentieri! La .... tanto!	Grazie, ma non importa. No, grazie, non .... niente. Grazie, faccio anche da solo.

Ce l'ho!	
Hai il permesso di soggiorno?	Sì, ce l'ho.
Hai la carta di credito?	No, non .... l'ho ancora.
Hai tu i nostri passaporti?	Sì ce li .... io.
Hai per caso le mie chiavi?	No, mi spiace, non ce le ho.
C'è del vino?	Sì, ce n'è una bottiglia.
C'è un portacenere?	No, non ce n'è nemmeno uno.
Ci sono molti turisti in Italia?	Sì, ce ne .... molti.
Ci sono abbastanza olive verdi?	Ce ne sono, ma poche.

In giro per i negozi

Unità 9

Progetto italiano 1

Elementi comunicativi e lessicali	- Raccontare un incontro - Espressioni utili per fare le spese: taglia, numero, colore, stile, prezzo, pagamento in contanti o con carta di credito - Capi di abbigliamento - Colori - Chiedere ed esprimere un parere - Espressioni e verbi impersonali
Elementi grammaticali	- Verbi riflessivi - Verbi riflessivi reciproci - Verbi riflessivi nei tempi composti - Verbi riflessivi con i verbi modali - Forma impersonale
Civiltà	- La moda italiana
Materiale necessario	*Sezione A, punto 6, attività di fissaggio*: alcune fotocopie della scheda numero 1 a pagina 128 e alcuni dadi *Sezione A, punto 9, attività di fissaggio*: alcune fotocopie della scheda numero 1 a pagina 128 e alcuni dadi *Sezione B, punto 5, role-play guidato*: alcune fotocopie della scheda numero 2 a pagina 129 *Sezione F, punto 3, attività di fissaggio*: alcune fotocopie della scheda numero 3 a pagina 130 e alcuni dadi *SU E GIÙ A FARE LE SPESE!*: alcune fotocopie della scheda numero 4 a pagina 131 e alcuni dadi *Grammatica e Lessico*: alcune fotocopie della scheda numero 5 alle pagine 132 e 133

Per cominciare...

1
- In plenum osservate le immagini e invitate gli studenti a cercare di individuare quale negozio vende abiti, quale scarpe e quale accessori vari.
Soluzione (da sinistra a destra): scarpe, accessori, abiti

2
- Osservate le immagini a pagina 134: a quali situazioni si riferiscono? Se le consideriamo le illustrazioni di una storia, che tipo di storia possiamo immaginare? Lasciate che gli studenti formulino le loro ipotesi.

3
- In plenum leggete il test a risposta multipla.
- Fate ascoltare il dialogo chiedendo agli studenti di concentrarsi sulle informazioni necessarie ad individuare le affermazioni esatte tra quelle proposte dal test.

- Procedete al riscontro in plenum.
Soluzione: 1. b, 2. a, 3. b, 4. b

A *Un incontro*

1
- Fate ascoltare di nuovo il dialogo per dare la possibilità agli studenti di confermare o meno le proprie risposte all'attività precedente.

2
- Invitate gli studenti ad osservare i disegni della pagina precedente e a collegare ognuno di essi ad un verbo del dialogo.

- Procedete al riscontro in plenum.
Soluzione: 1. mi sento (proprio) distrutto, 2. mi alzo alle sette, 3. ci eravamo incontrati, 4. ci siamo divertiti, 5. ti sei innamorato

3
- Fate ascoltare ancora il dialogo chiedendo ai corsi-

121

sti di leggere contemporaneamente il testo e di concentrarsi sulla pronuncia.

- Invitate gli studenti a sottolineare le parole rispetto alle quali hanno qualche difficoltà di pronuncia e poi fate ascoltare ancora, se necessario, al fine di risolvere i dubbi.

- Fate lavorare gli studenti in coppia chiedendo loro di assumere i ruoli di Carlo e Vittorio e di leggere il dialogo.

- Invitate gli studenti a porsi reciprocamente le domande relative al dialogo e a rispondere.

- Procedete al riscontro in plenum.
Soluzione: 1. Perché ieri sera ha fatto le ore piccole, 2. È andato alla sua festa, 3. Si erano incontrati l'anno scorso, 4. Si rivedranno domani sera

4

- Fate lavorare gli studenti individualmente e chiedete loro di completare il dialogo tra Dacia e Carlo con i verbi dati.

- Procedete al riscontro in plenum.
Soluzione: si è divertito, si è innamorato, si erano visti, si rivedranno, si sono sentiti, ti puoi fidare

5

- Invitate gli studenti a riassumere brevemente per iscritto il dialogo tra Carlo e Vittorio.

6

- Scrivete alla lavagna:

    *vest*ire   *vest*irsi

- Analizzate in plenum: il verbo *vestire* è un verbo regolare della terza coniugazione. Coniugatelo, scrivendolo alla lavagna:

    vesto
    vesti
    veste
    vestiamo
    vestite
    vestono

- Si può osservare l'esempio dato di utilizzo del verbo *vestire*: *Patrizia veste la sua bambina*. In questo caso il soggetto, *Patrizia*, compie un'azione rispetto all'oggetto, *la sua bambina*.

- Il verbo *vestirsi* è un verbo riflessivo, come possiamo vedere dal pronome riflessivo *si* unito all'infinito. Se osserviamo l'esempio dato, *Patrizia si veste*, notiamo che il soggetto e l'oggetto coincidono, infatti il significato della frase è *Patrizia veste se stessa*.

- Passando ad osservare il verbo *divertirsi*, presente in tabella, possiamo innanzitutto vedere che questo, come *vestirsi*, è un verbo riflessivo. Con i verbi riflessivi dobbiamo coniugare il verbo normalmente e farlo precedere dal pronome riflessivo opportuno. A tale scopo invitate gli studenti a suggerirvi i due pronomi mancanti, basandosi sugli esempi di verbi riflessivi precedentemente incontrati.
Soluzione: ti, si

- A questo punto potete coniugare anche il verbo *vestirsi*, aggiungendo alla coniugazione di *vestire*, scritta alla lavagna, i relativi pronomi riflessivi *mi, ti, si, ci, vi, si*.

Attività di fissaggio

- Dividete la classe in gruppi di quattro o cinque persone. Fotocopiate la scheda numero 1 a pagina 128 e consegnatene una copia ad ogni gruppo, insieme ad un dado.

- Chiedete agli studenti di scegliersi ognuno la propria pedina e di piazzarla su una casella qualsiasi. A turno uno studente lancia il dado, decide se avanzare o retrocedere rispetto alla casella in cui si trova. A questo punto deve formulare una domanda in base all'azione che trova nella casella in cui giunge e scegliere un compagno al quale rivolgere la domanda, ad esempio *Quando ti senti bene? In quale occasione ti vesti elegantemente?* Il compagno risponde e a sua volta lancia il dado, si sposta verso la casella corrispondente al numero lanciato, procedendo o arretrando e pone una domanda ad un altro studente. Si procede così fino a che tutti gli studenti avranno formulato e risposto a cinque quesiti. Le risposte date vengono annotate in modo da poter riferire alla classe in quale occasione i compagni fanno le cose previste dalla tabella.

7

- Fate lavorare gli studenti in coppia: il compito consiste nell'abbinare le frasi delle due colonne.
Soluzione: 1. e, 2. d, 3. f, 4. a, 5. c, 6. b

8

- Osservate in plenum le frasi contenute nella tabella: in questo caso i verbi sono riflessivi reciproci, in quanto esprimono un'azione che due soggetti compiono scambievolmente. I verbi riflessivi reciproci seguono le regole dei verbi riflessivi per quanto riguarda la loro coniugazione e utilizzano gli stessi pronomi alle tre persone plurali.

- Invitate gli studenti a lavorare in coppia e a coniugare i verbi tra parentesi, quindi procedete al riscontro in plenum.

Soluzione: 1. si amano, 2. si incontrano, si salutano, 3. si danno, 4. vi sentite, 5. ci vediamo

9

- Scrivete alla lavagna:

Ci eravamo incontrati anche l'anno scorso.
Ci siamo divertiti un sacco.
Ti sei innamorato!!!

- Provate ad analizzare le frasi in plenum: che tipo di verbi abbiamo? Qual è il tempo dei verbi in questione? Siamo di fronte a due verbi riflessivi *divertirsi* e *innamorarsi* coniugati al passato prossimo e un riflessivo reciproco *conoscersi*, coniugato al trapassato prossimo. Cosa possiamo notare? I verbi riflessivi e reciproci sono sempre coniugati con l'ausiliare *essere*, pertanto il participio passato del verbo è declinato per numero e genere a seconda del soggetto.

- Osservate in plenum le frasi contenute nella tabella: come possiamo coniugare le due lacune?

Soluzione: Ti sei (innamorato/a), Ci siamo (conosciuti/e)

Attività di fissaggio

- Dividete la classe in gruppi di quattro o cinque persone. Fotocopiate la scheda numero 1 a pagina 128 e consegnatene una copia ad ogni gruppo, insieme ad un dado e scrivete alla lavagna:

Quando/In quale occasione ....
l'ultima volta?

- Chiedete agli studenti di scegliersi una pedina e di piazzarla su una casella qualsiasi. Dopo ogni lancio il gruppo può decidere se avanzare o retrocedere. A turno uno studente lancia il dado, muove la pedina, quindi formula una domanda in base all'azione che trova nella casella in cui giunge e sceglie un compagno al quale rivolge la domanda. Questa volta però la frase è formulata al passato, ad esempio *Quando ti sei sentito/a veramente bene l'ultima volta? In quale occasione ti sei vestito/a elegantemente l'ultima volta?* Il compagno risponde e a sua volta pone una domanda ad un altro studente. Si procede così fino a che tutti gli studenti avranno risposto ad almeno quattro o cinque quesiti. Le risposte date vengono annotate in modo da poter riferire alla classe in quale occasione i compagni hanno fatto le cose previste dalla tabella l'ultima volta.

10

- Invitate gli studenti a lavorare in coppia e a coniugare i verbi tra parentesi, come indicato nell'esempio, quindi procedete al riscontro in plenum.

Soluzione: 1. Ieri sera invece si sono addormentati davanti alla tv, 2. Anche questa volta mi sono lavato le mani, 3. Anche oggi ci siamo sentiti per telefono, 4. Oggi però si è vestito bene, 5. Stamattina mi sono alzato tardi

B *L'ho vista in vetrina...*

1

- In plenum osservate e commentate la foto: dove si trovano le due donne? Di cosa staranno parlando?

- Fate ascoltare una prima volta la registrazione, chiedendo agli studenti di concentrarsi sulle informazioni utili a capire dove e tra chi si svolgono i due dialoghi.

Soluzione: Entrambi i dialoghi si svolgono tra una commessa e una cliente, il primo in un negozio di abbigliamento e il secondo in un negozio di calzature

2

- Fate ascoltare ancora i dialoghi e chiedete agli studenti di scegliere le affermazioni giuste tra quelle date.

Soluzione: 1. a, 2. a, 3. b, 4. a

3

- Fate ascoltare ancora i dialoghi, invitando gli studenti a leggere contemporaneamente il testo al fine di confermare o meno le proprie risposte all'attività precedente.

4

- Dividete la classe in due gruppi. Il gruppo A si occupa del dialogo A e il gruppo B del dialogo B. Il compito consiste nell'analizzare il dialogo cercando di individuare le espressioni utili per fare acquisti.

- Dividete la lavagna in due sezioni e trascrivete le

frasi che gli studenti hanno individuato in ogni dialogo, completando poi con altre espressioni che magari gli studenti non hanno preso in considerazione e che sono comunque utili allo scopo prefissato, fino ad ottenere il seguente quadro:

A	B
C'è anche in bianco?	Vorrei vedere quelle scarpe di pelle in vetrina.
La posso provare?	Ci sono anche in marrone o solo in nero?
Quanto costa?	Posso provare quelle marroni?
Perfetto! La prendo	Quanto vengono?
	Non c'è lo sconto?
	Accettate carte di credito?

Role-play guidato

- Fotocopiate la scheda numero 2 a pagina 129. Fate lavorare gli studenti in coppia e consegnate ad ognuna una scheda. Invitate gli studenti a ripetere più volte il dialogo, sostituendo le informazioni scritte in caratteri diversi con quelle contenute nei riquadri sottostanti, con lo stesso carattere.

5

- Invitate gli studenti a lavorare in coppia e, alternandosi, a utilizzare le espressioni viste per svolgere il dialogo indicato nel role-play.

C Capi di abbigliamento

1

- Fate lavorare gli studenti individualmente. Lasciate loro qualche minuto di tempo per osservare le tre foto con le rispettive associazioni di sostantivi e immagini e per cercare di individuare le due associazioni errate.

- Procedete al riscontro in plenum, invitando gli studenti a porre eventuali domande sul significato dei sostantivi presi in considerazione.
Soluzione: il numero 11 e il numero 13 sono invertiti

2

- Lasciate che gli studenti lavorino ancora individualmente con il compito di abbinare i sinonimi nella tabella a sinistra (a) e i contrari in quella a destra (b).

- Procedete al riscontro in plenum, invitando gli studenti a porre eventuali domande sul significato dei vocaboli presi in considerazione o su altri vocaboli relativi all'abbigliamento.
Soluzione: a) maglietta/t-shirt, pullover/maglione, elegante/raffinato, indossare/portare; b) stretto/largo, corto/lungo, classico/moderno, spogliarsi/vestirsi

3

- Invitate gli studenti a suggerirvi i nomi dei colori utili a completare le tre lacune.
Soluzione: nero, celeste, blu

- Andate in giro per la classe indicando di volta in volta oggetti diversi e chiedete alternatamente agli studenti di che colore sono.

4

- Fate lavorare gli studenti in gruppo. A turno un compagno descrive il capo che vuole comprare tra quelli esposti in vetrina e gli altri cercano di indovinare di quale capo si tratta dicendo la spesa ad esso relativa. Chi indovina procede descrivendo il capo successivo.

5

- A turno gli studenti descrivono l'abbigliamento di un compagno presente in classe e gli altri cercano di indovinare di chi si tratta.

D A che ora ci possiamo vedere?

1

- Invitate gli studenti ad osservare le frasi relative alle due vignette e chiedete loro cosa notano riguardo ai pronomi riflessivi nelle frasi in questione.

- Riflettete in plenum: come possiamo vedere in tabella, qualora nella frase sia presente un verbo modale, *dovere*, *potere*, *volere*, i pronomi riflessivi, come quelli diretti visti nell'unità precedente, possono stare o immediatamente prima del verbo o alla fine, uniti all'infinito in modo da formare un'unica parola.

2

- Fate lavorare gli studenti in coppia: a turno coniugano i verbi tra parentesi sulla base di entrambi i modelli previsti dall'esempio.

- Procedete al riscontro in plenum.
Soluzione: 1. mi posso cambiare/posso cambiarmi, 2. si devono mettere/devono mettersi, 3. se vi volete lavare/se volete lavarvi, 4. ci vogliamo incontrare/vogliamo incontrarci, 5. ti devi arrabbiare/devi arrabbiarti

In giro per i negozi | Unità 9

3

- Osservate le quattro frasi presenti nei fumetti. In questo caso abbiamo dei verbi modali con dei verbi riflessivi al passato prossimo. Se il pronome riflessivo precede il verbo, l'ausiliare da utilizzare è *essere*, se il pronome riflessivo segue il verbo, l'ausiliare da utilizzare è *avere*. Questo vale per tutti i tempi composti.

- Fate lavorare gli studenti in coppia: a turno coniugano i verbi tra parentesi sulla base di entrambi i modelli previsti dall'esempio.

- Procedete al riscontro in plenum.

Soluzione: 1. ti sei voluto vestire/hai voluto vestirti, 2. non si sono potute incontrare/non hanno potuto incontrarsi, 3. ci siamo dovuti rivolgere/abbiamo dovuto rivolgerci, 4. si è voluta occupare/ha voluto occuparsi, 5. non si è potuto difendere/non ha potuto difendersi

E *Cosa ne pensi?*

1

- Fate ascoltare i mini dialoghi e chiedete agli studenti di abbinarli alle immagini.

- Procedete al riscontro in plenum.

Soluzione: a. immagine in alto a sinistra, b. immagine in alto a destra, c. immagine in basso a destra, d. immagine in basso a sinistra

2

- Osservate in plenum le espressioni presenti in tabella, utili a chiedere ed esprimere un parere.

- Richiamate particolare attenzione sulla nota, sottolineando il fatto che *credo che sia* e *penso che sia* sono forme del congiuntivo che si utilizzano in certe strutture di frasi utili ad esprimere un parere. Rimandate al futuro però la spiegazione del congiuntivo.

3

- Invitate gli studenti a lavorare in coppia e, alternandosi, a utilizzare le espressioni viste per svolgere i brevi dialoghi indicati nel role-play.

F *Come si vive in Italia?*

1

- Scrivete alla lavagna:

Come si vive in Italia?

- Invitate gli studenti ad esprimere la loro opinione a proposito, sulla base della loro esperienza o di ciò che conoscono dello stile di vita italiano.

- Fate lavorare gli studenti in coppia e chiedete loro di assumere i ruoli di Jenny e Giorgio e di leggere il dialogo.

- Gli studenti lavorano ancora in coppia e indicano se le affermazioni date sono contenute o meno nel dialogo.

- Procedete al riscontro in plenum.
Soluzione: 2, 5, 6

2

- Scrivete alla lavagna le affermazioni numero 3, 4, 5 e 6.

Non si esce molto la sera in tutte le città italiane. Di solito, quando si esce, si va al cinema o a teatro.
In genere ci si diverte senza spendere tanti soldi.
Alla mensa si mangia bene.

- Chiedete agli studenti di indicarvi il soggetto delle frasi quindi riflettete insieme: il soggetto delle frasi è rappresentato dal *si* impersonale. Il *si* impersonale indica un soggetto indefinito.

3

- Osservate in plenum la tabella: il *si* impersonale può essere anche sostituito da *uno*. In ogni caso il verbo usato impersonalmente per generalizzare l'azione da esso espressa è coniugato alla terza persona singolare. Se il verbo usato impersonalmente con soggetto *si* è un riflessivo abbiamo la seguente situazione:

In Italia si si diverte molto.

In questo caso assistiamo alla trasformazione del primo *si* in *ci*.

In Italia ci si diverte molto.

Attività di fissaggio

- Dividete la classe in gruppi. Fotocopiate la scheda numero 3 a pagina 130 e consegnatene una copia ad ogni gruppo, insieme ad un dado.

- Chiedete agli studenti di scegliersi ognuno la propria pedina e di piazzarla su una casella qualsiasi. A turno uno studente lancia il dado, decide se avanzare o retrocedere rispetto alla casella in cui si trova. A questo punto deve formulare una domanda in base all'azione che trova nella casella in cui giunge e scegliere un compagno al quale rivolgere la domanda, ad esempio *Dove si mangia bene in questa città? Quando ci si arrabbia?* Il compagno risponde e a sua volta lancia il dado, si sposta verso la casella corrispondente al numero lanciato, procedendo o arretrando e pone una domanda ad un altro studente. Si procede così fino a che tutti gli studenti avranno formulato e risposto a cinque quesiti. Eventualmente potete scrivere i due esempi alla lavagna in modo che gli studenti abbiamo un modello di riferimento a loro disposizione.

- Lasciate che gli studenti formulino qualche domanda e qualche risposta in plenum.

4

- Fate lavorare gli studenti in coppia: a turno coniugano i verbi tra parentesi sulla base di entrambi i modelli previsti dall'esempio.

- Procedete al riscontro in plenum.
Soluzione: 1. si deve pagare/uno deve pagare, 2. si mangia/uno mangia, 3. non si telefona/uno non telefona, 4. si spende/uno spende, 5. ci si sposa/uno si sposa

- Richiamate l'attenzione degli studenti sui due esempi di frasi in cui sono presenti gli aggettivi *ottimista* e *stanco*. Nella frase impersonale costruita con il *si* gli aggettivi sono declinati al plurale.

5

- In plenum riflettete sulle espressioni impersonali presenti in tabella. Tutti i verbi in blu sono alla terza persona singolare. La struttura base di queste frasi quindi è:

<u>è</u> + *aggettivo* + *verbo all'infinito*
<u>bisogna</u> + *verbo all'infinito*

- Scrivete la seguente lista alla lavagna:

è possibile ....
bisogna ....
è necessario ....
è meglio ....
è facile ....
è difficile ....
è giusto ....
è inutile ....
è utile ....
è bello ....

- Dividete la classe in gruppi e date agli studenti qualche minuto di tempo per completare le frasi scritte alla lavagna con quante più opzioni possibili.

- Procedete con il riscontro in plenum.

G *Abilità*

1

- Fate lavorare gli studenti individualmente. Il compito consiste nel leggere il resoconto degli acquisti natalizi effettuati dalla signora Andretti e collegare le descrizioni alle immagini.

- Invitate gli studenti a confrontare il proprio abbinamento con quello dei vicini di banco.

- Procedete al riscontro in plenum.
Soluzione: sciarpa rosa di lana per Maria-g, cravatta grigia a righe per Tonino-e, guanti neri di pelle rivestiti di pelliccia per Laura-i, vestito verde a fiori per la signora Andretti-m, maglia blu di cotone a maniche lunghe per il marito-c

2

- Fate ascoltare la traccia 46 (esercizio 21, pagina 100 del *Quaderno degli esercizi*) e invitate gli studenti a indicare le affermazioni esatte.

- Procedete con il riscontro in plenum.
Soluzione: 1. c, 2. c, 3. b, 4. a

3

- Sulla base dei vari quesiti proposti, moderate la conversazione in classe rispetto allo stile di ognuno in fatto di abbigliamento, i luoghi preferiti per fare spese, l'importanza attribuita ai vestiti, i periodi dei saldi e il livello di gradimento della moda italiana nel proprio paese.

4

- Chiedete ai corsisti di scrivere un'email ad un'amica che studia a Roma per informarla del loro prossimo breve viaggio nella capitale, delle spese che hanno intenzione di fare e per chiederle consigli rispetto allo shopping in Italia, in particolare a Roma. Tale attività potrà essere svolta sia come compito a casa che in classe. In entrambi i casi chiedete agli studenti di consegnarvi i propri elaborati affinché possiate restituirli corretti.

In giro per i negozi — Unità 9

Conosciamo l'Italia

La moda italiana

- Invitate gli studenti a leggere individualmente i testi sulla moda e sugli stilisti italiani e a scegliere le informazioni giuste. A tale scopo esortateli ad avvalersi dell'aiuto offerto dal glossario in fondo a pagina 147 ed eventualmente di un buon dizionario.

- Procedete al riscontro in plenum.
Soluzione: 1. b, 2. c, 3. b, 4. a

- Esortate gli studenti ad usufruire delle attività online previste dall'unità 9.

Autovalutazione

- Invitate gli studenti a svolgere individualmente il test di autovalutazione e a controllare le soluzioni a pagina 191 del *Libro dello studente*.

SU E GIÙ A FARE LE SPESE!

- Scrivete alla lavagna:

    Fare le spese   *Fare la spesa*

- Discutete in plenum: *Fare le spese* significa comprare oggetti diversi, di abbigliamento, arredamento, libri, regali ecc. *Fare la spesa* invece significa comprare cibi, bevande e oggetti d'uso quotidiano o frequente (detersivi, sapone ecc.). Ricordate che durante l'unità precedente ci si è occupati del *fare la spesa*, mentre questa volta si tratta di *fare le spese*, o come si dice ormai comunemente *fare shopping*.

- Fate lavorare gli studenti in gruppi di tre-cinque persone. Fotocopiate la scheda numero 4 a pagina 131 e consegnatene una copia ad ogni gruppo, insieme a un dado.

- Il primo studente lancia il dado ed avanza fino alla casella corrispondente al numero tirato. Lì deve eseguire il compito richiesto e gli altri devono decidere se la sua risposta è corretta o meno. Se la risposta è corretta lo studente può rimanere nella casella, altrimenti deve tornare alla casella da cui è partito. Se lo studente arriva in una casella con la freccia rivolta verso l'alto può salire alla casella indicata dalla freccia. Se arriva in una casella con la freccia rivolta verso il basso deve scendere alla casella indicata dalla freccia. Vince colui che arriva primo al traguardo.

Grammatica e Lessico

- Fotocopiate la scheda numero 5 alle pagine 132 e 133, distribuite le fotocopie agli studenti e chiedete di completarle con gli elementi grammaticali e lessicali mancanti.

- Fate confrontare il risultato prima con il compagno di banco e poi con gli schemi presenti nel testo nel corso dell'unità 9.

- Lasciate agli studenti il tempo per concentrarsi su questa attività di ripetizione e controllo e invitateli a riferire eventuali dubbi o argomenti che non sono chiari per poterli discutere in plenum.

Scheda numero 1
Unità 9 - Sezione A6, A9, Attività di fissaggio

Quando/In quale occasione .... ?

- informarsi sul tempo metereologico
- alzarsi presto
- addormentarsi presto
- prepararsi per il corso di italiano
- preoccuparsi
- divertirsi
- arrabbiarsi
- sentirsi male
- innamorarsi di una persona
- farsi la doccia
- vestirsi sportivo
- vestirsi elegantemente
- svegliarsi tardi
- annoiarsi
- rilassarsi
- sentirsi veramente bene
- fidarsi di una persona
- esprimersi in italiano
- truccarsi/ farsi la barba con cura
- sentirsi pieni di energia

Scheda numero 2
Unità 9 - Sezione B5, Role-play guidato

- Buongiorno! Posso aiutarla?

- Buongiorno. Senta, ho visto quel cappotto in vetrina ... **è blu o nero?**

- Quello in vetrina è blu, però ce l'abbiamo anche in bianco, nero e marrone.

- Ah, che bello! Posso provare quello bianco?

- Certo. **Una 46?**

- Guardi io in genere porto la 44/46... non so... preferisco provare una 46!

- D'accordo. Lo vado a prendere... Ecco a Lei...

- Come mi sta?

- Oh, **io lo trovo molto elegante!**

- Beh... Piace molto anche a me! **Costa molto?**

- Costa 800 euro. Però è un misto cashmere quindi non è molto.

- Insomma... Mi sembra un po' caro, ma mi piace da morire. Lo prendo comunque!

Mi può dire quanto viene?

Quanto viene?

Quanto costa?

---

di che colore è?

c'è anche in altri colori?

è blu?

È molto bello!

È proprio perfetto!

Le sta molto bene!

Che taglia porta?

Che taglia preferisce?

Una 44?

edizioni Edilingua
Progetto italiano 1

Scheda numero 3
Unità 9 - Sezione F3, Attività di fissaggio

mangiare male	annoiarsi un po'	andare in vacanza	dormire molto	rilassarsi molto
arrabbiarsi				spendere molto
nuotare				svegliarsi presto
incontrarsi con gli amici		**Dove/Quando ....?**		pescare
andare in bicicletta				sentire freddo
parlare a bassa voce				comprare un vestito nuovo
fare lunghe camminate	mangiare bene	divertirsi molto	sciare	bere un ottimo vino

130

Scheda numero 4
Unità 9 - SU E GIÙ A FARE LE SPESE!

36 **Arrivo**	35 Cosa dici per chiedere la taglia ad una persona?	34 Lancia il dado un'altra volta!	33 Cosa dici per esprimere un parere?	32	31 Prova a dire il nome di almeno quattro accessori di abbigliamento.
25 Chiedi ad un compagno qual è il regalo più bello che ha ricevuto.	26	27 Prova a dire il nome di almeno quattro stilisti italiani.	28 Cosa si indossa quando fa molto freddo?	29	30 Prova a dire almeno quattro aggettivi utili a definire un vestito.
24 Cosa hai comprato l'ultima volta che hai fatto le spese?	23 Chiedi ad un compagno se preferisce fare o ricevere regali.	22	21 Chiedi ad un compagno qual è il suo stile di abbigliamento preferito e perché.	20 Prova a dire il nome di almeno quattro colori.	19 Chiedi ad un compagno cosa indossa volentieri il fine settimana?
13	14 Quando hai comprato i vestiti che indossi in questo momento?	15 Chiedi ad un compagno se preferisce fare le spese nei centri commerciali o in centro e perché.	16 Prova a dire il nome di almeno quattro tessuti.	17	18 Chiedi ad un compagno se gli piace fare regali e di che tipo.
12 Cosa dici per chiedere il prezzo di qualcosa?	11	10 Prova a dire il nome di almeno quattro capi da donna.	9 Quali sono i prodotti "made in Italy" più diffusi nel tuo paese?	8 Lancia il dado un'altra volta!	7 Quali sono gli stilisti italiani preferiti dai giovani?
1 **Partenza**	2 Prova a dire il nome di almeno quattro capi da uomo.	3	4 Cosa dici per esprimere un parere su un capo d'abbigliamento?	5 Chiedi a un compagno che numero di scarpe porta.	6 Lancia il dado un'altra volta!

In giro per i negozi — Unità 9

131

Scheda numero 5
Unità 9 - **Grammatica e Lessico**

I verbi riflessivi
io .... diverto
tu ti diverti
lui, lei, Lei .... diverte
noi ci divertiamo
voi .... divertite
loro si divertono

I verbi reciproci
Noi ci vediamo spesso.
Voi vi amate molto.
Piero e Lisa .... guardano.

I verbi riflessivi nei tempi composti
Mi sono sbrigato/a per fare in tempo.
.... sei innamorato/a di nuovo?
Si è sentito/a male.
.... siamo conosciuti/e solo ieri.
Vi siete fermati/e a Piazza Navona?
Si sono visti/e parecchie volte.

I verbi riflessivi con i verbi modali	
Dobbiamo fermarci per un attimo.	.... dobbiamo fermare per un attimo.
A che ora vuoi svegliar.......... domani?	A che ora ti vuoi svegliare domani?
Possiamo trovarci stasera?	Ci possiamo trovare stasera?

La forma impersonale	
In mensa uno mangia molto bene.	In mensa si mangia molto bene.
Se uno non studia, non impara.	Se non .... studia, non si impara.
.... si diverte molto.	Ci si diverte molto.
Uno si sveglia presto.	Ci .... sveglia presto.

132

In giro per i negozi — Unità 9

Alcune espressioni impersonali
È possibile .... con la carta di credito. Bisogna leggere le istruzioni. È necessario lavorare di più. È meglio andare via. Non è facile/difficile .... nuove amicizie. Non è giusto parlare così. È inutile/............ cercare di convincerlo. È bello stare con te.

Chiedere il prezzo	Parlare del colore	Esprimere un parere	Parlare di numero e taglia
quant'è/quanto viene? .... costa? c'è lo/uno sconto?	di .... colore è? c'è anche in blu? lo preferisco nero	è .... elegante! è di/alla moda! è bellissimo!	che numero porta? che taglia è? è un po' stretto!

Chiedere un parere	Esprimere un parere
che ne pensi? che .... dici? cosa ne pensi di...?	lo .... un po'... secondo me è... penso che sia... / credo che sia...

10 Unità — Che c'è stasera in TV?

Progetto italiano 1

Elementi comunicativi e lessicali	- Discutere di un programma televisivo
	- Criticare e/o motivare le proprie preferenze televisive
	- Chiedere qualcosa in prestito
	- Esprimere un parere
	- Esprimere dispiacere
	- Chiedere un favore
	- Esprimere un desiderio
	- Parlare di generi e programmi televisivi
	- Dare consigli
	- Dare ordini
	- Chiedere e dare indicazioni stradali
Elementi grammaticali	- Pronomi indiretti
	- Pronomi diretti e indiretti nei tempi composti
	- Pronomi indiretti con i verbi modali
	- Imperativo diretto: verbi regolari
	- Imperativo negativo
	- Imperativo con i pronomi
	- Imperativo diretto: verbi irregolari
Civiltà	- La televisione in Italia
	- I maggiori quotidiani
Materiale necessario	*Sezione A, punto 6, attività di fissaggio*: alcune fotocopie della scheda numero 1 a pagina 142
	Sezione D, punto 7, attività di fissaggio: alcune fotocopie della scheda numero 2 a pagina 143
	Sezione E, punto 6, attività di fissaggio: alcune fotocopie della scheda numero 3 a pagina 144 e alcuni dadi
	Sezione F, punto 2, role-play guidato: alcune fotocopie della scheda numero 4 a pagina 145
	DAMMI UN CONSIGLIO!: alcune fotocopie della scheda numero 5 a pagina 146
	Grammatica e Lessico: alcune fotocopie della scheda numero 6 alle pagine 147 e 148

Per cominciare...

1
- In plenum osservate le immagini e invitate gli studenti a raccontare quali programmi televisivi guardano più spesso e che cosa hanno visto ultimamente.

2
- Fate ascoltare il dialogo chiedendo agli studenti di concentrarsi sull'argomento della conversazione tra Simone e Daniela: di che cosa parlano?
Soluzione: Simone e Daniela parlano di programmi televisivi

3
- Fate ascoltare nuovamente il dialogo con l'obiettivo di indicare quali affermazioni sono vere e quali false.
- Procedete al riscontro in plenum
Soluzione: 1. F, 2. V, 3. V, 4. V, 5. F

A C'è una trasmissione su...

1
- Fate ascoltare di nuovo il dialogo per dare la possibilità agli studenti di confermare o meno le proprie risposte all'attività precedente.

Che c'è stasera in TV? Unità 10

2

- Fate ascoltare ancora il dialogo chiedendo ai corsisti di leggere contemporaneamente il testo e di concentrarsi sulla pronuncia.

- Invitate gli studenti a sottolineare le parole rispetto alle quali hanno qualche difficoltà di pronuncia e poi, se necessario, fate ascoltare ancora al fine di risolvere eventuali dubbi.

- Fate lavorare gli studenti in coppia chiedendo loro di assumere i ruoli di Daniela e Simone e di leggere il dialogo.

3

- Invitate gli studenti a porsi reciprocamente le domande relative al dialogo e a rispondere.
Soluzione: 1. I telespettatori telefonano e raccontano le proprie esperienze, 2. Secondo Simone questi programmi servono solamente a sfruttare le persone, 3. Dice che la settimana scorsa un signore ha chiamato in diretta e ha offerto un posto di lavoro a una madre di tre figli che aveva raccontato le sue difficoltà economiche, 4. Perché Simone le dice che questi programmi gli sembrano un prodotto della sottocultura televisiva e poi guarda una partita

- In plenum lasciate che gli studenti esprimano la loro opinione a proposito della discussione tra Simone e Daniela.

4

- Fate lavorare gli studenti individualmente e chiedete loro di completare il dialogo tra Simone e Daniela con i pronomi dati.

- Procedete al riscontro in plenum.
Soluzione: ti, mi, gli, gli, mi, ti, le

5

- Invitate gli studenti a riassumere brevemente per iscritto il dialogo tra Simone e Daniela.

6

- Scrivete alla lavagna:

  *i telespettatori **gli** raccontano le loro esperienze*
  *un signore **le** ha offerto un posto di lavoro*

- Riflettete in plenum: le due frasi sono presenti nella terza e nella quarta battuta di Daniela, nel dialogo del punto A1. Esaminate il pronome contenuto nella prima frase **gli** raccontano. A chi raccontano le proprie esperienze i telespettatori? Lasciate che gli studenti vi suggeriscano la risposta, ovvero *al conduttore*. Passate quindi al pronome della seconda frase *le ha offerto*. A chi ha offerto un posto di lavoro il signore? Alla signora.

- Sostituite il pronome con l'informazione per esteso, facendovela suggerire dagli studenti:

  gli raccontano = raccontano al conduttore
  le ha offerto = ha offerto alla signora

- A questo punto possiamo affermare che i pronomi *gli* e *le* rispondono alla domanda *a chi?* e rappresentano quindi l'oggetto indiretto o complemento di termine.

- Osservando la tabella vediamo che *mi* e *ti* si riferiscono rispettivamente alla prima e seconda persona singolare, *gli* alla terza persona maschile singolare, *le* alla terza persona femminile singolare, *Le* alla forma di cortesia, *ci* e *vi* rispettivamente alla prima e seconda persona plurale, *gli* alla terza persona maschile e femminile plurale. Richiamate l'attenzione degli studenti sul fatto che il pronome indiretto di terza persona plurale può essere espresso anche con *loro*. La forma *loro* segue il verbo ed è utilizzata più raramente della forma *gli*. Inoltre, fate presente che nella lingua parlata spesso gli italiani tendono erroneamente a sostituire il *le* della terza persona femminile singolare con *gli* e, altrettanto erroneamente, a raddoppiare i pronomi utilizzando insieme le due forme, tonica e atona (*a me mi*, *a te ti*, ecc.). Infine, si può sottolineare il fatto che i pronomi indiretti della colonna di destra sono sempre immediatamente prima del verbo.

- Disegnate alla lavagna la seguente tabella:

a me	mi
a te	ti
a Carlo	gli
a Elena	le
a Lei	Le
a noi	ci
a voi	vi
a Rita e Tiziana	gli

- Osservate le frasi contenute nella tabella del libro e riflettete sulle differenze tra i pronomi della colonna di destra e quelli di sinistra. In entrambi i casi siamo di fronte a dei pronomi indiretti che

135

rispondono alla domanda *A chi?* I pronomi della colonna di sinistra però sono pronomi tonici, forti, mentre gli altri sono pronomi atoni, deboli. I pronomi tonici sono dotati di un accento proprio e per questo motivo possono stare da soli o comunque lontani dal verbo, ad esempio:

A chi piace la pizza? A me.

A me la pizza piace molto.

I pronomi atoni (deboli) invece, a destra, non sono dotati di un accento proprio e per questo motivo non possono stare da soli e devono stare sempre davanti al verbo, ad esempio:

Mi piace molto la pizza.

NO!: Mi la pizza piace molto

- A questo punto potete invitare gli studenti a cercare di individuare le differenze tra i pronomi diretti e i pronomi indiretti. Dalla discussione dovrebbe risultare quanto segue:
  - i pronomi diretti rispondono alle domande *chi/ che cosa?* e sostituiscono il complemento oggetto o oggetto diretto della frase mentre i pronomi indiretti rispondono alla domanda *a chi?* e sostituiscono il complemento di termine o oggetto indiretto della frase;
  - i pronomi diretti di terza persona sono *lo* e *la* per il singolare e *li* e *le* per il plurale. I pronomi indiretti di terza persona sono *gli* e *le* per il singolare e *gli* per il plurale.

Attività di fissaggio

- Dividete la classe in gruppi. Fotocopiate la scheda numero 1 a pagina 142 e ritagliate lungo le linee tratteggiate preparando per ogni copia un set di cartellini con i pronomi e un set con le frasi da completare.

- Consegnate ad ogni gruppo il set di cartellini con i pronomi e il set di cartellini con le frasi da completare spiegando che il compito consiste nel mettere i pronomi al posto giusto. Nonostante in alcune frasi siano possibili più soluzioni, l'importante è che alla fine tutti i cartellini con i pronomi siano stati utilizzati.

- Lasciate agli studenti qualche minuto di tempo e durante il riscontro in plenum assegnate ad ogni gruppo un punto per ogni frase corretta. Naturalmente vince chi consegue il punteggio più alto.

7

- Fate lavorare gli studenti in coppia: osservando la tabella a turno si costruiscono le frasi secondo l'esempio.

Soluzione: 1. Ci interessano i documentari; 2. Lorenzo le telefonerà alle dieci; 3. Che cosa gli regali?; 4. Purtroppo non ti scrivo molto spesso; 5. Gli chiederò di aiutarmi; 6. Signora Berti, Le sembra logico tutto ciò?

8

- Osservate in plenum le frasi in tabella: nella colonna a sinistra compaiono dei pronomi diretti con verbi al passato prossimo. In questo caso, come già visto nelle unità precedenti, il participio passato del verbo è declinato a seconda del pronome. Nella colonna a destra invece abbiamo dei pronomi indiretti e il participio passato del verbo rimane invariato.

9

- Invitate gli studenti a lavorare in coppia e a formulare le frasi sostituendo le parti sottolineate con i pronomi indiretti.

Soluzione: 1. Gli ho fatto vedere le foto della Costiera Amalfitana!; 2. Gli abbiamo raccontato le nostre avventure; 3. Gli ho inviato un telegramma di congratulazioni; 4. Le ho consigliato di non frequentare quel ragazzo; 5. Il concorso gli darà l'opportunità di vincere una vacanza

10

- Osservate in tabella l'uso dei pronomi indiretti con il verbo *piacere* al passato: il verbo piacere è preceduto dal pronome indiretto. Poiché il soggetto del verbo *piacere* è la cosa che piace, ovvero nelle frasi in tabella *il regalo di Davide, la sua cravatta, i programmi di ieri* e *le nostre fotografie*, e il verbo ausiliare utilizzato è *essere*, il participio del verbo è declinato a seconda del soggetto, cioè della cosa che è piaciuta.

- Invitate gli studenti a lavorare in coppia e a completare le lacune con il verbo *piacere* al passato.

Soluzione: 1. mi è piaciuto, 2. ci è piaciuta, 3. Ti sono piaciuti, 4. mi sono piaciute

B *Mi puoi dare una mano?*

1

- In plenum ascoltate come possono essere utilizzati i pronomi indiretti per esprimere gli scopi comunicativi indicati a destra.

Che c'è stasera in TV? Unità 10

2

- Fate lavorare gli studenti in coppia e chiedete di completare le frasi con le espressioni appena viste.
Soluzione: 1. ti dispiace, 2. mi va, 3. Mi presti, 4. Mi dispiace, 5. Mi dà fastidio, 6. mi puoi dare una mano

3

- Il plenum osservate le frasi in tabella. Con i verbi modali il pronome indiretto può precedere o seguire il verbo. Quando segue il verbo si unisce all'infinito formando con esso una sola parola.

C *Cos'hai visto ieri?*

1

- Lasciate agli studenti qualche minuto di tempo per leggere la conversazione telefonica tra Cesare e Cleopatra.

- Invitate una coppia di studenti ad assumere i ruoli di Cesare e Cleopatra e a leggere il dialogo ad alta voce.

- Sottolineate gli aspetti ironici della conversazione.

2

- Chiedete agli studenti di indicare le affermazioni veramente presenti nel dialogo.
Soluzione: 2, 3, 5, 6

3

- Invitate gli studenti ad osservare la lista con le trasmissioni televisive più seguite in una settimana di aprile e moderate la conversazione sulle preferenze televisive degli italiani rispetto a quelle dei paesi di provenienza degli studenti.

4

- Lasciate agli studenti un minuto per abbinare tra loro i sinonimi, quindi procedete al riscontro in plenum.
Soluzione: notiziario-telegiornale, canale-rete, show-varietà, spot-pubblicità, episodio-puntata

5

- Gli studenti in coppia completano le frasi con le parole date.

- Procedete al riscontro in plenum.
Soluzione: 1. telecomando, 2. antenna parabolica, 3. servizi, 4. televisore, 5. conduttore

6

- Fate lavorare gli studenti in gruppi: il compito consiste nell'osservare i programmi televisivi della pagina accanto e nello scegliere fra le tre attività indicate quella che si vuole eseguire. Il tempo a disposizione è di circa cinque minuti e naturalmente l'insegnante è a disposizione per fornire aiuto e suggerimenti.

D *Cambia canale, per favore!*

1

- Fate lavorare gli studenti in coppia. Il compito consiste nell'abbinare le frasi ai prodotti pubblicizzati.

- Procedete al riscontro in plenum.
Soluzione: 1. Clarks Springers, 2. Pierino e il lupo, 3. La nuova enciclopedia, 4. Tarallucci

2

- Chiedete agli studenti di leggere le battute e di sottolineare i verbi in esse presenti, utilizzati per esprimere un ordine o un invito a fare qualcosa.

- Fatevi riferire i verbi sottolineati e scriveteli alla lavagna inserendoli in tabella, con il relativo infinito accanto:

cambia	cambiare
guardate	guardare
leggi	leggere
svolgete	svolgere
finiamo	finire
usciamo	uscire
apri	aprire

- Chiedete agli studenti di indicarvi i soggetti non espressi dei verbi nella colonna di sinistra e inseriteli in tabella:

(tu) cambia	cambiare
(voi) guardate	guardare
(tu) leggi	leggere
(voi) svolgete	svolgere
(noi) finiamo	finire
(noi) usciamo	uscire
(tu) apri	aprire

137

3

- Osservate la tabella contenuta nel libro e quella alla lavagna: in questo caso ci troviamo di fronte a dei verbi coniugati al modo imperativo.

- Chiedete agli studenti di suggerirvi i verbi per completare le lacune, quindi riflettete: le desinenze dell'imperativo sono uguali a quelle dell'indicativo presente per la prima e la seconda persona plurale, mentre per la seconda persona singolare le desinenza sono -*a* per la prima coniugazione, -*i* per la seconda e terza coniugazione.

Soluzione: leggi, aprite

- Il modo imperativo è utilizzato per assolvere a diversi obiettivi della comunicazione, tra cui il *dare ordini, invitare a fare, pregare di fare, consigliare, esortare, suggerire* ecc.

- Per i verbi *essere* e *avere*, invitate gli studenti a consultare l'Appendice a pagina 190.

4

- Invitate gli studenti a lavorare in coppia e a completare le frasi con i verbi dati alla rinfusa.

- Procedete al riscontro in plenum.
Soluzione: 1. Lavora, 2. uscite, 3. Fate, 4. Partecipa, 5. spegni, 6. venite

5

- Leggete le battute e chiedete agli studenti cosa notano nell'uso dell'imperativo rispetto a quanto finora appreso.

- Riflettete insieme: in questo caso le frasi contenenti verbi all'imperativo sono alla forma negativa. Per *noi* e *voi* le forme dell'imperativo non subiscono variazioni rispetto all'imperativo affermativo, mentre per la seconda persona singolare *tu* l'imperativo negativo si costruisce utilizzando il verbo all'infinito come in *non aprire* e *non prendere*.

6

- Osservate la tabella e invitate gli studenti a completare le lacune, quindi procedete con il riscontro in plenum.

Soluzione: non leggere, non aprite

7

- Invitate gli studenti a lavorare in coppia e a completare le frasi con i verbi dati alla rinfusa.

- Procedete al riscontro in plenum.

Soluzione: 1. Non fare, 2. non chiamate, 3. Non essere, 4. non tradire, 5. non passiamo

Attività di fissaggio

- Dividete la classe in gruppi di quattro persone o, se preferite, fate lavorare gli studenti in coppia. Consegnate ad ogni coppia o ad ogni gruppo una fotocopia della scheda numero 2 a pagina 143.

- Se gli studenti lavorano in coppia, ognuno di loro utilizzerà una penna o matita di colore diverso per svolgere l'attività. Se gli studenti lavorano in gruppo, si divideranno in due coppie e ognuna utilizzerà una penna o matita di colore diverso per svolgere l'attività.

- A turno una coppia o uno studente chiama una lettera e un numero. La coppia avversaria o lo studente avversario deve individuare il verbo corrispondente al numero chiamato e coniugarlo alla persona e alla forma dell'imperativo corrispondente alla lettera chiamata, ad esempio C3 *seguiamo*, B6 *non aprire*. Se la risposta è giusta lo studente o la coppia ha il diritto di scrivere il verbo coniugato nella casella corrispondente con la propria penna, altrimenti la casella deve essere sbarrata e non può più essere utilizzata. A questo punto la coppia o lo studente avversario deve chiamare una lettera e un numero e così via. Si procede così fino a che tutte le caselle avranno o un verbo coniugato o una sbarra. Vince la coppia o lo studente che ha il maggior numero di verbi coniugati con il proprio colore!
Al termine, in plenum, potete discutere le caselle sbarrate e individuare la giusta coniugazione del verbo in esse contenuta.

E *Prendilo pure!*

1

- Leggete le frasi e chiedete agli studenti a cosa si riferiscono secondo loro.

- Scrivete alla lavagna:

affrontalo   usatemi   acquistatelo
scrivici   coccolateli

- Prendete in considerazione un verbo per volta:

affrontalo   affronta che cosa?   il mal di gola
usatemi   usate chi?   me / il cestino
acquistatelo   acquistate che cosa?   il biglietto
scrivici   scrivi a chi?   a noi
coccolateli   coccolate che cosa?   i capelli

Che c'è stasera in TV? Unità 10

2

- Fate ascoltare i mini dialoghi e invitate gli studenti a rispondere alle domande.

- Procedete al riscontro in plenum.
Soluzione: 1. Alice vuole il giornale di Gianni per leggere l'articolo sulle vacanze studio. Gianni le risponde che può prenderlo ma lo deve restituire perché lui non l'ha ancora letto; 2. Le chiede di girargli l'email con la statistica sulle vendite dei quotidiani; 3. Lucio non deve andare a lezione perché è domenica

3

- Invitate gli studenti ad osservare le due tabelle e a completare le lacune. Riflettete insieme: come si è già visto nel punto E1, qualora nella frase compaia un imperativo alla forma affermativa e un pronome, quest'ultimo segue il verbo con cui forma un'unica parola. Se l'imperativo è utilizzato alla forma negativa il pronome può seguire o precedere il verbo.
Soluzione: *strappa*la, *prepara*ti, *Non andar*ci, *Non* vi *incontrate*

4

- Fate lavorare gli studenti in coppia: il compito consiste nel porsi reciprocamente le domande e rispondere secondo il doppio esempio.

- Procedete al riscontro in plenum.
Soluzione: 1. Parlatele!/Non parlatele!, 2. Mangialo!/Non mangiarlo!, 3. Andiamoci!/Non andiamoci!, 4. Comprateli!/Non comprateli!, 5. Alzatevi!/Non alzatevi!, 6. Scrivigli/Non scrivergli

5

- Invitate gli studenti a lavorare in coppia. Il compito consiste nell'individuare le formi verbali in blu costituite da un imperativo e nel dire qual è l'infinito corrispondente.

- Procedete al riscontro in plenum.
Soluzione: 1. *dammi*=dare, 2. *vacci*=andare, 3. *fa'*=fare, 4. *dille*=dire, 5. *da'*=dare, 6. *facci*=fare

- Riflettete in plenum sulle forme in blu? Cosa notano gli studenti? I verbi *dare* e *fare* alla seconda persona singolare dell'imperativo presentano le forme tronche *da'* e *fa'*. Quando le forme tronche si uniscono ad un pronome si raddoppia la consonante iniziale del pronome come in *dammi*, *vacci*, *dille*, *facci*, fatta eccezione per il pronome *gli* con cui non si ha il raddoppio, esempio *digli*.

6

- Sulla base di quanto detto osservate la tabella: qui vediamo che anche i verbi *andare*, *dire* e *stare* hanno la forma tronca per la seconda persona singolare dell'imperativo, quindi anche nel loro caso in presenza di un pronome si ha il raddoppio della sua consonante iniziale, fatta eccezione per *gli*.

Attività di fissaggio

- Fate lavorare gli studenti in gruppi. Fotocopiate la scheda numero 3 a pagina 144 e consegnatene una copia ad ogni gruppo, insieme ad un dado. Ogni studente ha una pedina che lo rappresenta sul piano di gioco. A turno gli studenti lanciano il dado e avanzano fino alla casella corrispondente al lancio effettuato. Quando arrivano nella casella devono riformulare la frase in essa presente trasformandola in una frase con l'imperativo e un pronome che sostituisca il complemento scritto in neretto, ad esempio *Devi dire la verità **a me** = Dimmi la verità*. Se la frase è giusta possono scriverla e occupare la casella, altrimenti devono tornare alla casella di partenza. Se arrivano in una casella in cui la frase è già stata riformulata e scritta devono tornare alla casella in cui si trovavano prima di effettuare il lancio. Naturalmente vince chi arriva per primo al traguardo.

F *Gira a destra!*

1

- In plenum osservate le sei espressioni dell'attività e spiegatene il significato.

- Fate lavorare gli studenti in coppia. Il compito consiste nell'ascoltare i mini dialoghi e dire se e quante volte si è sentita ogni espressione indicata.
Soluzione: una volta: al primo incrocio, gira a destra, gira a sinistra, poi gira subito; due volte: va' sempre dritto

2

- Fate ascoltare ancora i mini dialoghi e chiedete di indicare a quale dialogo corrisponde ogni cartina.
Soluzione: 1. b, 2. a, 3. c

Role-play guidato

- Fotocopiate la scheda numero 4 a pagina 145. Fate lavorare gli studenti in coppia e consegnate ad ognuna una scheda. Invitate gli studenti a ripetere più volte il dialogo, sostituendo le informazioni scritte in caratteri diversi con quelle contenute nei riquadri sottostanti, con lo stesso carattere.

3
- Fate lavorare gli studenti in coppia: seguendo la cartina di Roma a turno gli studenti si rivolgono al compagno chiedendo indicazioni per raggiungere i luoghi indicati nei punti *a, b, c, d, e,* ed *f.*

G *Abilità*

1
- Fate ascoltare la traccia 51 (esercizio 23, pagina 111 del *Quaderno degli esercizi*) e invitate gli studenti a indicare le affermazioni presenti e a completare la tabella con gli elementi mancanti.
- Procedete con il riscontro in plenum.

Soluzione: a: 2, 3, 5; b:

rivista	contenuto/caratteristica	settimanale	mensile
Panorama	attualità, politica, economia	✓	
Espresso	attualità, politica, economia	✓	
Max	giovanile, moderno		✓
Chi	giovanile, moderno	✓	
Donna moderna	giovanile, moderno	✓	
Grazia	moda, costume, attualità	✓	
Bell'Italia	viaggi		✓
Tv sorrisi e canzoni	programmi televisivi	✓	
Vogue	moda		✓
Abitare	arredamento		✓

2
- Sulla base dei vari quesiti proposti, moderate la conversazione in classe rispetto alle abitudini televisive degli studenti e alle loro opinioni sulla TV in genere e sulla TV nel proprio paese. Chiedete quindi se e quale tipo di giornali e riviste leggono e apprezzano e che cosa pensano della pubblicità sui mass media.

3
- Chiedete ai corsisti di scrivere una breve storia basate sulle illustrazioni. Tale attività potrà essere svolta sia come compito a casa che in classe. In entrambi i casi chiedete agli studenti di consegnarvi i propri elaborati affinché possiate restituirli corretti.

Conosciamo l'Italia
La televisione in Italia

- Invitate gli studenti a leggere individualmente il testo sulla televisione in Italia a pagina 166 del *Libro dello studente* e a indicare le informazioni in esso presenti. A tale scopo, esortateli ad avvalersi dell'aiuto offerto dal glossario nella pagina seguente ed eventualmente di un buon dizionario.

- Procedete al riscontro in plenum.
Soluzione: 2, 5, 6, 7

- Osservate le immagini relative ai programmi televisivi più amati dagli italiani. Quali sono le differenze principali che gli studenti notano tra la televisione italiana e quella del loro paese?

La stampa italiana

- Invitate gli studenti a leggere individualmente il testo a pagina 167 sulla stampa italiana e ad indicare le affermazioni esatte. A tale scopo, esortateli ad avvalersi dell'aiuto offerto dal glossario nella stessa pagina ed eventualmente di un buon dizionario.

- Procedete al riscontro in plenum.
Soluzione: 1. b, 2. c, 3. a

- Esortate gli studenti ad usufruire delle attività on-line previste dall'unità 10.

Autovalutazione

- Invitate gli studenti a svolgere individualmente il test di autovalutazione e a controllare le soluzioni a pagina 191 del *Libro dello studente*.

DAMMI UN CONSIGLIO!

- Fate lavorare gli studenti in gruppi di quattro o cinque persone. Fotocopiate la scheda numero 5 a pagina 146 e consegnatene una copia ad ogni gruppo.

- A turno gli studenti scelgono dalla lista due degli otto problemi "individuali" della colonna di sinistra e li spiegano ai loro compagni i quali devono dare dei consigli alla persona per risolvere il problema. Dopodichè si formano delle coppie o dei sottogruppi all'interno del gruppo e a turno si scelgono due dei problemi della colonna di destra, da illustrare agli altri compagni. Naturalmente, anche in questo caso gli altri devono proporre una serie di soluzioni possibili.

Che c'è stasera in TV? — Unità 10

Grammatica e Lessico

- Fotocopiate la scheda numero 6 alle pagine 147 e 148, distribuite le fotocopie agli studenti e chiedete di completarle con gli elementi grammaticali mancanti.

- Fate confrontare il risultato prima con il compagno di banco e poi con gli schemi presenti nel testo nel corso dell'unità 10.

- Lasciate agli studenti il tempo per concentrarsi su questa attività di ripetizione e controllo e invitateli a riferire eventuali dubbi o argomenti che non sono chiari per poterli discutere in plenum.

Scheda numero 1
Unità 10 - Sezione A6, Attività di fissaggio

mi	mi	mi	ti	ti	ti	gli	gli
gli	le	le	le	Le	Le	Le	ci
ci	ci	vi	vi	vi	gli	gli	gli

Per domani sera ………… mandi un messaggio? Così se vuoi ti vengo a prendere.	Ma perché quando ti chiamo non ………… rispondi mai?	Le riviste femminili non ………… interessano molto. Le trovo tutte uguali e noiose.
Scusa, ………… posso chiedere una cosa? Sai a che ora inizia la lezione di yoga?	Hai provato il panino con lo speck? ………… piace?	Se vieni questa sera, ………… presento i miei compagni di corso!
La macchina di Carlo è rotta e in questi giorni ………… presto spesso la mia.	Luigi è davvero un amico: ………… voglio molto bene.	Se vedi Luca, ………… dici che questa sera non posso passare da casa sua?
Chiara non risponde. Più tardi riprovo e magari ………… lascio un messaggio in segreteria.	Se domani sera viene mia madre a cena, ………… preparo qualcosa di speciale!	Luisa ha detto che ………… serve ancora un po' di tempo per preparare l'esame.
Va bene Signora, domani ………… spedisco i documenti che mi ha chiesto.	Signor Direttore, non ………… sembra che abbiamo avuto un gran successo alla Fiera di Milano?	Scusi professore, ………… posso parlare un attimo?
Qui a Milano stiamo bene ma ………… manca un po' il nostro mare.	Tesoro, a che ora hanno detto che ………… telefoneranno Carla e Mario?	Prima di andare al supermercato guardiamo un po' che cosa ………… serve.
Potete dirmi chi ………… racconta queste storie?	Ragazzi, ………… prometto che questa settimana pulirò l'appartamento!	Voi non sapete come sono andate le cose: adesso ………… racconto la storia!
È da un po' che non sento i miei genitori. Questa sera ………… telefono.	Michele e Linda sono un po' strani ultimamente. Ma che cosa ………… succede?	Questa sera andiamo a trovare i nostri zii così finalmente ………… portiamo le foto del matrimonio!

Scheda numero 2
Unità 10 - Sezione D7, Attività di fissaggio

	A (tu)	B (tu non)	C (noi)	D (voi)
1 ascoltare				
2 prendere				
3 seguire				
4 pulire				
5 sentire				
6 aprire				
7 mettere				
8 scrivere				
9 guardare				
10 venire				

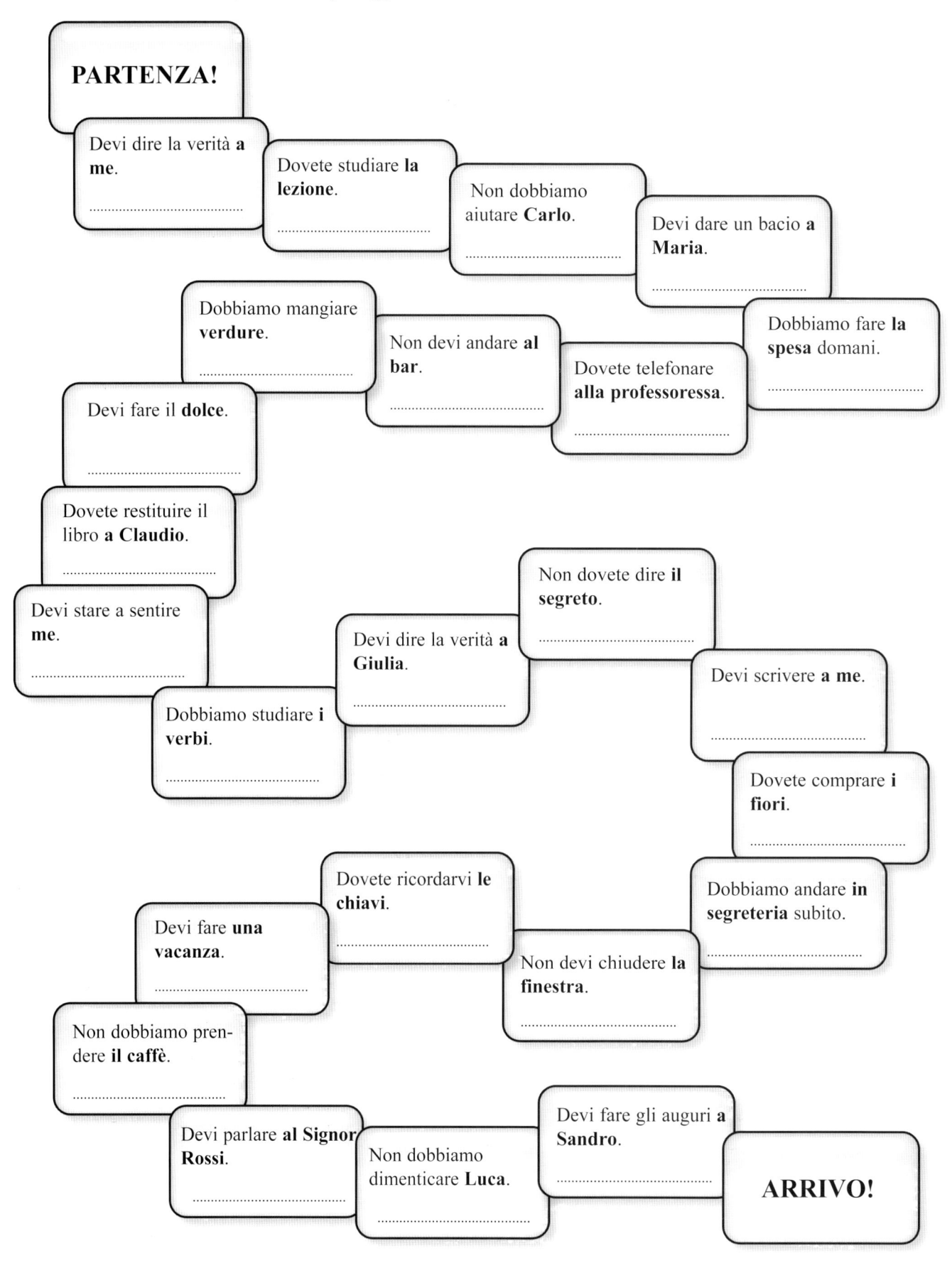

Scheda numero 3
Unità 10 - Sezione E6, Attività di fissaggio

PARTENZA!

- Devi dire la verità **a me**. ....
- Dovete studiare **la lezione**. ....
- Non dobbiamo aiutare **Carlo**. ....
- Devi dare un bacio **a Maria**. ....
- Dobbiamo mangiare **verdure**. ....
- Non devi andare **al bar**. ....
- Dovete telefonare **alla professoressa**. ....
- Dobbiamo fare **la spesa** domani. ....
- Devi fare il **dolce**. ....
- Dovete restituire il libro **a Claudio**. ....
- Devi stare a sentire **me**. ....
- Devi dire la verità **a Giulia**. ....
- Non dovete dire **il segreto**. ....
- Devi scrivere **a me**. ....
- Dobbiamo studiare **i verbi**. ....
- Dovete comprare **i fiori**. ....
- Dovete ricordarvi **le chiavi**. ....
- Dobbiamo andare **in segreteria** subito. ....
- Devi fare **una vacanza**. ....
- Non devi chiudere **la finestra**. ....
- Non dobbiamo prendere **il caffè**. ....
- Devi parlare **al Signor Rossi**. ....
- Non dobbiamo dimenticare **Luca**. ....
- Devi fare gli auguri **a Sandro**. ....

ARRIVO!

144

Scheda numero 4
Unità 10 - Sezione F2, Role-play guidato

- Scusi... **Sa dirmi dov'è la Fontana di Trevi?**

○ Dunque... Deve andare sempre dritto per Via del Corso, poi girare a destra all'angolo con Via delle Muratte e di nuovo dritto.

- ***Quanto tempo ci vuole?***

○ A piedi sono una ventina di minuti.

- **E da lì per andare al Colosseo?**

○ Beh... dalla Fontana di Trevi è un po' complicato...

- Ho capito... Ah! Qui ho una cartina. *Può indicarmi la strada?*

○ Ma certo! Un attimo, metto gli occhiali. Allora... questa è Via del Corso...

Mi può dire dove è la Fontana di Trevi?

la Fontana di Trevi?

Dov'è la Fontana di Trevi?

Ci vuole molto?

È lontana?

Quanto dista da qui?

E poi per andare a Piazza Venezia?

Ed è lontana dal Vaticano?

E la stazione Termini dov'è?

Può farmi vedere la strada?

Può aiutarmi?

Può indicarmi il percorso?

Scheda numero 5
Unità 10 - DAMMI UN CONSIGLIO!

Devi comprare un regalo originale per la tua collega e non sai cosa scegliere.	Dovete imparare il cinese nel più breve tempo possibile per un incarico di lavoro.
Vuoi dimagrire senza fare sacrifici a tavola.	Dovete andare ad una festa elegante e non sapete cosa mettervi.
Hai perso la borsa in spiaggia con i soldi e tutti i documenti.	Volete comprare un piccolo appartamento a Roma e non sapete come fare.
Vuoi ricominciare a fare un po' di sport e non sai che cosa è meglio per te.	Questa sera avete venti persone a cena e non avete tempo per cucinare.
Ultimamente ti senti un po' solo/a...	Volete fare un viaggio in Oriente e non sapete come organizzarvi.
Vuoi imparare a ballare e non riesci a convincere il tuo partner a iscriversi ad un corso insieme a te.	Il prossimo fine settimana volete andare a vedere una mostra in un'altra città, ma la vostra macchina è rotta e i treni sono in sciopero.
Vuoi cambiare lavoro.	Volete organizzare una serata davvero speciale per i vostri genitori.
Hai comprato un telefonino nuovo e non funziona!	Avete comprato i biglietti per il teatro ma non potete andarci.

Scheda numero 6
Unità 10 - Grammatica e Lessico

Pronomi indiretti	
A me la musica classica piace molto.	La musica classica mi piace molto.
A te interessa la politica?	.... interessa la politica?
Offro la mia collaborazione a Carlo.	Gli offro la mia collaborazione.
Quando telefonerai a Elena?	Quando .... telefonerai?
Signore/a, a Lei piace sciare?	Signore/a, Le piace sciare?
A .... questa storia sembra strana.	Questa storia ci sembra strana.
Alessio non presterà mai dei soldi a voi.	Alessio non vi presterà mai dei soldi.
Ai miei genitori non chiedo mai niente.	Non .... chiedo mai niente.
Telefono spesso a Rita e Tiziana.	.... telefono spesso
Offro il caffè agli ospiti = Gli offro il caffè = Offro loro il caffè.	

I pronomi nei tempi composti	
Pronomi diretti	**Pronomi indiretti**
Mi ha visto/a ieri.	Mi ha detto la verità.
Ti ho convint..........?	Ti ho spiegato tutto.
L'ho conosciuto/a tempo fa.	Gli abbiamo regalat.......... un vaso cinese.
Ci ha chiamato/i/e Andrea.	Ci hanno prestato la loro moto.
Vi abbiamo presentato/i/e a tutti.	Vi ho telefonato più volte.
Li ho portat.......... a casa.	Gli ha spedito una lettera.
Le ho prese in giro.	Gli ho offert.......... un po' di torta.

Il verbo *piacere* al passato
Ti è piaciuto il regalo di Davide?
Non mi è piaciuta la sua cravatta.
Non ci sono piaciut.......... i programmi di ieri.
Vi sono piaciute le nostre fotografie?

I pronomi indiretti con i verbi modali	
Mi puoi dare una mano?	Puoi darmi una mano?
Non ti devo spiegare nulla.	Non devo spiegar.......... nulla.
Gli voglio regalare uno stereo.	Voglio regalargli uno stereo.
Cosa .... vuoi chiedere?	Cosa vuoi chiederle?
Direttore, ... posso parlare?	Direttore, posso parlarLe?
Ci devi consegnare le chiavi.	Devi consegnar.......... le chiavi.
.... volevo fare gli auguri!	Volevo farvi gli auguri!
Purtroppo, non gli posso dare di più.	Purtroppo, non posso dar.......... di più.

147

L'imperativo diretto

tu	guarda!	leggi!	...............! - finisci!
noi	guardiamo!	...............!	apriamo! - finiamo!
voi	...............!	leggete!	aprite! - ....!

L'imperativo negativo

tu	non guardare!	non leggere!	non ....! - non finire!
noi	non ....!	non leggiamo!	non apriamo! - non ....!
voi	non guardate!	non ....!	non aprite! - non finite!

L'imperativo con i pronomi

Ti serve il giornale?	Tieni.......... pure!
Vuoi l'intera pagina?	Strappala!
Mi volete parlare?	Parlatemi adesso!
Devi telefonare a Caterina!	Telefona.......... domattina!
Quante riviste compriamo?	Compriamone due!
Vedrai Guido?	Di.......... che gli devo parlare!
Non ti sei preparato ancora?	Preparati subito!
È da un po' che non ci vediamo.	Vediamo.......... stasera!

L'imperativo negativo con i pronomi

Non tenerlo!	Non .... tenere!
Non andarci!	Non ci andare!
Non parlar..........!	Non ne parlare!
Non preoccuparti!	Non .... preoccupare!
Non incontrate..........!	Non vi incontrate!

Verbi irregolari all'imperativo diretto

andare	dare	dire	fare	stare
va'	....	di'	....	sta'
andiamo	diamo	....	facciamo	....
....	date	dite	fate	state

Chiedere qualcosa in prestito	Esprimere un parere	Esprimere dispiacere	Chiedere un favore	Esprimere un desiderio
Ci presti il tuo dizionario? Mi .... in prestito questa cassetta?	Quel che dice non mi sembra logico. Ti pare giusto?	Mi ...., ma non ti posso aiutare. Vi dà fastidio se apro un po'?	Senti, puoi farmi un favore? Mi .... un piacere? Mi puoi dare una mano per favore?	A dire la verità non mi .... di uscire stasera.

148

Un concerto

Progetto italiano 1 — Unità 11

Elementi comunicativi e lessicali	- Parlare di un concerto - Chiedere un favore, giustificarsi, proporre delle alternative - Esprimere un desiderio realizzabile - Chiedere qualcosa in modo gentile - Dare consigli - Esprimere un'opinione personale - Fare un'ipotesi - Riferire un'opinione altrui, una notizia - Esprimere un desiderio non realizzato oppure non realizzabile - Esprimere il futuro nel passato - Lessico sulla musica
Elementi grammaticali	- Condizionale semplice: verbi regolari e irregolari - Usi del condizionale - Condizionale composto - Riepilogo: condizionale semplice o composto?
Civiltà	- La musica italiana moderna
Materiale necessario	*Sezione A, punto 8, attività di fissaggio*: alcune fotocopie della scheda numero 1 a pagina 156 e alcuni dadi *Sezione B, punto 3a, role-play guidato*: alcune fotocopie della scheda numero 2 a pagina 157 *Sezione C, punto 8, attività di fissaggio*: alcune fotocopie della scheda numero 1 a pagina 156 e alcuni dadi *FAREI... CAMBIEREI... AVREI FATTO... AVREI CAMBIATO!*: alcune fotocopie della scheda numero 3 a pagina 158 *Grammatica e Lessico*: alcune fotocopie della scheda numero 4 alle pagine 159 e 160

Per cominciare...

1
- In plenum leggete i nomi dei cantanti contenuti nella locandina del concerto e chiedete agli studenti quali di questi conoscono e se ce ne sono alcuni famosi nei loro paesi.

2
- Invitate gli studenti a raccontare le loro esperienze in materia di concerti.

3
- Fate ascoltare le prime cinque battute del dialogo, fino a "Quasi...". Gli studenti in coppia provano a formulare delle ipotesi sulla continuazione del dialogo.

4
- Procedete con l'ascolto dell'intero dialogo in modo che gli studenti possano confermare o meno le ipotesi precedentemente formulate e indicare le tre informazioni corrette tra quelle indicate.
Soluzione: 1, 4, 5

A *Ti piacerebbe andare al concerto?*

1
- Fate ascoltare di nuovo il dialogo per dare la possibilità agli studenti di confermare o meno le proprie risposte all'attività precedente.

2
- Fate ascoltare ancora il dialogo chiedendo ai corsisti di leggere contemporaneamente il testo e di concentrarsi sulla pronuncia.

- Invitate gli studenti a sottolineare le parole rispetto alle quali hanno qualche difficoltà di pronuncia e poi fate ascoltare ancora, se necessario, al fine di risolvere eventuali dubbi.

149

- Fate lavorare gli studenti in coppia chiedendo loro di assumere i ruoli di Simone e Angela e di leggere il dialogo.

- Chiedete agli studenti di leggere ancora il dialogo, questa volta con lo scopo di sottolineare tutti i verbi simili a "piacerebbe" e "vorresti".

- Procedete al riscontro in plenum.
Soluzione: vorrei, sarebbe, potremmo, sarebbe, manderebbe, avrebbe, potrei, potreste, potresti, dispiacerebbe

3

- Invitate gli studenti a porsi reciprocamente le domande relative al dialogo e a rispondere.
Soluzione: 1. Angela sembra sorpresa perché sapeva che i biglietti erano andati a ruba; 2. Li ha trovati grazie ad un amico che lavora per l'agenzia che organizza il concerto; 3. Perché pensa che sarebbe troppo chiedere all'amico ancora un altro biglietto; 4. Forse Angela vorrebbe andare al concerto soltanto con la sua amica Silvia, senza Simone

- In plenum lasciate che gli studenti esprimano la loro opinione a proposito della discussione tra Simone e Daniela.

4

- Fate lavorare gli studenti individualmente e chiedete loro di completare il dialogo tra Simone e Daniela con i verbi dati.

- Procedete al riscontro in plenum.
Soluzione: vorresti, vorrei, potrebbe, piacerebbe, preferirei, farebbe, sarebbe

5

- Invitate gli studenti a riassumere brevemente per iscritto il dialogo tra Angela e Simone.

6

- In plenum leggete la tabella e invitate gli studenti a suggerirvi le forme adatte a completare le lacune, ovvero *parleresti*, *leggerebbe* e *preferirei*.

- Riflettete in plenum: i verbi contenuti in tabella sono coniugati al condizionale semplice. La forma del condizionale può essere memorizzata facilmente facendo riferimento a quella del futuro, *parlerò-parlerei*, *leggerò-leggerei*, *dormirò-dormirei*. Anche nel caso del condizionale è necessario ricordare che, come per il futuro, per i verbi in -*care* e -*gare* si inserisce una *h* tra la radice del verbo e le desinenze, mentre nei verbi in -*ciare* e -*giare* si perde la *i* grafica davanti alle desinenze.

- Spostate la riflessione su ciò che esprime il condizionale e sui suoi usi: il condizionale viene utilizzato per esprimere un desiderio, fare richieste in modo gentile, dare consigli, fare supposizioni.

- Mostrate qualche esempio di uso scegliendolo tra le frasi del dialogo e scrivendolo alla lavagna:

  esprimere un desiderio:
  Certo che ci vorrei essere!

  fare richieste in modo gentile:
  Senti, potremmo trovarne uno anche per Silvia?

  dare consigli:
  Potresti fare un regalo a qualcuno, per esempio.

  fare supposizioni/esprimere un'azione possibile:
  Anche se è un amico mi manderebbe a quel paese

7

- Fate lavorare gli studenti in coppia: osservando la tabella, a turno si costruiscono le frasi usando il condizionale.
Soluzione: 1. mangeremmo, 2. accetterei, 3. faresti, 4. uscirebbe, 5. invitereste

8

- Osservate il collegamento presente in tabella tra l'infinito e la prima persona singolare al futuro e al condizionale del verbo *essere*, quindi lasciate agli studenti qualche minuto di tempo per lavorare individualmente e collegare le altre forme verbali allo stesso modo.

- Invitate gli studenti a confrontare i loro collegamenti con i vicini di banco quindi procedete al riscontro in plenum.
Soluzione: avere/avrò/avrei, dare/darò/darei, fare/farò/farei, stare/starò/starei, dovere/dovrò/dovrei, potere/potrò/potrei, sapere/saprò/saprei, andare/andrò/andrei, volere/vorrò/vorrei

- Riflettete insieme: anche nel caso dei verbi irregolari si possono riscontrare delle analogie tra le forme del futuro e quelle del condizionale, come si può vedere dalla tabella a pagina 172 e da quella in Appendice a pagina 190 che sarebbe bene analizzare in plenum.

Attività di fissaggio

- Fotocopiate la scheda numero 1 a pagina 156. Dividete la classe in gruppi di almeno 4 persone e consegnate ad ogni gruppo una scheda e un dado.

- All'interno di ogni gruppo gli studenti si suddividono ulteriormente in due sottogruppi. A turno uno studente di un sottogruppo lancia il dado. Il numero che esce corrisponde ad una colonna della tabella e alla persona a cui dovrà essere coniugato il verbo al condizionale semplice. La lettera invece viene decisa da uno studente del sottogruppo avversario. Ad esempio se il lancio corrisponde a 2 e il gruppo avversario sceglie la lettera B si dovrà coniugare il verbo *cercare* alla seconda persona singolare del condizionale semplice ovvero *cercheresti*. Se il verbo coniugato è giusto lo si scrive nella casella, altrimenti la casella viene sbarrata. Il lancio successivo spetta al gruppo avversario e si procede così alternandosi e scrivendo i verbi coniugati in due colori diversi a seconda del gruppo che li ha coniugati, affinché al termine sia possibile controllare chi ha coniugato il maggior numero di verbi. Al termine, in plenum, potete discutere le caselle sbarrate e individuare la giusta coniugazione del verbo in esse contenuta.

9

- Invitate gli studenti a lavorare in coppia e a costruire delle frasi osservando la tabella precedente, quindi procedete con il riscontro in plenum.

Soluzione: 1. sapreste, 2. Andresti, 3. dovrebbe, 4. vorremmo, 5. farebbe

B *Usiamo il condizionale per...*

- Spiegate agli studenti che questa sezione è interamente dedicata alla riflessione dettagliata sugli usi del condizionale.

1a

- Assegnate i ruoli di Gianni, Lisa, Marta e Debora a quattro studenti e chiedete di leggere in plenum il dialogo.

- Lasciate agli studenti qualche minuto per rispondere individualmente alle domande, quindi procedete al riscontro in plenum.

Soluzione: 1. Debora vorrebbe andare al mare perché fa molto caldo, 2. Marta preferirebbe visitare Assisi perché non c'è mai stata, 3. Lisa vorrebbe fare un giro per i negozi perché è da un po' che non fa spese, 4. Gianni resterebbe volentieri in città

- Riflettete in plenum: nel dialogo compaiono numerose frasi in cui il condizionale è utilizzato per esprimere un desiderio realizzabile. Quali sono? Lasciate che gli studenti ve le suggeriscano e annotatele alla lavagna:

avrei voglia di fare un giro in centro
io preferirei fare una gita, vorrei andare ad Assisi
a me piacerebbe andare al mare
io resterei volentieri in città

- Osservate le altre frasi utili ad esprimere un desiderio contenute nella tabella in fondo alla pagina.

1b

- Fate lavorare gli studenti in coppia allo scopo di realizzare dei brevi dialoghi in cui si esprimono i propri desideri nelle circostanze date.

- In plenum formulate qualche domanda su ciò che direbbero gli studenti nelle circostanze date.

2a

- In plenum leggete le frasi contenute nei fumetti utili a fare delle richieste in modo gentile.

- Osservate le altre frasi utili a fare delle richieste in modo gentile a pagina 174.

2b

- Fate lavorare gli studenti in coppia allo scopo di porsi reciprocamente delle domande in modo gentile nelle situazioni date.

- In plenum formulate qualche domanda su ciò che direbbero gli studenti nelle circostanze date.

3a

- Assegnate i ruoli di Vera e Laura a due studenti e chiedete di leggere in plenum il dialogo.

- Lasciate agli studenti qualche minuto per indicare se le affermazioni sono vere o false.

- Procedete al riscontro in plenum.

Soluzione: 1. F, 2. V, 3. F, 4. V, 5. F

- Riflettete in plenum: nel dialogo compaiono alcune frasi in cui il condizionale è utilizzato per dare consigli. Quali sono? Lasciate che gli studenti ve le suggeriscano e annotatele alla lavagna:

io al posto tuo mi iscriverei in palestra
forse dovresti andare da un ortopedico
oppure potresti fare nuoto

- Osservate le altre frasi utili ad esprimere un desiderio contenute nella tabella a pagina 175.

Role-play guidato

- Fotocopiate la scheda numero 2 a pagina 157. Fate lavorare gli studenti in coppia e consegnate ad ognuna una scheda. Invitate gli studenti a ripetere più volte il dialogo, sostituendo le informazioni scritte in caratteri diversi con quelle contenute nei riquadri sottostanti, con lo stesso carattere.

3b

- Fate lavorare gli studenti in coppia allo scopo di realizzare dei brevi dialoghi in cui si danno dei consigli nelle circostanze date.

- In plenum formulate qualche domanda chiedendo agli studenti di riferire cosa direbbero nelle circostanze date.

4a

- In plenum leggete le frasi contenute nei fumetti, utili a esprimere un'opinione personale, fare un'ipotesi, riferire un'opinione o un'ipotesi altrui o una notizia non confermata.

4b

- Fate lavorare gli studenti individualmente lasciando loro qualche minuto per completare le lacune con i verbi dati.

- Procedete con il riscontro in plenum.
Soluzione: 1. dovrebbero essere, 2. coinvolgerebbe, 3. tornerebbe, 4. dovrebbe avere, 5. dovrebbe cominciare

C *Ci sarei andato, ma...*

1

- Ritornate al dialogo tra Angela e Simone all'inizio dell'unità 11: qual era l'argomento della conversazione?

- Fate ascoltare il dialogo tra Simone e un suo amico quindi lasciate agli studenti qualche minuto per indicare se le affermazioni sono esatte o meno.

- Procedete con il riscontro in plenum.
Soluzione: 1. F, 2. F, 3. V, 4. V, 5. V, 6. F

2

- Fate ascoltare nuovamente il dialogo affinché gli studenti possano verificare le proprie risposte.

- In plenum osservate la tabella relativa al condizionale composto e riflettete insieme: come ogni tempo composto il condizionale richiede l'applicazione delle regole grammaticali già note riguardanti la scelta degli ausiliari *essere* e *avere* nella coniugazione dei verbi. Gli ausiliari sono coniugati al condizionale semplice a cui si aggiunge poi il participio passato del verbo.
Il condizionale composto è utilizzato per esprimere azioni non realizzate nel passato e azioni considerate non realizzabili nel presente e nel futuro e per esprimere il futuro nel passato. Rimandate ad un altro momento la spiegazione di quest'ultima funzione.

3

- Invitate gli studenti a lavorare in coppia e ad alternarsi nel rispondere alle domande seguendo l'esempio dato.

- Procedete al riscontro in plenum.
Soluzione: 1. Ci saremmo andati, ma non avevamo il biglietto; 2. L'avrei invitata, ma non l'ho vista; 3. Sarei arrivato prima, ma c'era tanto traffico; 4. L'avremmo superato, ma siamo stati sfortunati; 5. Mi sarei svegliata, ma non è suonata la sveglia

4

- In plenum leggete le frasi contenute nei fumetti, utili a esprimere un desiderio non realizzato nel passato.

5

- Fate lavorare gli studenti individualmente lasciando loro qualche minuto per completare le frasi coniugando i verbi tra parentesi al condizionale semplice o composto quindi procedete al riscontro in plenum.
Soluzione: 1. Sarei andato/a, 2. Andrei, 3. Verreste/Sareste venuti/e, 4. Sareste venuti/e, 5. Mangeremmo/Avremmo mangiato, 6. Avremmo mangiato

6

- In plenum leggete le frasi contenute nei fumetti, utili a esprimere un desiderio non realizzabile nel futuro. Ricordate che il condizionale composto si usa anche per un desiderio futuro quando sappiamo già che non può essere realizzato.

7

- Fate lavorare gli studenti individualmente lasciando loro qualche minuto per completare le frasi coniugando i verbi tra parentesi al condizionale semplice o composto quindi procedete al riscontro in plenum.

Soluzione: 1. sarei partito/a, 2. andrei, 3. ci saremmo sposati, 4. ci sposeremmo, 5. avrebbe chiamato, 6. chiamerebbe

8

- Fate lavorare gli studenti in coppia: il compito consiste nell'esprimere i propri desideri nelle situazioni date usando il condizionale semplice o composto.

- In plenum potete fare qualche domanda chiedendo agli studenti di riferire cosa direbbero nelle circostanze date.

Attività di fissaggio

- Fotocopiate la scheda numero 1 a pagina 156. Dividete la classe in gruppi di almeno 4 persone e consegnate ad ogni gruppo una scheda e un dado.

- All'interno di ogni gruppo gli studenti si suddividono ulteriormente in due sottogruppi. A turno uno studente di un sottogruppo lancia il dado. Il numero che esce corrisponde ad una colonna della tabella e alla persona a cui dovrà essere coniugato il verbo al condizionale composto. La lettera invece viene decisa da uno studente del sottogruppo avversario. Ad esempio se il lancio corrisponde a 2 e il gruppo avversario sceglie la lettera B si dovrà coniugare il verbo *cercare* alla seconda persona singolare del condizionale composto ovvero *avresti cercato*. Se il verbo coniugato è giusto lo si scrive nella casella, altrimenti la casella viene sbarrata. Il lancio successivo spetta al gruppo avversario e si procede così alternandosi e scrivendo i verbi coniugati in due colori diversi a seconda del gruppo che li ha coniugati affinché al termine sia possibile controllare chi ha coniugato il maggior numero di verbi. Al termine, in plenum, potete discutere le caselle sbarrate e individuare la giusta coniugazione del verbo in esse contenuta.

D *Sarei passato...*

1

- Fate lavorare gli studenti in coppia. Il compito consiste nel mettere in ordine il dialogo e rispondere alle domande.

- Procedete al riscontro in plenum.
Soluzione: 1, 2, 4, 7, 6, 3, 5;
1. Roberto non è passato da Antonella perché è uscito; le aveva detto che probabilmente sarebbe passato, ma che non era proprio sicuro; 2 Roberto non ha chiamato Antonella perché ha dimenticato il cellulare a casa; 3. No, non ci è andata perché pensava che lei e Roberto ci sarebbero andati insieme

- In plenum osservate la tabella a pagina 180, in cui vediamo a confronto futuro e condizionale composto. Nella colonna a sinistra abbiamo delle frasi composte da due periodi, uno principale al presente *dice*, *spero* e *sono sicuro* e l'altro al futuro *passerà*, *chiamerai*, *andrai* in cui si esprime appunto un'azione che si verificherà in un momento futuro rispetto a quello presente del periodo principale. Nella colonna a destra abbiamo delle frasi composte da due periodi, uno principale al passato *ha detto*, *speravo*, *ero sicuro* e l'altro al condizionale composto *sarebbe passato*, *avresti chiamato*, *saresti andato* in cui si esprime un'azione che si verificherà in un momento futuro rispetto a quello passato del periodo principale, ma comunque sempre passato rispetto al presente. In questo caso il condizionale serve ad esprimere il futuro nel passato.

2

- Invitate gli studenti a lavorare in coppia e a trasformare le frasi secondo il modello.

- Procedete al riscontro in plenum.
Soluzione: 1. Speravo che alla festa avrei rivisto tutti i vecchi amici, 2. Eravamo certi che le vacanze sarebbero state bellissime, 3. Eri sicura che saresti riuscita a fare tutto da sola?, 4. Speravano che l'esame finale sarebbe stato facile, 5. Non sapevo ancora cosa avrei fatto da grande

3

- In plenum analizzate la tabella riassuntiva sul condizionale semplice e composto ed invitate gli studenti a porvi tutte le domande che riterranno utili ai fini della comprensione dell'argomento.

E *Vocabolario e abilità*

1

- Invitate gli studenti ad abbinare le parole alle immagini, quindi procedete al riscontro in plenum.

- Chiedete agli studenti se suonano qualche strumento musicale e quale.
Soluzione: 1. chitarra, 2. cuffie, 3. tastiera, 4. microfono, 5. batteria

2

- Fate lavorare gli studenti in coppia: il compito consiste nel completare le frasi con le parole date.

153

- Procedete con il riscontro in plenum.
Soluzione: 1. cantante, 2. tournée, 3. testi, 4. suona, 5. festival, 6. autore

3

- Fate ascoltare la traccia 54 (esercizio 25, pagina 123 del *Quaderno degli esercizi*) e invitate gli studenti a indicare le affermazioni giuste e a completare la tabella con gli elementi mancanti.

- Procedete con il riscontro in plenum.
Soluzione: *a*: 1. a, 2. b, 3. a, 4. c; *b*:

Canzone	Artista
Il cielo in una stanza	Gino Paoli
Questo piccolo grande amore	Claudio Baglioni
Sapore di sale	**Gino Paoli**
In ginocchio da te	Gianni Morandi
Il ragazzo della via Gluck	Adriano Celentano
Anna	**Lucio Battisti**
E penso a te	Lucio Battisti
Piazza Grande	Lucio Dalla
L'anno che verrà	**Lucio Dalla**
Vita spericolata	**Vasco Rossi**

4

- Sulla base dei vari quesiti proposti, moderate la conversazione in classe rispetto a generi musicali e cantanti preferiti dagli studenti, le proprie abitudini rispetto all'ascolto della musica, l'importanza che le attribuiscono, racconti relativi a concerti a cui gli studenti hanno assistito e infine la diffusione della musica italiana nel proprio paese.

5

- Fate lavorare gli studenti in coppia: il compito consiste nello svolgere il role-play indicato.

6

- Chiedete ai corsisti di scrivere un'e-mail a un'amica italiana per raccontare il concerto di un cantante o di un gruppo che piace tanto anche a lei. Tale attività potrà essere svolta sia come compito a casa che in classe. In entrambi i casi chiedete agli studenti di consegnarvi i propri elaborati affinché possiate restituirli corretti.

Conosciamo l'Italia

La musica italiana moderna

- Invitate gli studenti a leggere individualmente i vari testi sulla musica italiana moderna e i suoi protagonisti e a indicare le informazioni esatte. A tale scopo possono avvalersi di un dizionario.

- Procedete al riscontro in plenum.
Soluzione: b, a, a

- Esortate gli studenti ad usufruire delle attività on-line previste dall'unità 11.

Autovalutazione

- Invitate gli studenti a svolgere individualmente il test di autovalutazione e a controllare le soluzioni a pagina 191 del *Libro dello studente*.

FAREI... CAMBIEREI...
AVREI FATTO... AVREI CAMBIATO...

- Fate lavorare gli studenti in coppia. Fotocopiate la scheda numero 3 a pagina 158 e consegnatene una copia ad ogni coppia.

- A turno gli studenti scelgono a piacere dalla lista uno dei dieci argomenti fino a che ogni studente ne avrà cinque. Per ogni argomento lo studente deve spiegare al compagno cosa farebbe o cosa cambierebbe oggi e cosa avrebbe fatto o cosa avrebbe cambiato in passato.

- Quando tutti gli studenti avranno discusso i vari argomenti, invitateli a girare per la classe e intervistare altri compagni per sapere cosa *farebbero, cambierebbero* ecc. rispetto ai temi da loro trattati.

- Al termine procedete con il riscontro in plenum, lasciando che gli studenti riferiscano qualcosa delle loro conversazioni.

Grammatica e Lessico

- Fotocopiate la scheda numero 4 alle pagine 159 e 160, distribuite le fotocopie agli studenti e chiedete di completarle con gli elementi grammaticali mancanti.

- Fate confrontare il risultato prima con il compagno di banco e poi con gli schemi presenti nel testo nel corso dell'unità 11.

- Lasciate agli studenti il tempo per concentrarsi su questa attività di ripetizione e controllo e invitateli a riferire eventuali dubbi o argomenti che non sono chiari per poterli discutere in plenum.

Scheda numero 1
Unità 11 - Sezioni A8 e C8, Attività di fissaggio

	⚀	⚁	⚂	⚃	⚄	⚅
A	potere	lavorare	leggere	cominciare	avere	accettare
B	piacere	cercare	andare	partire	cambiare	vendere
C	comprare	bere	volere	fare	scrivere	rimanere
D	parlare	dormire	uscire	dare	mangiare	preferire
E	sapere	invitare	vivere	essere	mettere	dovere

156

Scheda numero 2
Unità 11 - Sezione B3a, Role-play guidato

- Ciao... Che fai di bello?

- Leggevo questo depliant di una scuola di musica... **mi piacerebbe studiare pianoforte.**

- Davvero? Che bello! Hai già studiato un po' di musica?

- Sì, da piccola, ma ho dimenticato tutto e **sarebbe meglio** ricominciare da zero.

- **Secondo me dovresti** cercare un insegnante privato.

- Forse... però la cosa diventa molto costosa.

- Mah... Dovresti sentire Daniela. Lei fa il Conservatorio e conosce tanti studenti che danno lezioni private.

- Hai ragione. È una buona idea. **Potresti darmi** il suo numero di telefono?

- Certo! Aspetta che lo cerco...

---

vorrei imparare a suonare il violino.

andrei volentieri a scuola di chitarra.

sarebbe bello suonare il flauto.

---

sarebbe necessario

dovrei

preferirei

Forse un'idea potrebbe essere

Forse faresti bene a

Io al posto tuo preferirei

Mi daresti

Ti dispiacerebbe darmi

Mi potresti dare

Scheda numero 3
Unità 11 - **FAREI... CAMBIEREI... AVREI FATTO... AVREI CAMBIATO...**

- amici
- vacanze
- tempo libero
- nella mia città
- casa
- Farei....
  Cambierei....
  Avrei fatto....
  Avrei cambiato....
- amore
- lavoro
- famiglia
- in Italia
- scuola

Scheda numero 4
Unità 11 - Grammatica e Lessico

Il condizionale semplice			
	parlare	**leggere**	**preferire**
io	parlerei	leggerei	....
tu	parleresti	....	preferiresti
lui, lei, Lei	....	leggerebbe	preferirebbe
noi	parleremmo	leggeremmo	....
voi	parlereste	....	preferireste
loro	....	leggerebbero	....

Il condizionale semplice dei verbi irregolari	
essere	sarei
avere	....
dare	darei
fare	farei
stare	....
dovere	dovrei
potere	....
sapere	saprei
andare	....
volere	vorrei

Il condizionale composto				
avrei avresti .... avremmo avreste	visto	il film ma era già cominciato	sarei .... sarebbe saremmo .... sarebbero	uscito/a usciti/e	ma è cominciato a piovere

Esprimere il futuro nel passato	
OGGI (FUTURO)	**IERI (PASSATO)**
Sergio dice che passerà.	Sergio ha detto che sarebbe passato.
Spero che mi chiamerai.	Speravo che mi ....
Sono sicuro che ci andrai.	Ero sicuro che ci saresti andato.

| Condizionale semplice e composto: differenze ||
Condizionale semplice	Condizionale composto
Esprimere un desiderio non realizzabile: Mangerei volentieri un altro po'.	**Esprimere un desiderio non realizzato:** Sarei arrivato in tempo, ma ho perso il treno!
Chiedere gentilmente: Mi presteresti il tuo libro?	**Esprimere un desiderio non realizzabile:** Avrei comprato il regalo, ma è troppo caro.
Esprimere opinione / ipotesi / notizia: Non .... essere molto difficile.	**Azione futura rispetto ad un'altra passata:** Ha detto che .... venuto.
Dare consigli (realizzabili): Dovresti spendere di meno!	**Dare consigli (non più realizzabili):** Avresti .... spendere di meno.

Esprimere un desiderio (realizzabile)	Chiedere qualcosa gentilmente	Dare consigli
Vorrei andare fuori... Mi piacerebbe rimanere... Preferirei uscire... Andrei (volentieri) a... Avrei voglia di visitare... .... bello organizzare	Potresti...? Mi daresti...? Ti / Le dispiacerebbe...? Potrebbe..., per piacere?	Potresti... Dovresti... Perché non...? Io, al .... tuo... andrei... Faresti bene a... Un'idea sarebbe...

TRASCRIZIONE DEI BRANI AUDIO

UNITÀ INTRODUTTIVA

3. **A6 - Ascoltate e scrivete le parole.**
buongiorno, facile, americani, dialoghi, chi, Genova, amici, centro, corso, pagare

6. **C8 - Ascoltate e scrivete le parole.**
classe, museo, scendere, maschera, rosso, isola, borsa, vestito, uscire, singolare

9. **D7 - Ascoltate e scrivete le parole.**
cognome, meglio, Svizzera, esercizio, maggio, vacanze, disegno, ragazza, zio, luglio

12. **E8 - Ascoltate e scrivete le parole.**
note, penna, mano, stella, bicchiere, latte, doccia, torre, bottiglia, pioggia

UNITÀ 1

15. **D2 - Ciao Maria!**

1.
- Allora, buonanotte, signor Verdi!
- Buonanotte anche a Lei, signora!

2.
- Ciao Maria, dove vai?
- Oh, ciao Carlo! Vado al supermercato.

3.
- Buongiorno Dino, come va?
- Mah, così e così.

4.
- Buonasera, Andrea, tutto bene?
- Bene, grazie, Lucia. E tu?

UNITÀ 2

19. **F1 - Che giorno è?**

Mauro: Silvia, dobbiamo parlare! Possiamo uscire uno di questi giorni, lunedì per esempio?
Silvia: Impossibile! Lunedì ho molto da fare.
Mauro: Allora, martedì mattina.
Silvia: No! Sai che il martedì ho lezione all'università.
Mauro: Mercoledì?
Silvia: Purtroppo non posso, ho un appuntamento.
Mauro: Giovedì? Cosa devi fare giovedì pomeriggio?
Silvia: Vado a fare spese insieme a Caterina.
Mauro: Allora, possiamo uscire venerdì sera?
Silvia: Va bene! Ah no, venerdì è il compleanno di mio fratello.
Mauro: E sabato? Sabato possiamo parlare?
Silvia: Sabato no. Di solito vado in montagna con le ragazze.
Mauro: Allora, domenica prossima. O domenica o mai.
Silvia: Ah no... la domenica non ho voglia di parlare di cose serie!!!

UNITÀ 3

23. **Quaderno degli esercizi**

ragazzo: Sei in Italia da tre mesi. Vediamo che cosa hai imparato.
ragazza: Non capisco cosa hai in mente...
ragazzo: Facciamo un piccolo quiz. Voglio vedere se sai dove si trovano i monumenti più importanti.
ragazza: Bene! Mi piacciono i quiz. Cominciamo!
ragazzo: Allora... la Fontana di Trevi?
ragazza: A Roma.
ragazzo: Ok. La Torre Pendente?
ragazza: Facile: a Pisa.
ragazzo: Mmm... Poi... la Galleria degli Uffizi?
ragazza: A Firenze. Qualcosa di più difficile?
ragazzo: Va bene; vediamo... Dove si trova Trinità dei Monti?
ragazza: Mmm... questo sì che è difficile. Dove?
ragazzo: A Roma, sopra Piazza di Spagna. Poi... Ponte Vecchio?
ragazza: A Roma; no, no, no! A Firenze.
ragazzo: Brava!... Dov'è San Marco?
ragazza: Se non sbaglio ... a Venezia.
ragazzo: Esatto! ...Adesso dimmi: il Maschio Angioino?
ragazza: Boh! Non so.
ragazzo: A Napoli. E il Castello Sforzesco?
ragazza: Non lo so; dove?
ragazzo: A Milano. Il Foro Romano?
ragazza: Questo solo a Roma può essere.
ragazzo: Perfetto. Ultima domanda: il Campanile di Giotto?
ragazza: A Firenze, al Duomo.
ragazzo: Brava! Non c'è male.

UNITÀ 4

26. Quaderno degli esercizi

1.

Alberto: Valeria, cosa prendi?
Valeria: Non so... veramente ho un po' di fame. Forse mangio qualcosa.
Alberto: Prendi un cornetto al cioccolato. Sono buonissimi.
Valeria: Meglio di no, in genere cerco di evitare il cioccolato.
Alberto: Beata te! Io non posso vivere senza cioccolato. Allora, un panino?
Valeria: ...Sì! Per me un panino. ...Tu, invece, che prendi?
Alberto: Io non ho tanta fame. Prendo un cornetto e un cappuccio.
Valeria: Bene. Allora, un cornetto al cioccolato, un cappuccino, un panino prosciutto cotto e mozzarella e... una Coca cola.

2.

Alessia: Ciao Giulio, ...scusa il ritardo. C'è così tanto traffico!
Giulio: Non ti preoccupare, non importa. Dai, siediti! Vuoi un caffè?
Alessia: Non so... lo prendi anche tu?
Giulio: Io ho già preso il caffè a casa... magari prendo una birra.
Alessia: Beh, per me no. Preferisco un caffè.
Giulio: Come lo bevi?
Alessia: Lungo.
Giulio: Quanto zucchero?
Alessia: Due cucchiaini.
Giulio: Macchiato?
Alessia: No, no, grazie.
Giulio: Torno subito. ...Signorina, un caffè lungo e una birra media, per favore.

UNITÀ 5

29. D1 - Che tempo farà domani?

Valeria: Allora domani che facciamo? Andiamo al mare o no?
Claudio: Mah... non so! Fa ancora freddo. Sai che tempo farà domani?
Valeria: No, ma immagino che non pioverà. Oggi il tempo è molto bello. Non tira vento e non c'è nemmeno una nuvola.
Claudio: Sì, d'accordo, ma secondo me non fa poi così caldo da andare al mare. Poi, se ti ricordi, il fine settimana scorso è piovuto all'improvviso.
Valeria: Uffa, come sei pessimista! Vedrai che sarà una bellissima giornata.
Claudio: Forse, ma prima voglio ascoltare il meteo alla radio.

30. D2 (Previsioni del tempo)

"Buonasera. Queste sono le previsioni per domani, domenica 3 marzo: nuvolosità intensa su tutta la penisola. In particolare, nebbia al nord nelle prime ore del mattino, con possibilità di piogge nel pomeriggio. Al centro piogge o temporali con graduale miglioramento. Al Sud nuvoloso o poco nuvoloso con possibilità di piogge. Venti moderati. Mari: molto mosso il Tirreno, mosso l'Adriatico. Temperature in diminuzione."

31. Quaderno degli esercizi

● Amore, oggi è il 10. Fra due settimane è Natale e non abbiamo ancora deciso cosa fare!
○ Come no?! Non andremo a sciare sulle Dolomiti?
● Di nuovo sulle Dolomiti? Ma ci siamo stati l'anno scorso. Dai, perché quest'anno non andiamo a Rio de Janeiro?
○ Rio de Janeiro? Ma scherzi?! Solo i biglietti aerei costeranno più di 3 mila euro.
● Ma no, che dici? Ho visto il dépliant di un'agenzia specializzata in viaggi in Sud America e ho anche telefonato: volo più cinque notti in un albergo sul mare costano 1.490 euro a persona.
○ Davvero!? Beh... è un prezzo ragionevole. Io, però, a Natale non voglio andare al mare; io voglio mangiare il panettone, fare regali, essere al cenone di Capodanno con amici e parenti e, soprattutto, sciare... Insomma, feste tradizionali.
● Ma dai, amore! Facciamo qualcosa di diverso! Tutti vanno a sciare a Natale, mentre quello che propongo io è un'esperienza completamente nuova!
○ Ma scusa, se a Natale andiamo al mare, ad agosto che facciamo? Andiamo sulle Alpi a fare *snow board*? Non lo so, Paola, vedremo...

UNITÀ 6

33. C2 - Al ristorante

Peter: Carino questo posto, mi piace molto.
Grazia: Anche a me, infatti ci vengo spesso. È uno dei più bei ristoranti della zona.
Peter: Mmh... cosa prendiamo? ...Ho una fame da lupi!
Grazia: Vediamo un po' il menù. Hai bisogno di aiuto?

Trascrizione dei brani audio

Peter: Eh... sì. Ci sono molte cose che non conosco.
Grazia: Dunque... per primo ovviamente la pasta. Quale preferisci?
Peter: Come si chiama quel piatto che abbiamo mangiato a casa tua l'altro ieri?
Grazia: Tagliatelle ai funghi. Ma perché non provi qualcos'altro?
Peter: Sì, hai ragione... Vediamo... gli spaghetti alla carbonara sono buoni?
Grazia: A me piacciono molto. Io, però, stasera prendo le lasagne... e per secondo la carne. E tu?
Peter: Mah, non so. Che dici?
Grazia: Prendi la bistecca ai ferri: ti piacerà. Io... vorrei provare il vitello alle verdure che è una delle loro specialità.
Peter: Allora, possiamo ordinare? Ho proprio fame!
Grazia: Sì, dai, ordiniamo. Per antipasto... prendiamo del prosciutto, va bene? Per contorno?
Peter: Mmh... un'insalata?
Grazia: Ecco, sì... un'insalata verde. E da bere?
Peter: Mah, decidi tu!
Grazia: Beh, sentiamo anche il cameriere... Scusi, possiamo ordinare?

34. C6 (Menù)

1.
Cameriere: Buongiorno... I signori hanno scelto?
Giuseppe: Quasi, io sono indeciso tra i rigatoni al sugo e gli spaghetti al ragù. Cosa mi consiglia?
Cameriere: Sono tutti e due molto buoni, ma se vuole il mio parere, la specialità dello chef sono le fettuccine ai funghi.
Giuseppe: Dice? Mmh... va bene, per me le fettuccine. Però, mi raccomando, al dente!
Cameriere: Certo. E per Lei signora?
Luisa: Per me le penne all'arrabbiata.
Cameriere: Ottima scelta. E per secondo?
Giuseppe: Io vorrei una bistecca, ben cotta per favore. Tu prendi il pollo, vero?
Luisa: No, ho cambiato idea. Per me gli involtini alla romana.
Cameriere: Benissimo. Basta così o volete qualcos'altro... un'insalata?
Giuseppe: No, grazie... Da bere... una bottiglia di acqua minerale naturale.
Cameriere: Va bene. Grazie.

2.
Cameriere: Avete scelto?
Gianni: Sì, allora... per me i rigatoni.
Cameriere: Lei?
Anna: Io prendo... le linguine. No, no, meglio le farfalle ai quattro formaggi.
Gianni: Il pollo all'aglio com'è?
Cameriere: Buono, ma un po' piccante. Se vuole posso chiedere di mettere meno pepe.
Gianni: No, non importa, prendo le scaloppine ai funghi.
Anna: Io, invece, vorrei il pollo.
Cameriere: Qualcos'altro?
Gianni: Non so, prendiamo un po' di prosciutto?
Anna: No, è troppo. Meglio una caprese.
Gianni: D'accordo!
Cameriere: Bene, ...e da bere? Un Chianti, un Sangiovese?
Giuseppe: Ecco, un Sangiovese. Grazie.
Cameriere: Grazie a voi.

UNITÀ 7

36. C1 - Avevamo deciso di andare al cinema...

● Hai fatto bene a non venire con noi ieri: è stata una tragedia!
○ Perché? Cos'è successo?
● Allora... Sofia ed io avevamo deciso di andare al cinema, no? Lei, come al solito, ha invitato anche Laura.
○ E che c'è di strano?
● Aspetta, non ho finito! Noi volevamo andare all'*Astra* a vedere l'ultimo film di Tornatore che Laura, però, aveva già visto.
○ E quindi?
● Abbiamo pensato di vedere una commedia di Pieraccioni, ma secondo un amico di Laura, che era andato a vedere il film qualche giorno prima, non era un granché.
○ Allora niente film?
● Appunto! Hai capito?! Abbiamo dovuto ascoltare il parere di qualcuno che neppure conoscevamo! Eppure le critiche che avevo letto io erano ottime.
○ Insomma... alla fine, cosa avete fatto?
● Siccome era tardi per lo spettacolo delle dieci e mezza, abbiamo deciso di andare a mangiare. Però abbiamo dovuto discutere mezz'ora prima di scegliere il locale perché Laura voleva andare in un posto dove non era mai stata!
○ Che tipo questa Laura!

38. Quaderno degli esercizi

Carla: Andiamo al cinema stasera?
Dino: Perché no? Solo che non so quale film andare a vedere. Tu hai qualche idea?
Carla: Ma non avevi detto che volevi vedere l'ultimo film di Verdone?
Dino: Sì... ma secondo Mario non ne vale la pena.
Carla: Perché?
Dino: Eh... dice che è una commedia come tante.
Carla: Allora, troviamo qualcos'altro. Hai un giornale?
Dino: No, ma posso cercare in internet. Un attimo... allora... *Milano online...*, spettacoli... cinema... Ecco: *i film della settimana*.
Carla: Cosa danno?
Dino: Dunque... ah, è uscito il nuovo film di Tom Cruise.
Carla: No, a me Tom Cruise non piace. Andiamo avanti.
Dino: Va be'... c'è un film d'azione con Orlando Bloom.
Carla: Ma no, basta... ultimamente non vediamo altro che film d'azione!
Dino: Hai ragione. Poi... danno un film con Maria Grazia Cucinotta, che a me piace molto, lo sai.
Carla: Che film è?
Dino: Vediamo! Qua ci sono anche le critiche: "...un film di forti sentimenti ... trama originale ... bravissima la Cucinotta in un ruolo interessante".
Carla: Beh, questo può andare, che dici?
Dino: Direi di sì. Almeno c'è la Cucinotta!

UNITÀ 8

41. E1 - Ti posso aiutare?

1.
● Domani devo consegnare questa traduzione. Non farò mai in tempo.
○ Ti posso aiutare?
● No, grazie! Purtroppo non mi puoi aiutare.

2.
● E adesso? Come faccio a portare tutte queste borse a casa?
○ Vuoi una mano? Ne posso portare un paio io.
● Grazie! Meno male che ci sei tu!

3.
● Signora, sembra avere dei problemi con la Sua macchina. La posso aiutare?
○ La ringrazio tanto! Di macchine non ci capisco niente!

4.
● Ho finito. Hai bisogno di aiuto?
○ Come no?! Sai la risposta alla domanda numero 3?

5.
● Ti vedo un po' giù oggi. Posso fare qualcosa?
○ Grazie, non è niente. Sono solo di cattivo umore.

6.
● Vado in centro, vuoi un passaggio?
○ Grazie, molto gentile, ma prima devo passare da Carla.

42. Quaderno degli esercizi

Guido: Va be', è uguale... poi quanto latte prendiamo?
Grazia: Uhm...non lo so; vedi un po', quand'è che scade?
Guido: Aspetta, eh... il 21... cioè dopodomani...
Grazia: ...dopodomani!? Allora prendiamone un litro. Possiamo sempre comprare il latte al bar sotto casa, no?
Guido: Giusto! La mozzarella?
Grazia: No, ne abbiamo due. Perché piuttosto non prendiamo questo formaggio? Lo vorrei provare.
Guido: Come vuoi. Io, invece, sono fedele ai miei *Kinder* allo yogurt. Perché non li provi qualche volta?
Grazia: Ma a me lo yogurt non piace molto. Solo quello alla frutta, ogni tanto. Poi... caffè ne abbiamo?
Guido: Non credo... ehi, guarda! *Lavazza* è in offerta speciale. Che ne dici?
Grazia: Va bene, prendiamolo.
Guido: Cos'altro... olive... ci sono... funghi?
Grazia: Sono finiti: prendine due vasetti... Ah, il sugo! Non abbiamo il sugo di pomodoro.
Guido: Cosa prendi di solito, *Barilla* o *Star*?
Grazia: Mah, dipende, vediamo anche il prezzo: *Barilla* 3 euro, *Star* 2 e 80. Beh... *Barilla* però è più buono.
Guido: ...Vino?
Grazia: No, abbiamo ancora quello che hanno portato i ragazzi... L'olio, piuttosto, è finito! Proviamo questo biologico, che ne dici?

Guido: Eh, proviamolo! ...Andiamo un po' al reparto detersivi?

Grazia: Sì... ecco, detersivo per lavatrice: confezione da cinque chili in offerta; prendiamolo!

Guido: Sì, però tu lo compri, ma sono io che lo porto a casa!

Grazia: Uffa! Questa volta lo porto io! Allora, prendo una crema idratante... cos'altro? Oh! ...il gel per i capelli... ecco io ho finito. Tu vuoi qualcos'altro?

Guido: Sì: uno shampoo e un dentifricio. Basta così?

Grazia: Sì.

Guido: Ok! Allora andiamo alla cassa.

UNITÀ 9

46. Quaderno degli esercizi

negoziante: Buongiorno!
cliente: Buongiorno!
negoziante: Posso aiutarla?
cliente: Uhm... vorrei un paio di occhiali.
negoziante: Ha visto qualcosa in vetrina che Le piace?
cliente: A dir la verità sono molto indecisa.
negoziante: Non importa. Troveremo sicuramente qualcosa... Sta cercando occhiali da sole o da vista?
cliente: Tutti e due.
negoziante: Quindi... due modelli, signorina?
cliente: No... Volevo... chiedere: è possibile scegliere degli occhiali da sole e poi... magari mettere le lenti da miopia?
negoziante: Certo, è una cosa che si fa spesso. Allora... cerchiamo un po' tra i modelli da sole. Che stile preferisce più o meno?
cliente: Hmm... non saprei. Magari grandi, con la montatura in metallo.
negoziante: Bene... ecco... questi qua, come Le sembrano?
cliente: Mah, la montatura mi sembra un po' pesante. Vorrei... qualcosa di più leggero.
negoziante: Più leggeri? Allora... Le faccio vedere questi modelli qui...
cliente: Ecco! Questi qua per esempio mi piacciono molto.
negoziante: Questo è uno degli ultimi modelli di *Armani*.
cliente: Si vede, è proprio bello! Quanto costa?
negoziante: Viene 260 euro senza le lenti.
cliente: 260?! Beh, un po' cari! E questi *Byblos*? Anche questi mi piacciono.
negoziante: Questi costano di meno: 220. E Le stanno anche molto bene.
cliente: Sì... però bisogna calcolare anche le lenti da miopia, no? Quindi... devo trovare un modello meno caro... Ecco, anche questi *Persol* sono carini. Quanto costano?
negoziante: Lì siamo intorno ai 180 euro.
cliente: Allora ci siamo!

UNITÀ 10

50. F1 Gira a destra!

a.

● Scusate, ragazzi, sapete dov'è la mensa?
○ Certo; va' sempre dritto per un centinaio di metri, alla terza strada gira a destra e poi subito a sinistra. C'è una lunga fila fuori: non puoi sbagliare.
● Grazie tante!

b.

● Luca, sai dirmi dov'è il negozio di Sandra?
○ Dunque... è abbastanza facile: prendi questa strada e va' dritto; alla seconda traversa gira a sinistra e al primo incrocio a destra. All'angolo sulla tua destra troverai il negozio.
● Grazie!

c.

● Carla, sai dov'è la Libreria Italiana?
○ Ascolta: va' sempre dritto fino a via Meridiana, la terza traversa. Poi gira subito a sinistra e ci sei; non è difficile.
● Grazie mille!

51. Quaderno degli esercizi

ragazza: Professore, posso chiederLe una cosa?
insegnante: Certamente.
ragazza: Sa, visto che in estate avrò molto tempo libero, penso di cominciare a leggere delle riviste italiane. Lei che ne pensa?
insegnante: Fai molto bene, anche se all'inizio non sarà facile.
ragazza: Cioè, non capirò proprio niente?
insegnante: Come no!? Però non ti aspettare di capire tutto. Sicuramente sarà un ottimo esercizio e imparerai tante cose sulla realtà italiana.
ragazza: Bene... allora, quali riviste mi consiglia?
insegnante: Non so, dipende anche dai tuoi interessi.

insegnante: Per esempio, *Panorama* e *L'Espresso*, li conosci: sono i settimanali più noti. Lì puoi trovare di tutto: attualità, politica, economia. La lingua però non è tanto facile.

ragazza: Ho capito. Qualcosa di meno pesante?

insegnante: ...*Max* è molto moderno, ... *Chi* lo stesso. Ma usano un linguaggio giovanile che non è molto facile. Credo che ti piaceranno.

ragazza: Riviste femminili?

insegnante: Certo: io ti consiglio anzitutto *Donna moderna* che è abbastanza semplice. Esce ogni settimana e si occupa un po' di tutto: moda, costume, attualità ecc. Lo stesso vale per *Grazia*.

ragazza: Perfetto! Che altro mi può suggerire?

insegnante: Vediamo... c'è il mensile *Bell'Italia* per quanto riguarda i viaggi ecc., ... *TV Sorrisi e canzoni*, con tutti i programmi televisivi della settimana. Poi riviste di moda come il mensile *Vogue*, ...di arredamento come *Abitare* e... tante altre.

figlio: Sì, ma... sono tutte canzoni lente, tristi, dai!

padre: Ma scusami, per te la musica è solo quella veloce, da discoteca? I testi non contano?

figlio: Certo che contano, ma anche i cantanti di oggi dicono cose belle, magari lo fanno in modo diverso... meno sentimentale. Prova ad ascoltare *Vita spericolata* di Vasco o le canzoni degli Articolo 31...

padre: Va be', forse hai ragione... in fondo "de gustibus non est disputandum"...

UNITÀ 11

54. Quaderno degli esercizi

padre: Ma come fai ad ascoltare queste canzoni? Sembra musica della giungla!

figlio: Va be', papà, ti prego, non cominciare! È solo un cd di Jovanotti: musica rap con influenze etniche.

padre: Ecco, vedi, ai miei tempi... quella sì che era musica: italiana al cento per cento.

figlio: Italo-americana vuoi dire?

padre: Come italo-americana?! *Il cielo in una stanza* di Gino Paoli, per esempio, ... oppure... *Questo piccolo grande amore* di Baglioni, non sono italiane?

figlio: Sì, però Paoli cantava anche *Sapore di sale*, che secondo me sembra una canzone americana di quel periodo... per non parlare delle prime canzoni di... di Celentano, di... Morandi...

padre: Non mi dire che non ti piace *In ginocchio da te* di Morandi?! Oppure... *Il ragazzo della via Gluck* di Celentano. ... E poi canzoni come *Anna*, ... *E penso a te* di Battisti o ... che ne so *Piazza grande*, *L'anno che verrà* di Lucio Dalla, o le canzoni di Mina, di Venditti, di Patty Pravo...

CHIAVI del QUADERNO DEGLI ESERCIZI

UNITÀ INTRODUTTIVA

1. 1. lettere, 2. mode, 3. studenti, 4. treni, 5. giornali, 6. fermate, 7. chiavi, 8. pizze
2. 1. strade, 2. amori, 3. pesci, 4. rossi, 5. aerei, 6. francesi, 7. alti, 8. aperte
3. 1. sei, 2. siamo, 3. siete, 4. sono, 5. sono, 6. è
4. 1. sei, 2. siete, 3. sono, 4. siamo, 5. sei, 6. sono
5. 1. la, 2. la, 3. l', 4. lo, 5. il, 6. il, 7. il, 8. la, 9. il
6. 1. lo, 2. il, 3. la, 4. la, 5. gli, 6. l', 7. lo, 8. l', 9. il
7. 1. i bicchieri, 2. le giornate, 3. gli zaini, 4. gli americani, 5. le finestre, 6. i pesci, 7. le notti, 8. i pezzi
8. 1. i campioni, 2. le canzoni, 3. le lingue, 4. gli stivali, 5. le luci, 6. le stelle, 7. le isole, 8. le macchine
9. 1. i turisti, 2. le foto, 3. le città, 4. gli sport, 5. le ipotesi, 6. i test, 7. i cinema, 8. i problemi
10. 1. ha, 2. hanno, 3. hai, 4. abbiamo, 5. ho, 6. avete
11. 1. avete, 2. hanno, 3. ho, 4. ha, 5. hanno, 6. Hai
12. 1. ti chiami, 2. mi chiamo, 3. si chiama, 4. mi chiamo, 5. si chiama, 6. ti chiami
13. a. *Chi è Mariella Console?* Mariella Console è una studentessa italiana d'inglese. *Di dov'è?* È di Bari. *Quanti anni ha?* Ha 19 anni.
    b. *Chi sono Gino e Carla?* Gino e Carla sono due ragazzi italiani. *Di dove sono?* Gino è di Firenze, Carla è di Pisa. *Quanti anni hanno?* Gino ha 24 anni, Carla ha 23 anni.

Test finale

A 1. è, 2. è, 3. ha, 4. ha, 5. sono, 6. hanno, 7. è, 8. ha, 9. sono, 10. hanno

B 1. Il, 2. La, 3. Il, 4. Il, 5. Il, 6. Gli

C 1. L', c; 2. Il, a; 3. La, a; 4. Il, c; 5. Lo, c; 6. Lo, b

UNITÀ 1

1. 1. lavora; 2. aspetto; 3. parlate; 4. preferiamo; 5. pulisce; 6. abitano; 7. partono; 8. sono, vivo
2. 1. ascoltate, 2. parte, 3. fumi, 4. capite, 5. guardiamo, 6. abbiamo, 7. Partiamo, 8. prendete
3. 1. Scrivo, 2. vivete, 3. ascolti, 4. prende, 5. mangiamo, 6. parliamo, 7. apro, 8. abiti
4. 1. Preferisco, 2. finisce, 3. Spedisco, 4. puliamo, 5. capisco, 6. pulisco, 7. Finiamo, 8. Preferisco
5. 1. c, 2. a, 3. b, 4. c
6. 1. aprono, 2. capiscono, 3. lavoriamo, 4. cominciano, 5. leggete, 6. abita, 7. ripeto, 8. ascoltano
7. 1. prende, 2. parte, 3. cominciate, 4. cercano, 5. parlano, 6. conoscete, 7. pensano, 8. amo
8. 1. Un, 2. Una, 3. Un, 4. Uno, 5. Un, 6. Una
9. 1. Un', 2. Uno, 3. Un, 4. Una, 5. Un, 6. Una
10. 1. Il libro è interessante, I libri sono interessanti, Il libro e l'idea sono interessanti / L'idea è interessante, Le idee sono interessanti, I libri e le idee sono interessanti; 2. Mario è intelligente, Mario e Franco sono intelligenti, Mario e Carla sono intelligenti / Carla è intelligente, Carla e Anna sono intelligenti, Anna e Franco sono intelligenti; 3. Il giardino è grande, I giardini sono grandi, Il giardino e la casa sono grandi / La casa è grande, Le case sono grandi, I giardini e le case sono grandi
11. 1. Dove vivi?, 2. Sei americano?, 3. Perché sei in Italia?, 4. Dove abiti?, 5. Come ti chiami?, 6. Conosci bene Roma/la città?, 8. Sei spagnola?, 7. Dove scendi?
12. 1. quanto tempo, 2. abitate, 3. francese, 4. da una settimana, 5. di dove siete, 6. sono straniero
13. 1. a, 2. a, 3. b, 4. a
14. 1. b, 2. a, 3. a, 4. a

Test finale

A 1. un, 2. una, 3. un, 4. Il, 5. un, 6. gli, 7. il, 8. la, 9. gli, 10. il

B 1. (1) c, (2) b; 2. (1) b, (2) a; 3. (1) b, (2) b; 4. (1) a, (2) a; 5. (1) a, (2) b; 6. (1) b, (2) c; 7. (1) c, (2) a; 8. (1) b, (2) a

C 1. occhio, 2. fronte, 3. bocca, 4. braccio, 5. capelli, 6. mano, 7. naso, 8. dito

UNITÀ 2

1. 1. vado, 2. vengono, 3. vanno, 4. venite, 5. andate, 6. Vieni
2. 1. Andiamo, 2. Vieni, 3. vengono, 4. Vado, 5. Andate, 6. Viene
3. 1. andiamo, 2. vengono, 3. uscite, 4. andiamo, 5. cerchiamo, 6. sapete, 7. dai, 8. vado
4. 1. dice, 2. paghiamo, 3. rimangono, 4. bevo, bevi, 5. spegnete, 6. rimaniamo, 7. fate, 8. dici
5. 1. esce, 2. stiamo, 3. fanno, 4. dicono, 5. bevi, 6. paghiamo, 7. dai, 8. cerchi
6. 1. vogliamo visitare, 2. devi far presto, 3. può restare, 4. devono fare attenzione, 5. possono pronunciare, 6. vuoi comprare, 7. possiamo fare tutto, 8. dovete andare
7. 1. voglio bere, 2. dovete partire, 3. possiamo aspettare, 4. Vuoi invitare, 5. devo leggere, 6. Potete passare
8. (1) potete, (2) posso, (3) può, (4) voglio, (5) devo, (6) deve, (7) posso, (8) vuole
9. 1. duecentocinquantanove, 2. millequattrocentonovantadue, 3. ottocentosettantatré, 4. quattordicesimo, 5. millenovecentottantotto, 6. ottavo, 7. ottocentosettantuno, 8. decimo
10. 1. in, 2. a, 3. in, 4. dal, 5. a, a; 6. in, in; 7. in, in; 8. in, al
11. 1. in, in; 2. a; 3. con; 4. da, in; 5. a; 6. in, in; 7. da; 8. di, in

12. 1. per, 2. al, a, 3. in, 4. a, da, 5. in, 6. in, 7. al, 8. a
13. 1. in vacanza, 2. in treno, 3. da solo, 4. per le, 5. a piedi, 6. al cinema
14. (1) lunedì, (2) domenica, (3) sabato, (4) martedì, (5) mercoledì, (6) giovedì, (7) venerdì
15. 1. Sono le sedici e venti/Sono le quattro e venti, 2. Sono le venti e quindici/Sono le otto e un quarto, 3. Sono le ventiquattro/È mezzanotte, 4. Sono le dodici e trenta (mezzo)/È mezzogiorno e mezzo, 5. Sono le due e quarantacinque/Sono le tre meno un quarto, 6. Sono le tredici e cinquanta/Sono le due meno dieci

Test finale

A (1) va, (2) prende, (3) esce, (4) incontra, (5) fanno, (6) finiscono, (7) vogliono, (8) gioca, (9) sanno, (10) vanno

B 1. (1) c, (2) a; 2. (1) a, (2) a; 3. (1) b, (2) b; 4. (1) c, (2) b; 5. (1) c, (2) a; 6. (1) b, (2) b; 7. (1) b, (2) c; 8. (1) a, (2) c

C *Orizzontali*: 1. mesi, 4. biglietto, 5. traffico, 7. calcio, 8. accettare, 9. intervista; *Verticali*: 2. settimana, 3. invito, 6. piani

1° TEST DI RICAPITOLAZIONE

A 1. la, 2. la, 3. gli, 4. i, 5. i, 6. l', 7. il, 8. l', 9. il, 10. l', 11. la, 12. la

B 1. le case grandi, 2. i problemi gravi, 3. i mari azzurri, 4. le unità facili, 5. le macchine nuove, 6. i libri francesi, 7. le gonne verdi, 8. i film interessanti

C 1. parliamo, facciamo; 2. finisce; 3. vanno; 4. ha; 5. comprano, leggono; 6. arriva, arriviamo; 7. aprono, chiudono; 8. mangi

D 1. una, 2. un, 3. una, 4. uno, 5. un/una, 6. un, 7. uno, 8. una, 9. una, 10. un, 11. una, 12. uno

E 1. a, 2. c, 3. a, 4. a, 5. a, 6. b

F 1. sappiamo, arriva; 2. posso, devo; 3. so; 4. dobbiamo; 5. beve; 6. dice; 7. spedisco; 8. vuole

UNITÀ 3

1. 1. dal, 2. negli, 3. per le, 4. nell', 5. con i, 6. degli, 7. dei, 8. per il
2. 1. al, 2. dell', 3. dai, 4. con i, 5. nell', 6. tra gli, 7. per il, 8. al
3. 1. dalla, dell'; 2. nella; 3. per il; 4. tra le; 5. nella; 6. con l', delle; 7. al, a/per; 8. a
4. 1. di, a; 2. agli; 3. sulla; 4. al; 5. Dal, della; 6. all', dagli; 7. delle; 8. all'
5. 1. Veniamo tutti per il tuo compleanno, 2. Non so quale tra questi due vestiti mettere, 3. Gino è un bellissimo ragazzo con i capelli neri, 4. Appena esco dall'ufficio vengo a casa, 5. Andiamo a teatro a piedi o in macchina?
6. 1. in, nella; 2. a, al; 3. in, nella; 4. di, delle; 5. di, dello; 6. di, della; 7. di, delle; 8. a, al
7. 1. a, ai; 2. dai, da; 3. da, da; 4. da, dal; 5. dei, di; 6. della, di; 7. su, sul; 8. da, dalle
8. 1. in, alla; 2. in, con l'; 3. in, nell'; 4. in, nella; 5. in, con la
9. 1. per la, tra, in, a, a, a, in, del
10. 1. Abbiamo degli amici australiani, 2. Compriamo dei regali, 3. Portano dei vestiti neri, 4. Escono spesso con delle ragazze italiane, 5. Vengono a cena delle persone importanti, 6. sono dei bravi ragazzi
11. 1. le; 2. le; 3. dalle, alle; 4. alle; 5. le; 6. alle; 7. È; 8. all'
12. 1. alle 3.15/15.15; 2. alle 7/19; 3. dalle 4/16; 4. all'1.45/alle 13.45; 5. alle 11.30; 6. alle 4.30/alle 16.30; 7. all'1/alle 13: 8. alle 9
13. 1. sopra, 2. accanto, 3. sotto, 4. dietro, 5. dentro, 6. sinistra
14. 1. Lascio la macchina nel parcheggio dietro il cinema, 2. Per arrivare alla birreria dovete girare a destra, 3. La villa di Annalisa è accanto a quella di Marcello, 4. Marisa ed io abbiamo un appuntamento dentro la stazione, 5. Il negozio di Luca è davanti al supermercato
15. 1. b, 2. a, 3. b, 4. a, 5. c
16. 1. c'è, 2. c'è, 3. ci sono, 4. ci sono, 5. ci sono, 6. c'è, 7. c'è, 8. ci sono
17. 1. mah, non so, 2. probabilmente, 3. non sono sicuro, 4. magari, 5. penso, 6. almeno credo
18. 1. La sua, 2. il tuo, 3. La tua, 4. La sua, 5. la tua, 6. Il mio
19. (*risposte suggerite*) 1. Grazie tante!, Di niente!; 2. Grazie!, Figurati!; 3. Ti ringrazio, Non c'è di che!
20. 1. Autunno, 2. Estate, 3. Inverno, 4. Primavera
21. 1. quattromiladuecentottantadue, 2. settantacinquemila, 3. due milioni, 4. cinquecentosessantamila, 5. quindicimila, 6. duemilaseicento
22. 1. Roma, 2. La Torre Pendente, 3. Firenze, 4. Roma, 5. Il Ponte Vecchio, 6. Venezia, 7. Napoli, 8. Milano, 9. Il Foro Romano, 10. Firenze

Test finale

A (1) in, (2) nel, (3) di, (4) al, (5) alle, (6) alle, (7) Con, (8) alla, (9) della, (10) in, (11) sul, (12) a

B 1. (1) c, (2) b; 2. (1) c, (2) b; 3. (1) a, (2) c; 4. (1) c, (2) a; 5. (1) c, (2) b; 6. (1) a, (2) a; 7. (1) c, (2) b; 8. (1) b, (2) b

C 1. scrivania, 2. camino, 3. armadio, 4. sedia, 5. poltrona, 6. tavolo, 7. lampada, 8. divano, 9. quadro, 10. tappeto

UNITÀ 4

1. 1. Abbiamo visitato tutti i musei della città, 2. hanno spedito un'e-mail, 3. Abbiamo comprato il regalo per Tonino, 4. hanno studiato in Francia, 5. avete

Chiavi del Quaderno degli esercizi

mangiato il dolce?, 6. avete telefonato a Filippo ieri?, 7. Avete guardato la tv ieri sera?, 8. Perché avete lasciato la porta aperta?

2. 1. Ho comprato un cd di Laura Pausini, 2. Ho avuto un cane molto bello, 3. Abbiamo parlato spesso di lavoro, 4. Ho incontrato Mario per strada, 5. Abbiamo ascoltato con attenzione, 6. Valerio ha portato un suo amico, 7. Non avete venduto la macchina?, 8. I Rossi hanno cambiato casa

3. 1. Sono partito/a per la Spagna, 2. Sono stato/a in Italia per motivi di lavoro, 3. Siamo passati/e prima da Angela e poi da te, 4. I ragazzi sono arrivati, 5. È stata una gita molto interessante, 6. Sono tornato/a subito, 7. Le ragazze sono entrate in classe, 8. Siamo usciti/e a fare spese

4. 1. Siamo tornate dalle vacanze, 2. hanno avuto mal di testa, 3. Abbiamo passato due settimane a Firenze, 4. sono partiti per Cuba, 5. Siamo arrivate prima dell'inizio del film, 6. sono restate a casa tutto il giorno, 7. Abbiamo finito prima e siamo uscite presto, 8. hanno superato l'esame

5. 1. è arrivata, 2. abbiamo cercato bene, 3. Siete usciti, 4. ho finito, 5. sei stata, 6. abbiamo lavorato, 7. Hai ricevuto la mia lettera?, 8. Siamo tornate

6. 1. Michele ha suonato la chitarra/Il suo telefonino è suonato tutto il giorno; 2. Il clima è cambiato molto velocemente/I signori Antonucci hanno cambiato casa; 3. Sono passato da Nicola dopo le sei/Ho passato molto tempo con Carla; 4. Il film è finito in modo triste/Ho finito di studiare alle quattro; 5. Ho salito due piani a piedi/Sono salito da Maria a bere un caffè

7. 1. allora, 2. poi, 3. così, 4. prima, 5. dopo, 6. alla fine, 7. prima di, 8. dopo

8. 1. ha letto, 2. è stata, 3. hai chiuso, 4. abbiamo deciso, 5. hanno vinto, 6. avete fatto, 7. ho detto, 8. hanno corretto

9. 1. Marco ha aperto una tabaccheria in centro, 2. Ho spento la luce e sono andato/a a dormire, 3. Abbiamo risposto a tutte le domande del professore, 4. L'azienda ha offerto un viaggio a Singapore al suo direttore, 5. Ho speso quasi tutto in viaggi, 6. Non hai scelto con cura il tuo abbigliamento, 7. Il suo carattere non è piaciuto a molte persone, 8. Ho conosciuto Pino grazie a un vecchio amico

10. 1. ci siamo rimasti, 2. ci vado, 3. Ci viviamo, 4. ci ho guardato, 5. Ci ho messo, 6. Ci abitano, 7. ci passiamo, 8. ci sono stato

11. 1. sempre, 2. già, 3. ancora, 4. anche, 5. mai, 6. più, 7. appena, 8. anche

12. 1. Sono dovuto andare alla posta per spedire un telegramma, 2. Ha voluto comprare una gonna cortissima, 3. Abbiamo dovuto prendere una decisione molto importante, 5. Come avete potuto credere a tutte queste cose?, 7. Abbiamo potuto fare gli esercizi con l'aiuto del vocabolario

13. 1. Da Piazzale Michelangelo i turisti hanno potuto vedere tutta Firenze, 2. Per far presto sono dovuto/a passare da una stradina di campagna, 3. Carlo ancora una volta ha voluto fare di testa sua!, 4. Abbiamo voluto vedere tutto il programma, 5. Per comprare la casa al mare ha dovuto fare due lavori, 6. non ho potuto fare niente per il tuo amico, 7. Non sono potuto/a tornare per l'ora di cena, 8. Ho voluto sposare Roberto, il mio primo amore

14. 1. sei voluto/a, 2. sono potuto/a, 3. abbiamo dovuto, 4. sono voluti/e, 5. è dovuto, 6. ho potuto, 7. Siamo dovuti/e, 8. hanno potuto

15. **a.** Alberto: cornetto, cappuccino; Valeria: panino prosciutto cotto e mozzarella, bibita; Giulio: birra media; Alessia: caffè espresso
    b. 1. v, 2. f, 3. v, 4. f

16. (1) hai fatto, (2) siamo andati, (3) siamo rimasti, (4) avete passato, (5) abbiamo avuto, (6) hai visto, (7) è venuta, (8) è tornata, (9) ha conosciuto

17. (*risposte suggerite*) 1. Mio fratello è vissuto molto tempo fuori dall'Italia e ha dimenticato come mangiano gli italiani; 2. Ieri, al bar sotto casa, ho incontrato Nicola. Abbiamo preso un caffè insieme e siamo andati in giro per i negozi: Nicola ha comprato una cintura, io non ho comprato niente; 3. Questa mattina non siamo potuti andare al lavoro in autobus per lo/a causa dello sciopero dei mezzi di trasporto. Ma non siamo restati a casa, abbiamo telefonato a Piero e siamo andati a lavorare con la sua macchina

18. 1. al, a/con; 2. nel, della, per; 3. all', per; 4. al, di, a; 5. da, di, nello; 6. al; 7. dagli/con gli, con i; 8. dal, per

19. 1. in, all'; 2. al, a; 3. sulla, della; 4. di, allo; 5. per, tra; 6. tra; 7. Da, dalle; 8. in

Test finale

A (1) ha, (2) ha, (3) è, (4) ha, (5) sono, (6) ha, (7) ha, (8) ha, (9) è, (10) è, (11) ha

B 1. (1) c, (2) b; 2. (1) c, (2) b; 3. (1) a, (2) a; 4. (1) a, (2) c; 5. (1) c, (2) c; 6. (1) a, (2) b; 7. (1) c, (2) a, (3) b; 8. (1) b, (2) a

C *Orizzontali*: 2. minerale, 4. birra, 5. macchiato, 7. prosciutto, 8. bar; *Verticali*: 1. bibita, 2. pomodoro, 3. cassa

UNITÀ 5

1. 1. presenteranno il nuovo cd, 2. perderete il treno, 3. cambieranno appartamento, 4. Ascolteremo con attenzione la sua/loro proposta, 5. Scenderai, 6. finirete questi esercizi, 7. Passerai le vacanze, 8. resteremo

169

2. 1. starà, 2. avranno, 3. saremo, 4. farete, 5. avrai, 6. farà, 7. staremo, 8. darà
3. 1. avrà, 2. Staremo, 3. sarà, 4. farai, 5. avrà, 6. daranno, 7. sarà, 8. avranno
4. (1) farete, (2) tornerò, (3) lavorerò, (4) vedrò, (5) sarà, (6) aprirò, (7) sarà, (8) avrà, (9) Resteremo, (10) andremo, (11) sarà
5. (1) succederà, (2) vedrai, (3) lascerà, (4) partirà, (5) tornerà, (6) troveranno, (7) chiederà, (8) dirà, (9) farà, (10) andrà, (11) sarà, (12) sarà, (13) diventeranno, (14) troverà
6. 1. Saranno, 2. Avrà, 3. berrò, 4. Sarà, 5. Durerà, 6. avranno, 7. Mancherà, 8. Sarà
7. 1. sarò, 2. inizierò, 3. spegneremo, 4. porterò, 5. laverò, 6. studieremo, 7. farò, 8. finiremo
8. 1. Se troverà i soldi, verrà anche lei in Thailandia; 2. Se finirò prima, andrò a trovare Carmen; 3. Se prenderai un'aspirina, il mal di testa passerà subito; 4. Se sarai contento tu, sarò contento anch'io; 5. Se arriverete presto, aspetterete al bar sotto casa; 6. Se non risponderai al telefono, lascerò un messaggio sulla tua segreteria telefonica; 7. Se farai degli studi seri, avrai più possibilità di trovare un lavoro; 8. Se andranno alla posta adesso, faranno in tempo a spedire il pacco
9. 1. Andrete, 2. Potrai, vorrai; 3. sapremo; 4. berremo; 5. Verranno; 6. pagherò, pagherai; 7. rimarrete; 8. Vedrete, andrà
10. 1. I miei amici andranno in vacanza a Portofino, 2. Rimarrò in città e andrò a visitare i posti che non ho ancora visto, 3. come andrà a finire questa storia, 4. Non dimenticherò, 5. Finiremo di vedere il film e poi andremo a letto, 6. Sarò felice se tornerai a trovare me e la mia famiglia, 7. Se vorremo visitare anche Parigi, dovremo fare un programma serio, 8. potrò passare a ritirare la macchina dal meccanico
11. (1) passeremo, (2) farai, (3) sarò, (4) cercherò, (5) canterà, (6) Sarà, (7) canterà, (8) cambierai, (9) Resterai, (10) chiamerò, (11) vorrà, (12) farà, (13) entreremo
12. 1. Appena saremo arrivati in albergo, faremo una doccia, 2. Dopo che avrò visto il film, andrò a letto, 3. Dopo che avrete finito di studiare, potrete uscire, 4. Dopo che avrò visto lo spettacolo, scriverò la critica, 5. Quando avrò letto il giornale, saprò chi ha vinto la partita ieri, 6. Dopo che avrete lavato la gonna, vedrete che non è di buona qualità, 7. Quando avremo messo i soldi da parte, compreremo sicuramente la macchina, 8. Dopo che avrà preso la laurea, cercherà un lavoro
13. 1. Telefonerò, sarà finito; 2. potrò, andrò; 3. avranno dato, andremo; 4. avrai, potrai; 5. saremo andati, inviteremo; 6. prenderò, arriverò; 7. avrà; 8. sarò tornato, farò

14. 1. avrò preso, ritornerò; 2. avrete perso, potrete; 3. verrà, sarà finita; 4. avrai letto, capirai; 5. avrò parlato, avrò; 6. avremo finito, andremo; 7. riceverà/ avrà ricevuto, verrà; 8. avrà telefonato, dovremo
15. 1. Sarà finita, 2. Avrà finito, 3. Avranno capito, 4. Saranno rimasti, 5. avrà cercato, 6. avranno mangiato, 7. Avrete avuto, 8. Avranno sbagliato
16. 1. b, 2. c, 3. a, 4. a, 5. c, 6. c

Test finale

A (1) sarà, (2) chiuderanno, (3) riusciranno, (4) andremo, (5) saremo arrivati, (6) prenderemo, (7) Visiteremo, (8) andremo, (9) avremo finito, (10) torneremo, (11) rimarremo

B 1. (1) b, (2) a; 2. (1) c, (2) a; 3. (1) a, (2) c; 4. (1) c, (2) b; 5. (1) c ,(2) b ; 6. (1) c, (2) b; 7. (1) c, (2) b; 8. (1) a, (2) c

C *Orizzontali*: 5. Befana, 7. temporale, 8. binario, 9. panettone; *Verticali*: 1. Eurostar, 2. vento, 3. maschera, 4. cenone, 6. nuvoloso

2° TEST DI RICAPITOLAZIONE

A 1. al, a; 2. alla, per, ai; 3. di, per, ai; 4. nell', a; 5. dalla; 6. al; 7. in, a, nel, di; 8. sul, della/in
B 1. alla/per la, di; 2. dal; 3. al; 4. di, nella; 5. per, dai; 6. per, su; 7. in, a; 8. di, in
C in, con, dei, per, in, di
D tua, suo, mia, sua, mia, tua
E 1. hai passato, Sei andato/a, sei rimasto/a; 2. avete finito; 3. siamo usciti/e, abbiamo incontrato; 4. Sono passati, sei cambiato/a; 5. hai fatto; 6. abbiamo visto; 7. ha cambiato; 8. ha vinto
F 1. avrò finito, potrò; 2. saranno venuti/e, saranno potuti/e; 3. avranno mangiato, dovrai; 4. cercheremo, faremo; 5. aprirà, avrà preso; 6. farà; 7. ascolterai, capirai; 8. potremo

UNITÀ 6

1. 1. La mia, 2. La sua, 3. Il loro, 4. Il nostro, 5. La loro, 6. I miei, 7. I tuoi, 8. I vostri
2. 1. Il mio motorino è velocissimo, 2. Il nostro stipendio è di 1200 euro, 3. Il suo ragazzo è in Brasile, 4. La vostra passione è il calcio, 5. Le loro macchine sono francesi, 6. I loro professori sono stranieri, 7. Il tuo orologio è svizzero?, 8. Il nostro conto in banca è piccolo
3. 1. Porterò io la loro borsa, 2. Ho perso il suo numero di telefono, 3. Ho dimenticato di portare le vostre foto, 4. Ho portato in lavanderia tutti i suoi vestiti, 5. Ho incontrato i nostri amici, 6. Non abbiamo avuto il tempo di fare visita ai suoi genitori, 7. Abbiamo cercato per ore il loro cane, 8. Ho passato il fine settimana nella loro casa
4. 1. la sua, 2. i suoi, 3. il nostro, 4. i loro, 5. i vostri,

Chiavi del Quaderno degli esercizi

6. i miei, 7. il tuo, 8. la mia
5. 1. la loro, 2. la Sua, 3. nel suo, 4. il loro, 5. i suoi, 6. ai tuoi, 7. il nostro, 8. ai loro
6. 1. il mio, 2. i miei, 3. i nostri, 4. i loro, 5. la sua, 6. i miei, 7. il loro, 8. la sua
7. 1. è loro, 2. è mia, 3. sono nostri, 4. sono mie, 5. è loro, 6. è sua, 7. sono miei, 8. è sua
8. 1. le mie, 2. I vostri, 3. il mio, 4. la mia, 5. i Suoi, 6. le sue, 7. nostro, 8. tua
9. 1. I miei, 2. sua, 3. Sua, 4. tuo, 5. mio, 6. i nostri, 7. nostro, 8. nostro
10. 1. Mia, la mia; 2. il mio; 3. mio; 4. il loro; 5. La mia; 6. i miei, le loro; 7. i tuoi; 8. La loro
11. (1) la tua, (2) i tuoi, (3) alla loro, (4) dei tuoi, (5) la tua, (6) tua, (7) tua, (8) nostra, (9) da mia, (10) ai tuoi, (11) a tuo, (12) a sua
12. 1. Vorrei finire questo lavoro stasera, 2. Vorrei invitare tutti i miei amici, 3. Con questo caldo vorrei una bella Coca cola fredda, 4. Vorrei parlare dei miei problemi con qualcuno, 5. Prima di sera, vorrei passare da Luca
13. 1. A me piacciono, 2. Sì, mi piace, 3. Mi piacciono i ragazzi, 4. Sì, a me piacciono, 5. Mi piacciono, 6. A me piace, 7. A me piace, 8. Mi piace
14. 1. begli appartamenti in centro, 2. quei vostri amici?, 3. begli alberi di Natale, 4. Quegli scioperi, 5. bei vini rossi, 6. begli orologi
15. 1. quegli appartamenti, 2. begli abiti, 3. Quegli psicologi, 4. Quei professori, 5. Quei quadri, 6. bei regali
16. 1. ci vuole, 2. Ci mettiamo, 3. Ci vogliono, 4. Ci mette, 5. ci vuole, 6. ci vuole, 7. Ci metto, 8. ci vogliono
17. 1. di, in, a; 2. all', di; 3. tra/fra; 4. da, in; 5. dal, per/a; 6. a, di; 7. Con, in; 8. dei, nel
18. (1) ai, (2) Per, (3) in, (4) a, (5) tra le/fra le, (6) di, (7) nel, (8) del, (9) tra/fra, (10) nello, (11) per, (12) degli
19. 1. di, in, a, per, di, tra/fra; 2. a, in, dal, Di, di, per, di, per le

Test finale
A (1) la tua, (2) tue, (3) vostro, (4) La sua, (5) nostro, (6) i miei, (7) tuo
B 1. (1) b, (2) c; 2. (1) b, (2) b; 3. (1) c, (2) c; 4. (1) b, (2) b; 5. (1) c, (2) a; 6. (1) b, (2) a; 7. (1) b, (2) c; 8. (1) a, (2) b
C 1. forchetta, 2. cornetto, 3. cucchiaio, 4. coltello, 5. cameriere, 6. mestolo, 7. panino 8. colapasta, 9. pizza, 10. biscotti

UNITÀ 7

1. 1. andava, 2. dormiva, 3. mangiavano, 4. portava, 5. studiavamo, 6. amava, 7. rispondeva, 8. speravo
2. 1. guardavo, pensavo; 2. raccontava, ascoltavano; 3. parlavano, rispondevano; 4. sapevamo, cercavate; 5. stavano, mangiavano; 6. perdevi, diventavi; 7. doveva, stava; 8. aspettava, cercava
3. 1. costava; 2. abitavate, stavate; 3. Guardavamo; 4. Pensavo; 5. prendevano
4. 1. facevano, 2. traducevo, 3. erano, 4. dicevi, 5. faceva, 6. beveva, 7. eravate, 8. faceva
5. (1) era, (2) avevo, (3) faceva, (4) pensavo, (5) facevano, (6) prendevano, (7) era, (8) andavano, (9) ballavano, (10) ero
6. 1. piaceva, 2. preferivamo, 3. andava, 4. riuscivo, 5. stavo, 6. facevo, 7. eravamo, 8. dicevano
7. 1. preparava, leggeva; 2. conosceva, perdeva; 3. Parlavo, pensavo; 4. Ascoltavo, riuscivo, dicevi; 5. veniva, chiamava; 6. preparavamo, giocavano; 7. vedevamo, mangiavamo; 8. era, camminava
8. 1. Ho studiato; 2. Sono rimasto; 3. abbiamo lavorato; 4. sono andato, sono andato; 5. ho fatto; Ho aspettato
9. (1) è stata, (2) ho fatto, (3) sono andato, (4) ho fatto, (5) sono rimasto, (6) Sono tornato, (7) ho preso, (8) ho preso, (9) ho capito, (10) sono sceso, (11) Ho aspettato, (12) sono arrivato
10. 1. vivevano, hanno conosciuto; 2. È successo, tornavo; 3. siamo usciti/e, faceva; 4. facevano, siete entrati/e; 5. ha comprato, desiderava; 6. siamo venuti/e, avevamo; 7. sono rimasto/a, stavo; 8. vivevamo, abitavamo
11. 1. avevo; 2. abbiamo telefonato; 3. vedevo; 4. parlavo; 5. rispondeva, eravamo; 6. ero, viaggiavo
12. 1. Mentre rispondevo al telefono, è arrivato Giacomo; 2. Quando abitavo con Remo, litigavamo ogni giorno, 4. Ieri sono rimasto a casa tutto il giorno, 6. Quando stavo da Giulia, ho conosciuto mio marito, 7. Lui leggeva il giornale e suo figlio guardava la tv
13. (1) era, (2) ho dovuto, (3) andavo, (4) ha attraversato, (5) ho cercato, (6) sono finito, (7) siamo rimasti, (8) era
14. 1. c, 2. b, 3. c, 4. a, 5. c
15. 1. stavo, bevevo; 2. hai trovato; 3. era; 4. vedevamo, è andata via; 5. ha detto; 6. cercavo; 7. ho portato; 8. hai telefonato, ero
16. (1) tardava, (2) era, (3) usciva, (4) sapevamo, (5) riuscivamo, (6) Abbiamo guardato, (7) abbiamo pensato, (8) abbiamo preferito, (9) Pensavamo, (10) abbiamo sentito, (11) ha aperto, (12) è entrato
17. (1) studiava, (2) poteva, (3) hanno preso, (4) potevano, (5) era, (6) ha organizzato, (7) ha preso, (8) piaceva
18. 1. dovevamo, siamo arrivati/e; 2. potevo, sono dovuto/a; 3. dovevi, potevi; 4. è potuta, ha cambiato; 5. ho dovuto, mi piaceva; 6. volevate, avete fatto; 7. siamo dovuti/e, avevamo; 8. voleva, volevo, abbiamo comprato

171

19. 1. dovevo, avevo; 2. Abbiamo potuto, avevamo; 3. potevo, sono dovuto/a; 4. voleva, era; 5. volevamo, abbiamo comprato; 6. era, poteva; 7. siamo potuti/e; 8. Voleva, ci è riuscita, doveva

20. 1. avevo telefonato, 2. avevo smesso, 3. avevo speso, 4. erano andati, 5. avevo promesso, 6. avevo dimenticato, 7. avevo messo, 8. era arrivato

21. (1) ero tornato, (2) era stato, (3) avevo promesso, (4) era uscito, (5) era andato, (6) aveva deciso, (7) sapevo, (8) avevo iniziato

22. 1. ho rivisto, avevo visto; 2. è andata, avevo previsto; 3. eravamo, avevamo giocato; 4. avevo, finito, sono entrate; 5. aveva promesso, ha inventato; 6. è tornata, ha raccontato, aveva visto; 7. Avevo dimenticato, sono ritornato; 8. ho ricevuto, avevo ordinato

23. 1. desiderava, avevamo comprato; 2. è arrivata, aspettavate; 3. Sono andato a ritirare, era; 4. Abbiamo cercato di finire, abbiamo fatto; 5. siamo entrati, era cominciato; 6. ho toccato, avevo mangiato; 7. era, ho telefonato; 8. ho capito, avevo perso

24. (1) di, (2) con, (3) per, (4) con, (5) alle, (6) alla, (7) con, (8) di, (9) per, (10) da, (11) in, (12) agli, (13) a, (14) all', (15) alle, (16) per, (17) di

25. (1) in, (2) in, (3) dell', (4) sulla, (5) del/nel, (6) tra le/fra le, (7) a, (8) dalla, (9) di, (10) a

26. 1. b, 2. c, 3. c, 4. a

Test finale

A (1) ho visto, (2) Raccontava, (3) voleva, (4) veniva, (5) lavorava, (6) preferiva, (7) Erano, (8) aveva, (9) lavorava, (10) è riuscito, (11) è diventato

B 1. (1) c, (2) a; 2. (1) b, (2) c; 3. (1) b, (2) c; 4. (1) a, (2) c; 5. (1) a, (2) b; 6. (1) c, (2) c; 7. (1) b, (2) a; 8. (1) b, (2) c

C *Orizzontali*: 1. timido, 5. interpretazione, 6. storia, 8. schermo, 9. neorealismo, 10. accordo; *Verticali*: 2. incasso, 3. fantascienza, 4. parere, 7. regia

UNITÀ 8

1. 1. lo, 2. li, 3. li, 4. le, 5. lo, 6. lo, 7. la, 8. li

2. 1. ti; 2. La; 3. ti; 4. La; 5. La, La; 6. ti; 7. La, 8. La

3. 1. l', 2. mi, 3. ti, 4. lo, 5. li, 6. lo, 7. lo, 8. lo

4. 1. li, 2. vi, 3. La, 4. la, 5. lo, 6. li, 7. La, 8. mi

5. 1. lo sapevo/non lo sapevo, 2. lo so/non lo so, 3. lo sapevamo/non lo sapevamo, 4. Lo sapremo/Non lo sapremo, 5. Sì, lo so/No, non lo so, 6. Li saprà/Non li saprà

6. 1. Ne conosco/Non ne conosco, 2. Ne mangio/Non ne mangio, 3. Ne visito/non ne visito, 4. Ne darò/Non ne darò, 5. Ne bevo/Non ne bevo, 6. Ne ho/Non ne ho

7. 1. le prendo/ne prendo, 2. li cambieremo/ne cambieremo, 3. le inviteremo/ne inviteremo, 4. li conosco/ne conosco, 5. la mangio/ne mangio, 6. li leggerò/ne leggerò, 7. li porterò/ne porterò, 8. le proverò/ne proverò

8. 1. Ne vorrei due bottiglie, 3. Ne vorrei un sacchetto da cinque chili, 4. Ne vorrei un mazzo, 5. Ne vorrei quattro pacchi da mezzo chilo, di quella fresca, 6. Ne vorrei sei lattine

9. 1. L'ho comprato; 2. Li ho comprati; 3. Sì, l'abbiamo messa in ordine/No, non l'abbiamo messa in ordine; 4. L'ho comprata; 5. le ho comprate; 6. L'abbiamo messo; 7. Sì, l'hanno ricevuta; 8. Sì, l'hanno ricevuto/No, non l'hanno ricevuto

10. 1. ne ha chiusa, 2. Ne ho bevuti, 3. ne sono rimasti, 4. Ne sono venuti, 5. li abbiamo spesi, 6. Ne abbiamo visitate, 7. Ne ho scritte, 8. ne ho incontrati

11. 1. Ho conosciuto i nuovi vicini di casa e li ho invitati a bere un caffè; 2. Non ho salutato Carmen perché non l'ho vista; 3. Abbiamo cercato i tuoi occhiali, ma non li abbiamo trovati; 4. Ho scritto due lettere, ma non le ho spedite; 5. Abbiamo chiuso le finestre, ma il vento le ha aperte; 6. Ho comprato un nuovo cd, ma l'ho dimenticato a casa di Lidia, 7. Ho preparato la carbonara, ma non l'ho mangiata perché non avevo fame!; 8. Non ho con me il passaporto, l'ho dimenticato in albergo

12. 1. ne ho comprate tante, ma le *Valleverde* sono veramente comode; 2. difficili ne ho vissute tante, ma questa è unica; 3. ne abbiamo viste tante, ma erano tutte care; 4. ne ho guidate tante, ma la Ferrari è tutta un'altra cosa; 5. ne ho provati tanti, ma l'espresso ha l'aroma più forte; 6. ne ho letti tanti quest'anno, ma quello di Umberto Eco è il migliore; 7. ne abbiamo mangiati diversi, ma quelli della *Barilla* sono veramenti buoni; 8. ultimamente ne ho sentite tante, ma quella di Carmen Consoli è fantastica

13. 1. L'abbiamo saputo, 2. Li ho conosciuti, 3. L'ho conosciuta, 4. lo sapevo, 5. l'ho conosciuto, 6. l'abbiamo saputo

14. 1. Sì, la vogliamo visitare/No, non vogliamo visitarla; 2. Sì, le possiamo chiudere/No, non possiamo chiuderle; 3. Sì, la voglio ascoltare/No, non voglio ascoltarla; 4. Sì, li dobbiamo finire/No, non dobbiamo finirli; 5. Sì, le vogliamo vedere/No, non vogliamo vederle; 6. Sì, lo possiamo abbassare/No, non possiamo abbassarlo

15. 1. ti possiamo passare a prendere/possiamo passare a prenderti, 2. ci potete telefonare/potete telefonarci, 3. mi devi raccontare/devi raccontarmi, 4. mi puoi trovare/puoi trovarmi al bar dopo le dieci, 5. ti possiamo ospitare/possiamo ospitarti, 6. ti possiamo capire/possiamo capirti

16. 1. Sono stato pochi giorni a Perugia e ne ho potuto ammirare le bellezze/Sono stato pochi giorni a Perugia e ho potuto ammirarne le bellezze; 2. Mi dispiace, il vestito che piace a Lei non c'è, ne vuole

Chiavi del Quaderno degli esercizi

vedere un altro?/Mi dispiace, il vestito che piace a Lei non c'è, vuole vederne un altro?; 3. Siamo rimasti senza latte, ne dobbiamo prendere almeno un litro per fare colazione/ Siamo rimasti senza latte, dobbiamo prenderne almeno un litro per fare colazione; 4. L'offerta è veramente interessante, ma ne voglio discutere con mia moglie/L'offerta è veramente interessante, ma voglio discuterne con mia moglie; 5. Se hai bisogno di un prestito forse ne puoi chiedere uno alla *Banca Intesa*/Se hai bisogno di un prestito forse puoi chiederne uno alla *Banca Intesa*; 6. Buono questo vino! Ne vuoi bere un bicchiere?/ Buono questo vino! Vuoi berne un bicchiere?

17. 1. le, 2. li, 3. ne, 4. le, 5. ne, 6. l', 7. ne, 8. ne, 9. la, 10. ti, 11. ti
18. 1. ce l'ho, 2. non ce li abbiamo, 3. ce l'ho, 4. ce li ho, 5. non ce le ho, 6. non ce l'abbiamo, 7. ce l'ho, 8. Ce le abbiamo
19. 1. ce n'è; 2. Ce ne sono; 3. ce n'è, ce ne sono; 4. Ce n'è; 5. Ce ne sono; 6. ce n'è; 7. ce ne sono; 8. Ce n'è
20. 1. da; 2. In, di; 3. di; 4. da, per; 5. al, di; 6. dei, delle; 7. nel, della; 8. alla/in, sui
21. a. latte, formaggio, *Kinder* allo yogurt, sugo *Barilla*, olio biologico, funghi, detersivo, caffè, crema idratante, gel, shampoo, dentifricio
    b. (*risposte suggerite*) 1. A Grazia lo yogurt non piace molto, ogni tanto mangia quello alla frutta; 2. Scelgono *Barilla* perché secondo Grazia è più buono; 3. Comprano *Lavazza* perché è in offerta speciale; 4. Comprano il detersivo per lavatrice, una crema idratante, il gel per i capelli, uno shampoo e un dentifricio

Test finale

A (1) Lo/L', (2) ne, (3) li, (4) li, (5) ti, (6) li, (7) li, (8) li

B 1. (1) b, (2) c; 2. (1) a, (2) c; 3. (1) b, (2) c; 4. (1) b, (2) c; 5. (1) c, (2) a; 6. (1) b, (2) a; 7. (1) a, (2) c; 8. (1) b, (2) c

C *Orizzontali*: 1. gioia, 4. rabbia, 7. edicola, 8. formaggio, 9. farmacia, 10. ipermercato, 11. dentifricio; *Verticali*: 2. artigianale, 3. fruttivendolo, 5. offerta, 6. confezione

3° TEST DI RICAPITOLAZIONE

A 1. il suo; 2. mio, la mia; 3. mia, i suoi; 4. i miei, i tuoi; 5. il suo; 6. I miei; 7. Suo; 8. mio, mia

B 1. la mia, i miei; 2. i suoi; 3. la Sua; 4. sua; 5. Suoi; 6. la tua; 7. i loro; 8. la tua

C 1. questo, 2. Quella, 3. questo, 4. queste, 5. questo, 6. queste, 7. Quegli, 8. Quello

D 1. mi piace; 2. Vorrei; 3. vorrei; 4. Vorrei; 5. mi piacciono; 6. vorrei, vorrei; 7. mi piace; 8. mi piacciono

E 1. eravamo, è arrivato; 2. ho incontrato, andavo; 3. abbiamo aspettato, siamo andati vai; 4. stavate, avete visitato; 5. ascoltavo, ho appreso; 6. avevano preparato, hanno superato; 7. sono venuto, avevo; 8. volevamo, abbiamo trovato

F 1. Sono andato a casa di Matteo, ma non l'ho trovato perché non era tornato; 2. Carlo e Laura avevano invitato anche me, ma non sono potuto/a andare; 4. Gianni era appena salito sul treno quando ha notato che non aveva preso il telefonino

UNITÀ 9

1. 1. Vi trovate bene, 2. Vi vestite, 3. I miei figli si divertono, 4. Vi pettinate, 5. Ci divertiamo tanto, 6. Ci sentiamo male, 7. ci alziamo, 8. Ci laviamo i denti
2. 1. vi svegliate, 2. vi lavate, 3. mi spoglio, 4. mi arrabbio, 5. Ti trovi, 6. vi fate, 7. mi muovo, 8. ti addormenti
3. 1. Mi ricordo, 2. si conoscono, 3. si danno, 4. vi capite, 5. vi stancate, 6. si avvicina, 7. si sposano, 8. ti decidi
4. 1. mi metto, 2. Ci vediamo, 3. ci incontriamo, 4. Vi muovete, 5. Mi laureo, 6. mi stanco, 7. Ci rivolgiamo, 8. vi ritrovate
5. 1. si divertono, 2. ci vestiamo, 3. ti tagli, 4. mi faccio, 5. ti fai, 6. si vede, 7. ci prepariamo, 8. si sveglia
6. 1. si parlano, 2. si ferma, 3. si preoccupano, 4. ci sposiamo, 5. mi ricordo, 6. si innamorano, 7. mi esprimo, 8. vi rivolgete
7. 1. si divertono, 2. ti metti, 3. si laurea, 4. mi stanco, 5. Ci troviamo, 6. si svegliano, 7. vi perdete/vi perderete, 8. si offendono
8. (1) si alza, (2) si lava, (3) si fa, (4) si considera, (5) si ferma, (6) si ritrovano, (7) si perde, (8) si divertirà
9. 1. mi sono alzato, 2. mi sono svegliato, 3. mi sono dimenticato, 4. mi sono sentito, 5. si sono arrabbiati, 6. Ti sei trovato, 7. Ci siamo fermati, 8. Mi sono abituato con difficoltà
10. 1. vi siete divertiti, 2. ci siamo seduti, 3. ci siamo abituati, 4. si sono iscritti, 5. non ci siamo fatti, 6. mi sono lavato, 7. Mi sono stancato, 8. si è fatto
11. 1. ci siamo visti, 2. vi siete messi, 3. ci siamo incontrati, 4. Mi sono chiesto, 5. ti sei accorto, 6. ti sei perso, 7. mi sono iscritto, 8. mi sono presentata
12. 1. ci dobbiamo vedere/dobbiamo vederci, 2. ci volevamo svegliare/volevamo svegliarci, 3. ci possiamo vedere/possiamo vederci, 4. mi posso addormentare/posso addormentarmi, 5. Mi devo incontrare/ Devo incontrarmi, 6. ci possiamo trovare/possiamo trovarci
13. 1. mi sono potuto iscrivere/ho potuto iscrivermi, 2. mi sono voluto svegliare/ho voluto svegliarmi, 3. ci siamo dovuti liberare/abbiamo dovuto liberarci,

173

4. si è potuto laureare/ha potuto laurearsi, 5. non mi sono potuto alzare/non ho potuto alzarmi, 6. Mi sono dovuto sbrigare/ho dovuto sbrigarmi

14. 1. Per questa strada si arriva prima!; 2. Quando si è in vacanza si spende tantissimo; 3. Si studia meglio in compagnia; 4. A casa mia si mangia sempre alle 2; 5. Si fa sport per perdere qualche chilo; 6. Ultimamente si guadagna di più, ma si spende anche di più; 7. Quando si guida piano, si può evitare qualche incidente; 8. Si vive bene nei piccoli centri

15. 1. Se si telefona dopo le 10, si spende meno; 2. si abita in una strada molto rumorosa, non si può dormire; 3. Quando si deve prendere una decisione importante, si deve pensare molto; 4. A volte si lavora tanto per cose inutili!; 5. D'inverno si va a letto presto; 6. Generalmente, quando si lavora molto, ci si stanca; 7. In certe situazioni non si sa cosa fare; 8. In questo ristorante si mangia bene e non si spende molto

16. 1. Ci si annoia in questa piccola città; 2. Quando si fa tardi, ci si sveglia con difficoltà; 3. Molto spesso ci si dimentica dei propri errori; 4. Quando ci si prepara bene, si ha successo; 5. Tra amici ci si da del tu; 6. Quando si ha fretta, ci si veste male; 7. Tra colleghi ci si aiuta sempre; 8. Dopo un lungo viaggio ci si sente molto stanchi.

17. 1. Dopo una bella dormita, ci si sente riposati; 2. Con questi giornali non si è mai sicuri di conoscere la verità; 3. Si è infelici quando si è lontani da casa; 4. Quando si è malati si resta a letto; 5. Si è contenti quando si può fare quello che si vuole; 6. Dopo pranzo ci si sente un po' pesanti; 7. Quando si è da soli non si è felici; 8. Se non si è abituati a guidare molte ore, ci si stanca

18. 1. È possibile fare il bagno in questa piscina, 2. È inutile preoccuparsi tanto per niente, 3. È difficile parlare ai propri figli da amico, 4. È impossibile finire questo lavoro prima di domani, 5. A volte perdere un amico è meglio che litigare continuamente, 6. Prima di usare un medicinale bisogna stare attenti

19. 1. (a), 2. (b), 3. (a), 4.(b), 5. (b), 6. (a), 7. (a), 8. (b)
20. (1). del, (2). a, (3). sulle, (4). del, (5). dagli, (6). dagli, (7). per, (8). del
21. 1. c, 2. c, 3. b, 4. a

Test finale

A (1). si è svegliata, (2). si è alzata, (3). si è fatta, (4). prepararsi, (5). si deve incontrare/deve incontrarsi, (6). si vedono, (7). si sono sentiti, (8). vestirsi, (9). si è messa

B 1. (1) a, (2) c; 2. (1) b, (2) c; 3. (1) a, (2) c; 4. (1) a, (2) c; 5. (1) c, (2) b; 6. (1) c, (2) a; 7. (1) a, (2) b; 8. (1) b, (2) a

C 1. gonna, 2. giubbotto, 3. vestito, 4. pantaloni, 5. giacca, 6. tessuto, 7. cappotto, 8. scarpe, 9. occhiali, 10. sciarpa

UNITÀ 10

1. 1. Se ti piace questo vestito, puoi prenderlo; 2. Fra poco verrà Aldo e gli chiederemo come stanno le cose; 3. Signorina, Le telefono domani; 4. Signor direttore, Le confermo che l'appuntamento è per domani alle sette; 5. sono sicuro che il mio regalo gli piacerà; 6. Che cosa vi ha offerto Marianna?; 7. Signora Olga, Le presento il signor Orsini; 8. I vigili ci hanno spiegato come arrivare in centro

2. 1. vi, 2. ti, 3. mi, 4. ci, 5. gli, 6. ci, 7. mi, 8. Le

3. 1. Mi dispiace, 2. Mi presti, 3. gli regalo, 4. gli spediamo, 5. gli spiegherò, 6. ti vuole, 7. Le chiedo, 8. ti prometto

4. 1. ci darà, 2. Le farò, 3. mi permettono, 4. gli interessa, 5. Ti risponderò, 6. ci dispiace, 7. Ci telefonerà, 8. Le faranno

5. 1. ti; 2. mi; 3. ci; 4. gli; 5. gli; 6. gli, gli; 7. Vi; 8. mi

6. 1. Quando siamo andati da loro ci hanno fatto assaggiare le loro specialità; 2. Quando hanno telefonato, io gli avevo già spedito i soldi; 3. Non ci hanno permesso di entrare perché lo spettacolo era iniziato; 4. Quando avete raccontato tutto a Saverio, lui vi ha dato ragione?; 5. Alberto mi ha proposto di andare a lavorare nella sua azienda; 6. Non è vero niente; non le ho mai detto mai tutte queste cose; 7. Siamo andati da Gino e lui ci ha fatto vedere le fotografie della sua fidanzata; 8. Sappiamo che ama i cioccolatini e così gli abbiamo portato i *Baci Perugina*

7. 1. Ho incontrato Aldo e Gianna e gli ho spiegato la situazione, 2. Ho ricevuto una lettera da Valerio e gli ho risposto subito, 3. Ieri era il compleanno di Stefania e le abbiamo mandato un mazzo di rose, 4. Loro non solo ci hanno fatto gli auguri per telefono, ma ci hanno anche inviato un bel regalo, 5. Ho incontrato Carlo e gli ho esposto il mio problema, 8. Cari ragazzi, vi abbiamo spedito quello che ci avevate richiesto una settimana fa

8. 1. mi sono piaciuti, 2. mi sono piaciute, 3. ci è piaciuta, 4. mi è piaciuto, 5. ci sono piaciute, 6. mi è piaciuto

9. 1. Le posso chiedere un favore/Posso chiederLe un favore; 2. Se vedo Marcello, gli posso dare i tuoi libri?/posso dargli i tuoi libri; 3. Professore, ci può ripetere l'ultima domanda?/può ripeterci l'ultima domanda?; 4. Saverio, mi devi parlare proprio adesso?/devi parlarmi proprio adesso?; 5. Quando arriveremo, vi potremo telefonare?/potremo telefonarvi?; 6. Mi puoi portare un altro piatti di spaghetti?/Puoi portarmi un'altro piatto di speghetti?

10. 1. Le devo dare/devo darLe, 2. ti posso dire/posso dirti, 3. ti voglio far capire/voglio farti capire, 4. mi vuole ridare/vuole ridarmi, 5. ti devo dire/devo dirti, 6. Le posso presentare/posso presentarLe

174

Chiavi del Quaderno degli esercizi

11. 1. parla, 2. riporta, 3. chiudete, 4. metti, 5. ricorda, 6. tornate, 7. rispondete, 8. usciamo
12. 1. pago, 2. credere, 3. Va', 4. cerca, 5. entrate, 6. bevi, 7. corriamo, 8. spedisci
13. 1. mangiare, 2. andare, 3. facciamo, 4. aspetta, 5. porta, 6. Prendete, 7. fare, 8. leggete
14. 1. chiama, 2. bevi, 3. fate, 4. usare, 5. vieni, 6. accompagnate, 7. perdere, 8. ascolta
15. 1. divertiti, 2. vestiti, 3. sposatevi, 4. riposati, 5. alzatevi, 6. lavatevi, 7. Deciditi, 8. lasciatevi
16. 1. Lasciala, 2. Spediamone, 3. Invitali, 4. Compriamone, 5. Aspettateci, 6. Chiamami, 7. svegliatelo, 8. mettila
17. 1. Portiamogli, 2. Comprale, 3. telefonaci, 4. Parlagli, 5. Offriamogli, 6. Mandiamogli, 7. preparala, 8. Rispondigli
18. 1. Restaci/Non restarci, 2. Telefonale/Non telefonarle, 3. Prendila/Non prenderla, 4. Scegline/Non sceglierne, 5. Mangiala/Non mangiarla, 6. Prendilo/Non prenderlo
19. 1. di', 2. va', 3. da', 4. abbiate, 5. sta', 6. di', 7. abbi, 8. fa'
20. 1. dacci, 2. Fammi, 3. stammi, 4. dicci, 5. Facci, 6. Dammi, 7. Dimmi, 8. vacci
21. 1. al, di; 2. Per, in, da, dei; 3. di, da, di; 4. dagli, da; 5. da; 6. di, con; 7. al, per; 8. di, alla
22. 1. dal; 2. fra; 3. in, alle; 4. di; 5. delle; 6. Nel, degli; 7. in; 8. da
23. **a.** 2, 3, 5
    b.

rivista	contenuto/caratteristica	settimanale	mensile
Panorama	attualità, politica, economia	✔	
Espresso	attualità, politica, economia	✔	
Max	giovanile, moderno		✔
Chi	giovanile, moderno	✔	
Donna moderna	giovanile, moderno	✔	
Grazia	moda, costume, attualità	✔	
Bell'Italia	viaggi		✔
Tv sorrisi e canzoni	programmi televisivi	✔	
Vogue	moda		✔
Abitare	arredamento		✔

Test finale

A (1) gli, (2) gli, (3) gli, (4) le, (5) gli, (6) le, (7) le, (8) gli.

B 1. (1) b, (2) b; 2. (1) a, (2) c; 3. (1) c, (2) a; 4. (1) a, (2) b; 5. (1) c, (2) b; 6. (1) a, (2) b; 7. (1) a, (2) c; 8. (1) b, (2) c

C *Orizzontali*: 1. concorso, 4. puntata, 6. quotidiani, 7. sfruttare, 8. pubblica, 9. testate, 10. telecomando; *Verticali*: 2. settimanale, 3. documentario, 5. uguali

UNITÀ 11

1. 1. capirei, 2. canterebbe, 3. direi, 4. partiremmo, 5. mi addormenterei, 6. preferiremmo, 7. Sentirei, 8. Ordinerei
2. 1. rifletterei, 2. Compreremmo, 3. parleresti, 4. apriresti, 5. accompagnerei, 6. Telefonereste, 7. crederebbe, 8. lavorerebbero
3. 1. potrebbe, 2. Darei, 3. vorrei, 4. Dovreste, 5. saprei, 6. Verremmo, 7. terresti, 8. vivreste
4. 1. verrebbe, 2. potreste, 3. avresti, 4. vorreste, 5. rimarrei, 6. andresti, 7. dovrebbe, 8. sarebbero
5. 1. avrei, 2. preferirei, 3. Sarebbe, 4. andrei, 5. Avreste, 6. preferiremmo, 7. Vi andrebbe, 8. Mi andresti
6. 1. Ci piacerebbe, 2. piacerebbe, 3. Vorremmo, 4. Preferiremmo, 5. avrei, 6. sarebbe
7. 1. Signore, mi saprebbe dire dove posso trovare una farmacia aperta?; 2. Potreste passare da Anna che non sta bene?; 3. Signora Teresa, mi potrebbe chiamare quando arriva il postino?; 4. Ottavio, ti dispiacerebbe abbassare il volume della radio?; 5. Ragazzi, potreste andare a ritirare il vestito dalla lavanderia?; 6. Marco, potresti passare tu da Stefano?; 7. Mi presteresti per qualche giorno il tuo motorino?; 8. Direttore, mi darebbe il telefono del Suo cellulare?
8. 1. proverei, 2. faresti bene, 3. dovresti, 4. ti consiglierei, 5. potresti, 6. dovresti, 7. fareste bene, 8. vi consiglierei
9. (*risposte suggerite*) 1. Quando dovresti/dovremmo essere in città?, 2. Quando dovrebbe passare l'autobus per il centro?, 3. Quando potresti riprendere a giocare?, 4. Fino a quando sarebbe chiuso il negozio?, 5. Quale sarebbe la causa dell'incidente?, 6. Chi potrebbe aver vinto la crociera?, 7. Quando arriverebbe la famosa cantante?, 8. Chi sposerebbe il ministro?
10. 1. avrei preso, 2. Avrei aspettato, 3. avrei comprato, 4. Sarebbe venuta, 5. Sarei restato/a, 6. avrei invitata, 7. saremmo andati, 8. avremmo guardata
11. 1. avremmo firmato, 2. avresti scritta, 3. avrei vista, 4. avresti fatto, 5. avrei vista, 6. avrei offerto, 7. Vi avremmo aspettato, 8. Sarebbe tornato
12. 1. avrei studiato, 2. sarebbe venuto/a, 3. sarebbero arrivati, 4. sarebbe ritornato/a, 5. ci sarebbe stato, 6. ci avrebbe aiutato, 7. mi avrebbero invitato, 8. Ci saremmo sposati
13. 1. Gli avrei prestato, 2. vi avrei dato, 3. avremmo abitato, 4. Avreste sentito, 5. saresti uscito, 6. saresti rimasto/a, 7. avreste avuto, 8. avrebbero comprato
14. 1. Avrei visto, 2. Saremmo andati, 3. Avrei preso, 4.

175

Avrei spedito, 5. Avrei invitato, 6. Mi sarei divertito
15. 1. Avrei messo, 2. avrebbe portato, 3. Avrebbe dovuto, 4. Avrei mangiato, 5. Avremmo telefonato, 6. Sarebbe partito
16. 1. Avrei tenuto il bambino, ma sono un po' malato; 2. Avrei mangiato un dolcino ancora, ma ne ho già mangiati cinque; 3. avrei passato una giornata meravigliosa, ma non potevo venite; 4. Avrei rivisto il film di Bertolucci, ma è troppo triste; 5. Ci saremmo divertiti, 6. Avrei finito prima
17. 1. Vi avrei portato al mare, 2. Saremmo arrivati prima, 3. Ti avrei telefonato, 4. Avrei bevuto volentieri un'altra birra, 5. avrebbero apprezzato, 6. Avrebbe studiato meglio
18. 1. sarebbe ritornato, 2. saresti divertito, 3. avrebbe cercato, 4. avremmo potuto prenderci, 5. sarebbe finito, 6. Ti avrei offerto
19. 1. sarebbero stati, 2. avremmo avuto, 3. avresti trovato, 4. Sarei voluto venire, 5. le sarebbe dispiaciuto, 6. ci sarebbero stati
20. 1. accetterei/avrei accettato, 2. avrei voluto, 3. Le dispiacerebbe, 4. sarebbe, 5. sarebbe passato, 6. ne rivedrei/ne avrei rivisto, 7. avreste, 8. saprebbe
21. 1. sarebbe, 2. potrebbe, 3. Avrei, 4. potresti, 5. mi avrebbe fatto, 6. vorrei, 7. berrei, 8. darei
22. 1. sarebbero stati; 2. ci rimarrei/ci sarei rimasto; 3. Direi, sarebbe; 4. mi terresti; 5. Ci verrei/Ci sarei venuto/a; 6. farei; 7. avrei passato; 8. preferirei
23. 1. per; 2. a, da, a; 3. in, per; 4. da; 5. sul/in; 6. a; 7. Per, di/in, da; 8. da, In
24. 1. a, per, da, tra/fra; 2. In, del, a; 3. di, da; 4. a, per, di; 5. di, da; 6. di, a; 7. con i/coi, dal; 8. al, per sul
25. **a.** 1. a, 2. b, 3. a, 4. c
    b.

Canzone	Artista
Il cielo in una stanza	Gino Paoli
Questo piccolo grande amore	Claudio Baglioni
Sapore di sale	**Gino Paoli**
In ginocchio da te	Gianni Morandi
Il ragazzo della via Gluck	Adriano Celentano
Anna	**Lucio Battisti**
E penso a te	Lucio Battisti
Piazza Grande	Lucio Dalla
L'anno che verrà	**Lucio Dalla**
Vita spericolata	**Vasco Rossi**

Test finale

A (1) attraverserebbero, (2) sarebbero, (3) comprerebbero, (4) scaricherebbero, (5) sarebbe, (6) sarebbe, (7) bisognerebbe, (8) aiuterebbe

B 1. (1) a, (2) a; 2. (1) b, (2) a; 3. (1) a, (2) a; 4. (1) b, (2) b; 5. (1) c, (2) a; 6. (1) a, (2) b; 7. (1) b, (2) a; 8. (1) c, (2) b

C *Orizzontali*: 1. classifica, 5. annoiarsi, 6. versi, 8. Sanremo, 9. pianoforte; *Verticali*: 1. cantautore, 2. cuffie, 3. concerto, 4. sorpresa, 7. voce

4° TEST DI RICAPITOLAZIONE

A 1. vi conoscete, 2. si trova, 3. Ti senti, 4. si chiama, 5. si copre, 6. Ci annoiamo, 7. si aiutano, 8. ci sbrighiamo

B 1. ci siamo preparati, 2. si sono fatti, 3. si è laureato, 4. vi siete vestiti, 5. vi siete messe, 6. si sono addormentati, 7. Mi sono preoccupato, 8. ci siamo divertiti

C 1. mettete; 2. prendi, scrivi; 3. entrate; 4. fumare; 5. chiudi; spegni; 6. bere, bevi; 7. pensate; 8. parla, finisci; 9. mangiare; 10. giocate

D 1. Gli ha portato, 2. le ho risposto, 3. ci hanno portato, 4. gli abbiamo parlato, 5. ne ho data, 6. Gli faranno compagnia, 7. gli ho consegnato, 8. gli ho chiesto, 9. le ho mostrato, 10. ci rende difficile

TEST GENERALE FINALE

A 1. da, in, di, a; 2. su, del, per, di; 3. A, in; 4. in, delle, con, delle; 5. da, a, a; 6. con, al, dalla; 7. a, della, di/a; 8. di, sulle, di

B 1. andrà, incontreremo, saremo; 2. avrai finito, potrai; 3. Farei, posso; 4. fammi, vammi; 5. mi aveva detto, sarebbe passato, si è fatto; 6. eravamo, spendevamo; 7. sono andato, era uscito, sapeva, sarebbe ritornato; 8. continuerai, perderai; 9. sono arrivato, ho acceso, faceva; 10. chiudi

C 1. L'ho vista; 2. ne ho comprata; 3. Ce n'erano; 4. Li abbiamo cercati, li abbiamo trovati; 5. L'ha chiamata; 6. lo abbiamo comprato, lo; 7. portarti, 8. Lo devi consegnare/Devi consegnarlo 9. Ci andrebbe; 10. Mi devi portare/Devi portarmi

D 1. si sente, 2. annoiarvi, 3. ci siamo divertiti, 4. si sarebbe tagliata, 5. ci si capisce, 6. ti sarai stancato, 7. si sono lasciati, 8. vi potevate.

E 1. b, 2. c, 3. b, 4. b